JN086295

社会福祉実践とは何か

横山登志子

社会福祉実践とは何か（'22）

©2022　横山登志子

装丁・ブックデザイン：畑中　猛

s-58

まえがき

わが国の現代におけるドラスティックな社会変動は、人々の生活基盤を脆弱化させ、貧困問題や社会的孤立、高齢期の病気・介護の問題、家庭内での虐待・暴力問題をはじめとしてさまざまな福祉課題を生じさせ、社会福祉実践もそれに対応するべく実践されている。

本書は、社会福祉実践とは何かについて、理論的な基本枠組みを説明したうえで、具体的な支援事例や活動からその意義や課題を確認する。そもそも社会福祉実践は、地域の多様な担い手による「人々のウェルビーイング（Well-being）」のための協働実践である。そのため、活動の範囲はとても広い。ここでは、そのなかでも社会福祉専門職によって提供される支援（ソーシャルワーク）に焦点をあてていく。

本書に共通する視座は、次の3点である。第1は、生活上の問題や課題を抱えた人が個々に経験しているLife（生命・生活・人生）の細部にその人の尊厳が宿っていることをふまえながら支援することの重要性である。第2に、個人や家族におこっていることは常に社会的な問題や課題でもあると理解し、状況・環境や社会システムに対して支援行動をとることの重要性である。第3に、個人や家族、地域などのストレングス（長所や力、可能性）に着目しエンパワメントすることで変容を促すことである。

このことからもわかるように、ソーシャルワーク／ソーシャルワーカーは「価値実践」といわれたり「エンパワリング・プロフェッション」と呼ばれることがある。人権や社会正義、集団的責任、多様性尊重といった価値をいかに支援のなかで実現できるかがテーマとなる。

しかし、実際にこれらの視座を実現するのは決して容易ではない。なぜなら、人々の間には多様な価値観があり、多様な立場からのニーズがあり、問題が複数からみあっていることも少なくないからである。だからこそ、状況を的確に理解し上記の視座に立ち戻って最善の支援を見出すことが必要となる。本書がそのための一助になれば幸いである。

本書は3部構成となっている。Ⅰ部は「社会福祉実践とは何か」で、ソーシャルワーク理論の基本的な枠組みを述べている。Ⅱ部は「社会福祉実践の展開」で、多様な実践活動を紹介しつつ社会福祉実践の意義と課題を述べている。Ⅲ部は「社会福祉実践の最近のトピックス」で、今後の社会福祉実践の方向性を指し示す議論を展開している。

執筆は5人による分担執筆で、川島ゆり子（第5・9・12章）、奥村賢一（第4・6・11章）、橋本直子（第2・7・13章）、宮﨑理（第3・10・14章）、横山登志子（第1・8・15章）である。Ⅲ部「社会福祉実践の最近のトピックス」は、それぞれの専門領域や研究テーマをふまえた内容となっており、読者の考察に開かれた論考となっている。

本書により、読者の社会福祉実践についての理解がより一層深まることを期待している。

2021年10月
横山　登志子

目次

Ⅱ部　社会福祉実践の展開

Ⅰ部　社会福祉実践とは何か

1　社会福祉実践とは何か

横山登志子

《**学習のポイント**》　社会福祉実践とは、生活における困難や苦労、課題を抱えた人に対する社会福祉の立場からの支援活動全般のことである。本章では、そのような生活問題の背景となる日本の社会変動を概観したうえで、社会福祉の立場に立つ支援活動の特徴をみていく。そして、社会福祉実践の理論基盤となるソーシャルワークについて、「ソーシャルワーク専門職のグローバル定義」から理解し、ソーシャルワークの5つの特徴と近年の実践的な課題について理解する。

《**キーワード**》　社会福祉実践、ソーシャルワーク、社会変動、Life、グローバル定義

---

(1) 多様化する福祉問題と社会福祉実践

1）事例からみる社会福祉実践の課題

社会福祉実践とは何かをみていく前に、2つの相談事例をとおしてまさに現在直面している社会福祉実践の課題を捉えていくことからはじめよう。この事例は実際の事例をもとに作成した架空事例である。

①　事例1　小学校5年生男子の不登校

ある小学校の担任教員は、クラスの男子（小学校5年生）が不登校傾向となっているため家庭訪問をしているが、家には鍵がかかり本人・家族に会えず、プリントと手紙を郵便受けに入れる日が続いていて困っている。電話も通じない。担任は管理職と相談し、時間を変えて訪問してみてはどうかと考え夜に訪問してみた。すると家には電気がついており

中には人がいると思われるものの呼び鈴には応じない。また、近所に住む同級生たちの話によると、先日の夕方に小さい子どもたちと公園で遊んでおり楽しそうだったと聞いた。どうしたらいいものか学校としても困り、スクールソーシャルワーカー（以下、SSW）に支援要請を行った。SSWが学校関係者らと情報を確認していったところ、生活保護を受けているシングルマザー世帯で母親には精神科疾患があり通院中で、兄や姉も小・中学校時代に不登校経験があることがわかってきた。

② 事例2　高齢女性とその息子の孤立

民生委員から近所の高齢女性が心配だという相談が役場にあり、地域包括支援センターの社会福祉士が一緒にかかわることになった。民生委員によると「先日、町内に長く住んできた女性を久々に見かけたところ、大変やせており表情もうつろで見違えるようだった。かなり調子が悪いのでは」とのことである。1年前くらいからごみ捨てがルールどおりに行われず、庭に猫がたくさん居ついて衛生面の苦情が寄せられた世帯である。この世帯は後期高齢者の女性と知的障害のある50歳代の息子（無職）の2人で、ずいぶん前に女性の夫はなくなっており、他県に息子がもうひとりいるらしいが来ている様子はない。民生委員の気がかりは、女性の健康状態のほかに息子が他人の訪問を拒否していることだった。社会福祉士が関係者に話をきいていくと、1年前から女性が認知的な問題を抱えている可能性が高いこと、その頃から生活面での問題が生じていること、そのために数か月前に民生委員が保健師と訪問したところ息子がはげしく拒否したために支援が進まなかったことなどがわかってきた。近所の人の話からは女性が息子から暴力・暴言を受けている様子はないが、なんらかの積極的な支援が必要だと思われた。

③ 2つの事例に共通すること

この2つの事例に共通することは、ひとつの世帯・家族のなかに複数の困難や苦労が生じており、家族の問題解決力にゆだねているだけでは生活問題の改善が難しいことである。また、顕在化している問題（事例1は「不登校」、事例２は「高齢女性の健康問題」）の背景にはその問題を生じさせている生活状況、社会状況が複雑に関係しており、ひとつの制度・サービスを紹介するだけでは終わらないことである。

その後の支援により、事例１では小学生男子の不登校問題の背景には母親が病状悪化で寝込む日々が続いていたこと、それにより男子がコンビニでの買い物などを担っていたこと（お財布の管理）、年齢の離れた異父きょうだいがいずれも不登校経験があるが、現在は近隣でアルバイトをしながら生計を立てていたことがわかってきた。

事例２では、１年前から高齢女性の心身状態が悪化し、通院もままならない状況となったほか家事全般も徐々に困難になっていったと思われるが、自閉傾向の強い息子が支援者を拒否し周囲から社会的に孤立していた。しかし、息子は数年前まで福祉事業所に通所していたことがわかり事業所関係者もその後を心配している状況であった。

このように、ひとつの世帯・家族に複数の問題や課題が生じているにもかかわらず、本人や家族が自ら相談を持ち込むことがない状況は、現在の社会福祉実践において決して珍しくない。さらには、独居世帯も増えており、身近に相談できる人がいない場合もある。

④「相談する」ことのハードルの高さ

考えてみると、「相談する」という行為をとるためにはいろいろな力が必要である。困っていることを問題として認知し、それを人に相談したほうが良いと判断し、どこの誰に相談すればいいかを調べ（聞き）、その人に状況を説明できる力が必要である。果たして、どれだけの人がその力（認知、判断、コミュニケーション、情報や知識の収集と活用）をもっているだろうか。２つの事例に出てくる小学校５年生の子ども、精神的な不調を抱えて寝込む母親、認知的な問題がみられる高齢者、自閉症傾向のある知的障害の男性にはかなりハードルが高いといえる。

しかしながら、日本における社会福祉実践は法に規定された社会福祉制度を根幹としながら、申請主義のもと分野・領域ごとに分立して展開してきた歴史を有している。近年は事例にあるように自ら相談や申請をすることが難しく、分野を横断する複合的な困難を有する状況がめずらしくないため、包括的な生活支援がめざされている[1)]が、まだ実現の途上にあるといわざるをえない。

⑤ 社会福祉実践に求められること

以上のような近年の福祉問題の傾向をふまえたうえで、生活そのものを脅かすような「困りごと」を抱えた人が社会福祉の支援につながるためには何が必要だろうか。まずは、関係者がなんらかの気がかり情報をキャッチした場合に、その情報を他の情報と精査しながら本人・家族の状況を把握し、「待ち」の姿勢ではなく積極的に「出向いていく支援」（アウトリーチ）を行うことが必要である。そして、表面化している問題をその本人や家族のSOSのサインだと理解して「世帯や家族に何がおこっているのか」について全体的に理解することである。

さらに「困った人」ではなく「困っている人」というクライエント理解の態度を示し続け、それに基づいた支援展開をあきらめず、あせらずに重ねることである。これらは、関係者が単独で支援するのではなく複数の関係者・関係機関が情報や見立て、目標を共有しながらすすめていく必要がある。

ここまで具体的な事例を2つ取り上げて、社会福祉実践に求められることを素描（そびょう）してきたが、なぜこのような複合的な困難を抱えて孤立しがちな人や世帯・家族が増えているのだろうか。次項では、福祉問題を生じさせている社会状況を捉えていくことにしよう。

２）現代社会における福祉問題

①　ドラスティックな社会変動

福祉問題はつねに時代の社会的・経済的状況と密接に関係している。とくに、我が国の現代におけるはげしい社会変動は人口構造の変化、労働環境の変化、家族の変化、地域社会の変化などと密接に関連し、人々の生活に影響を与えている。

人口構造の変化という点でみれば、少子高齢化と人口減少、労働人口減少などの人口構造の変化が他国に例をみない速度で進んでいる。また2度のオイルショックを経て1970年代後半からの脱工業化やグローバリゼーションに特徴づけられる産業構造の変化、経済の低成長時代や高度情報社会を背景に、人々の労働環境が変化している。具体的には正規雇用者の失業リスクが高くなり、労働の不安定化や長時間労働の問題がめずらしくない状況にある。さらに、労働者に占める非正規雇用の割合が増加傾向にあり女性の社会進出が求められている。家族においては世帯人数の減少、単身世帯の増加、高齢者世帯の増加、ひとり親世帯の増加や晩婚化・未婚化が進行して家族のありようも多様化し、家族機能（経済的安定、子どもの養育や社会化、家族員の情緒的安定など）が縮小している。同時に、地域のありようも変化をみせており、地域社会を支える住民同士のつながりの希薄化や社会的孤立の問題が指摘されている。

このような人口構造の変化、労働環境の変化、家族の変化、地域社会の変化は人々の生活という側面からみると、生活基盤の脆弱化（ぜいじゃくか）と捉えることができる。

②　生活基盤の脆弱化

生活基盤の脆弱化を示す具体的な社会問題のひとつとして指摘できるのは、格差社会における貧困の問題である。2019（令和元）年国民生活基礎調査[1]（大規模調査年）によると相対的貧困率は15.4%、子どもの貧困率は13.5%、ひとり親家庭の貧困率は48.1%となっており依然として深刻である。1990年代以降のバブル崩壊後の「ニート」「フリーター」などといわれた若者の就労や貧困の問題、「ホームレス」問題、ひとり親のなかでも母子家庭の貧困率の高さなどが社会問題化している。

また、社会的孤立の問題も生活基盤の脆弱化をしめす現象である。先の貧困問題も単に経済的問題のみならず社会的孤立の問題としてたちあらわれてくることが指摘され（湯浅誠2008[2)]；河合克義2015[3)]；藤田孝典2015[4)]）、貧困状態のみならず社会的孤立をいかに解消していくかが実践課題となっている。

さらに、子ども虐待やドメスティック・バイオレンス、高齢者虐待などの問題も、家族という親密圏のなかでの閉ざされた暴力の存在であり社会問題化している。虐待や暴力は被害者に長く否定的な影響を与え続けるとともに、背景に経済的問題や社会的孤立がみられることが多く、生活基盤の脆弱化をしめす深刻な問題とみることができる。

現代社会における福祉問題・課題は、上記で述べた問題以外にも要介護高齢者の介護問題（いわゆる「老老介護」「認認介護」など）や、病気や障害を抱えた人の地域生活や就労支援、非行や不登校あるいはひきこもり状態にある子どもや若者の問題、母子家庭や高齢女性などの「女性と貧困」の問題、福祉的な生活支援が必要な累犯者（犯罪を繰り返す人たち）の社会復帰や地域定着の問題、自殺に追い込まれていく人たちの問題など、実に様々である。

3）Life（生活／生命）に向き合う社会福祉実践

ここまで、社会の変化と生活の脆弱化との密接な関係性をみてきたが、そもそも「生活」とはどのような特徴を有するのだろうか。渡邊益

[1] 厚生労働省は国民生活基礎調査を毎年実施している。3年ごとに大規模調査を行い、貧困率の結果を示している。結果は以下のアドレスから各年度の結果が閲覧可能。http://www.mhlw.go.jp/toukei/list/20-21kekka.html

男（1996：4）によると「言葉どおりには、生きて活動すること」であり、「そこが最も具体的なレベルで人間と社会と歴史をつなぐ場」だと述べている[5)]。

支援において、「生活 Life」は3つの側面から理解する。1つ目は生命活動（衣食住や ADL などの状況）、2つ目は日々の暮らし（家族やまわりの人のなかでの役割、対人面の関係性、日々の習慣や文化的な側面など）、3つ目は人生（長い時間的スパンにおける人生の経験や意味、価値観など）である。

そして「生活 Life」は、自らの生活を振り返れば明らかなように以下のような実に様々な特徴がある[6)]。

・他者との関係性（生活関係や生活役割）が生活を構成し、その関係性は多様で変動的である
・「生活」のリズム（生活時間）や活動する場所（生活空間・生活圏）がある
・多世代にわたって共有する特徴（生活文化）を有している
・「生活」の細部にはその人の価値観や人生観（生活規範）が色濃く反映する
・個人の Life があると同時に、家族・世帯としての Life のリズムや動きがあり、それらは一定の恒常性を有している

つまり、「生活」とは個別多様性、包括性、変動性、世代継承性、価値反映性などの特徴を有する。

このように考えると、「生活」を「支援する」とは実際にはある具体的な問題状況に関与することから、その支援行為はつねに「生活」全体に対して局部的であり、「生活」が多様な広がりをもつために支援範囲は広くなり、さらに「生活」はその主体者が判断や行為の中心となって包括されているため支援者はつねに側面的役割に位置づけられる。

つまり、「生活」は前述したように社会変動の影響を強く受けると同時に、「生の意味」に直面しているひとりの人の実存性をも反映している。ひとりひとりにとって固有の「あたりまえの生活」を取り戻し、質を上げていくためには、支援者がその人や「生活」を尊厳し、効果的かつ柔軟に支援することが重要である。

4）福祉問題を捉える3層理解

社会福祉実践は個々の人々の抱える「生活」上の問題に対して個別に支援を行っていく活動なのだが、同時に問題を社会的に理解し、そこに向けての行動・発信も視野におくという志向性を有している。つまり、個人と社会の両方へのベクトルを有する。これを図示したものが図1－1である。

事例1の不登校児童を例にあげて説明すると、第1層の「問題」はその児童が学校に行っていないという「不登校問題」であり、この事実によって周りの関係者に明示的に「みえている問題」となる。

第2層はみようとしないと把握できない「生活基盤の問題」であり、

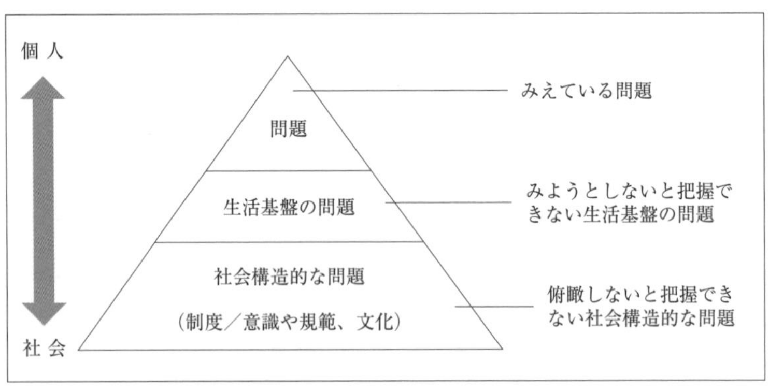

図 1－1　問題の3層理解

不登校という問題の背景にある児童の生活状況や家族状況などの全体的な把握である。児童は母子家庭で、その母親が最近精神科疾患のため不調であることや、そのため寝込むことが多く児童の養育を十分に行うことができていないという生活状況は「問題」の背景にある生活基盤を把握するための意図的な意思・行動がなければ把握できないままである。社会福祉実践は主に第２層において中心的に機能する。

第３層の「社会構造的な問題」は、俯瞰（ふかん）しないとみえてこない「社会構造的な問題」の理解である。第１・２層のような個別具体性からの問題把握ではなく、日本における母子家庭の母親の負担の大きさ、加えて子どもをもつ女性の労働市場からの排除の問題、母子家庭の貧困率の高さ、支援制度の複雑さと届きにくさなどの社会的な問題との関連で支援事例を捉えていくことを示している。これらの社会構造の問題は、より脆弱な個人や世帯・家族にあらわれやすい。社会構造的な問題の解決は決して容易ではないが、第３層の視点をもちながら職能集団の単位で社会的に発信することや、社会的活動のなかで発言すること、実践研究につなげることなどが重要となる。第３層は人権や社会正義を基盤とする社会福祉実践には不可欠な視点である。

(2) 社会福祉実践とソーシャルワーク

ここまで述べてきたような社会福祉実践は、多様な担い手が存在する（詳細は第３章）。いわゆる社会福祉の専門家といわれる人のほか、法に規定された民間の準専門職的な立場にある人（民生委員など）やボランティアや地域住民などが含まれ、それぞれの機能・役割が連携しあっている。

このうち、相談援助を主な専門とする社会福祉専門職者（社会福祉士、精神保健福祉士）によって、構築されてきたのが社会福祉実践の理論である。これをソーシャルワークといい、欧米を中心に約100年の歴史を有する。我が国では社会福祉援助技術論、社会福祉方法論、社会福祉の相談援助の理論などといわれる。

ソーシャルワークの定義は次節で詳細にみていくが、その固有の着眼点は人々の「社会生活機能 social functioning」である。ソーシャルワークの共通基盤を理論的に検討したH・M・バートレット（1970＝1989）は、ソーシャルワークの中心となるアンカーポイント（定着点）を「社会生活機能」という概念に集約し、状況のなかに巻き込まれている人の立場に立って、問題に対する個人の対処能力を引き出しながら、環境（状況）からのニーズに応じたり（対処）、環境側への変化を引き出したりすることが重要だと述べた[7)]。ソーシャルワーク理論史においても「状況のなかの人 person in the situation」という対象認識が継承され、現在ではソーシャルワークの「人―環境の相互作用」[2]という重要概念として定着している。

もうひとつのソーシャルワーク固有の着眼点として、クライエント本人の主体的な側面を重視し、そこを支援の出発点にするという立場がある。「自己決定」や「主体性尊重」という基本的な原則である。我が国において社会福祉学を構築した岡村重夫（1968：141）は、社会福祉とは「社会関係の主体的側面」にたって個人の社会参加を支援することだと述べ、クライエントの主体的側面に寄り添うことの重要性を指摘した[8)]。

(3) ソーシャルワークとは

1）ソーシャルワーク専門職のグローバル定義

ソーシャルワークの源流は、イギリスで18世紀に始まった産業革命期の貧困や健康問題、労働問題、住宅問題等の社会問題を契機に急増し

[2] 現代ソーシャルワークの理論において重要な位置にある「生活モデル」における重要概念が「人―環境の相互作用」である。個人を環境との相互作用において理解していく。「人―環境の交互作用」ともいう。

た慈善活動に求めることができる。なかでも、ロンドンで始まった慈善組織協会（1869年）やセツルメント運動（1884年）のなかから、19世紀当初に「ソーシャルワーク」を体系化する重要な人物が生まれている。このようにソーシャルワークは欧米を中心におよそ100年の歴史がある。

ソーシャルワークはこの100年の間、戦争や社会変動、経済状況などの時代背景やそれに伴う社会問題に大きな影響を受けながら、心理学や社会学、経済学などの理論基盤を取り入れて多くのソーシャルワーク理論が提唱され実践されてきた。しかし、ソーシャルワークが多様に定義され実践されたため、関係団体を中心に幾度も共通基盤を模索する動きがあった。近年になって国際ソーシャルワーカー連盟がソーシャルワークの国際定義を採択（2000年）し、2014年7月には改訂版のソーシャルワーク専門職のグローバル定義が以下のように採択された。社会福祉実践の方法であるソーシャルワークを理解するにあたって重要な定義であるためみていくことにする。

> ソーシャルワークは、社会変革と社会開発、社会的結束、および人々のエンパワメントと解放[3]を促進する、実践に基づいた専門職であり学問である。
>
> 社会正義、人権、集団的責任、および多様性尊重の諸原理は、ソーシャルワークの中核をなす。
>
> ソーシャルワークの理論、社会科学、人文学および地域・民族固有の知を基盤として、ソーシャルワークは、生活課題に取り組みウェルビーイング[4]を高めるよう、人々やさまざまな構造に働きかける。
>
> この定義は、各国および世界の各地域で展開してもよい。

---

[3] エンパワメント（empowerment）とは、個人や家族、集団、地域が環境や社会制度などによって本来の力を発揮できず無力化されている状態から、個人的、対人関係的、政治的なパワーを高めることで、無力化されていた状況から内的・外的に解放されることを意味する。

[4] ウェルビーイング（well-being）とは、個人の生活や人生におけるより良い状態のことで、QOL（quality of life）の向上をめざすものである。

グローバル定義の特徴は、この定義のもと地域(日本はアジア太平洋)や国（日本）によって独自に展開する重層性を認めており、先進国以外の地域や民族固有の知に対する多様性尊重が強く意識されている。アジア太平洋及び日本における展開については本書の巻末資料に記したとおりである。

また、人々が互いのウェルビーイングに責任をもって連帯する集団的責任の原理を重視し、マクロレベルの政治や制度における変革（社会変革や社会開発）を視野においていることや、当事者の力を重視することが明記されている。

この定義は、キーワードによって凝縮的に説明された定義となっており、具体的な実践イメージと直結しにくい面があるが、大事なことは「ソーシャルワークは、生活課題に取り組みウェルビーイングを高めるよう、人々や様々な構造[5]に働きかける」ことを明らかにしている点である。実践はたんに目の前のクライエント（人々）の生活課題の問題解決によってその人の最善の状態をめざすだけではなく、同様の問題を抱える生活者全体のウェルビーイングを高められるような社会の変革や連帯をめざす実践であることを示している。これはまさに前述した問題の3層理解（図1－1）で示した、人権と社会正義に基づく社会的活動だといえる。

2）ソーシャルワークの特徴：5つのキーワード

ソーシャルワーク専門職に関する定義をみてきたが、ソーシャルワークに共有される固有の視点を5つのキーワードから理解していこう。具体的に考えるために、冒頭の高齢女性と息子の事例(事例2)を取り上げる。

① 人―環境の相互作用

現代ソーシャルワークは、ソーシャルワーク理論の「生活モデル」が

---

[5] 様々な構造とは、不平等や差別、搾取、抑圧を永続させるしくみのすべて。制度や、組織・機関、規範、関係・相互作用を含む。

提示した「人―環境の相互作用」という視点を基盤としている。これによると、生活問題はそのクライエントに問題があるのではなく、その人と取り巻いている環境（状況）との関係性の不具合から理解されることになる。

例えば、事例２の高齢女性の例でいうと「その高齢者や息子が問題」なのではなく「その高齢者や息子は支援が必要にもかかわらず適切なサービスが届かず孤立している」ことが問題だと考える。具体的には安心できる相談相手、生活支援のサービスなどが不足していること、つまり環境との関係の不具合が問題を生じさせていると理解する。いうまでもなく、もし認知症や病気の発症など本人に由来する問題があれば、その支援にも取り組むことになる。

② 生活者としての理解

ソーシャルワークは生活問題を抱えるクライエントのウェルビーイングを高めるため、その人の生活に関する情報収集やアセスメント[6]を支援の出発点とする。「生活者」として理解するということは、前述したとおり「Life」の３つの意味（生命活動、日々の暮らし、人生）を理解するということである。これらの意味における「Life」の理解に立てば、問題や病気・障害だけに焦点化されないで、クライエントの身体的、心理的、社会的、価値的な側面を多面的に理解することが重要である。加えて、生活者としての多様な役割やそこでの思い、生活のなかで発揮されているストレングス[7]を理解することにもなる。

事例２を例にすると、まずはこの高齢者と息子の日々の食事や移動、掃除や買い物、家の状況、健康面や経済面、人との交流など生命活動の側面と、日々の暮らしの側面を、身近な人や本人から可能な限り情報収集する。これによって、生活全般でどのような問題が生じているのか、

---

[6] アセスメント（assessment）とは、収集した情報をもとに問題状況とおかれた状況の関連性を統合的に見立てる（判断する）こと。

[7] ストレングス（strength）とは、力、長所などともいわれ、顕在的あるいは潜在的な力や、長所、能力や才能、可能性などのこと。

そして、高齢者と息子の立場からの困り感は何かに着目する。その際、生活のなかで本人らが大切にしていること、好きなこと、できていることを丁寧に見出していくことが問題解決に向けた支援の推進力となる。

③ クライエント主体

クライエント主体はソーシャルワークの重要な原則のひとつである。F・P・バイスティック（1957＝1996）によるケースワークの7つの原則[8]では「クライエントの自己決定を促して尊重する」が取り上げられ、クライエントが自己決定する権利に対して十分に留意するよう求めている[9)]。また、ソーシャルワーカーの倫理綱領（巻末資料参照）にはクライエントに対する倫理責任として「クライエントの利益の最優先」「クライエントの自己決定の尊重」がうたわれている。

事例2の場合、高齢者や家族の意思を尊重した関係性の形成が支援の出発点であり、前述したように本人の困り感に寄り添いながら、あきらめず、あせらずに進めていくことになる。その際、息子の通所していた福祉事業所の存在は重要になる可能性が高い。息子と関係がとれていた職員が訪問するなどの方法を模索することになる。

ただし、クライエントの自己決定や現状認識が困難な事情があったり、状況そのものが近隣住民に著しい問題を生じさせていたりする場合には、ただ関係性の形成に努力するばかりでは十分ではない場合もあるだろう。関係者による協議を前提に、いかに問題解決とクライエントの意思の尊重を判断していくのか、正解がないなかで模索することになる。

またクライエント主体については、例えば重度の認知症や知的障害を抱えた人などの場合、どのように考えればいいだろうか。本人による意思表示や自己決定が困難な場合、家族やクライエントをよく知る人、関

---

[8] バイスティックの7原則は、ほかに「クライエントを個人として捉える」「クライエントの感情表現を大切にする」「援助者は自分の感情を自覚して吟味する」「受けとめる」「クライエントを一方的に非難しない」「秘密を保持して信頼感を醸成する」がある。

係者が本人の最善の状態（ウェルビーイング）を多面的に判断していくことになるが、その判断のプロセス開示と適切性は十分に保持される必要がある。

④ エンパワメントとストレングス

エンパワメントは、環境によって無力化されていたクライエントが、環境を変えていくための内的なパワーを高めたり、人との関係性を築くことによって環境を変えたり、生活をよくしていくための社会的行動をとっていくことができるよう支援することである。同じ問題を抱えるほかのクライエントとの交流や小集団活動を活用して、環境や生活を具体的に変えていくように支援する。このようなエンパワメントのかかわりには、本人やその人の環境に対してのストレングス視点が不可欠である。

例えば事例２では、家族が地域から孤立しているともいえるが、逆に息子の立場からすると一方的に知らない人（民生委員や保健師）が突然やってきて不安を高め、結果として関係者に対して被害的になっている可能性がある。高齢女性が認知症によって生活がコントロールできなくなっているとすると、相談し支援を求める行動をおこせなくなっているかもしれない。息子が安心できる支援者が訪問を重ねることで、自宅で生活し続けるためのいくつかの提案を受け入れる可能性もある。そうなると、高齢女性や息子が「いままでの生活を続けていける」という安心感をもち（内的なパワー）、理解のある関係者との良好な関係を維持し（対人的なパワー）、生活が改善される可能性も出てくるはずである。

⑤ ミクロ・メゾ・マクロの視点

前述したように、ソーシャルワークは個々の人々の抱える生活問題に対して個別的に支援を行っていく活動だが、問題を社会的に理解し、地域社会や制度政策への支援活動も視野におく志向性も有している。このことをソーシャルワークにおけるミクロ・メゾ・マクロといい、3つの支援次元の連続性や一体性を重視する。基本的に、ミクロ実践とは個人や家族、小集団への実践、メゾ実践とは機関間や地域における実践、マクロ実践とは制度政策や人々の意識にむけた実践のことである。

事例2でいうと、高齢女性や息子にむけた前述のような個別的なかかわりがミクロ実践である。しかし、それだけではなく地域包括支援センターが民生委員や福祉事業所、地域のボランティアとのネットワーキングをとおして、地域の福祉課題に住民の立場から支援する活動をつくり出したとすれば、それがメゾ実践である。さらには、複数の困難を抱えている世帯について積極的に関係者がかかわるようなしくみを、行政とともに制度的につくっていくとすれば、それがマクロ実践である。同様の問題を抱える多くの人にとってもよい影響を与える実践である。これらミクロ・メゾ・マクロはそれぞれ独立してあるのではなく、連続的に相互関連している。

(4) まとめ

本章では、社会状況に規定される社会福祉実践の多様性・広範性を前提としながら、社会福祉専門職者によって理論化されてきたソーシャルワークの問題認識、定義やキーワードをみてきた。

前述したように現代社会においては、制度や分野に分断されない総合的かつ包括的な支援展開の必要性や、利用者の問題を中心においたミクロ・メゾ・マクロの統合的支援、「制度の狭間」問題に対応できる支援が求められている。これは、地域を基盤とした統合的な支援展開ということもできる。そして、そこでは自ら声をあげることが難しい利用者や複合的な困難を抱える利用者へのアウトリーチや、サービス調整にとどまらない社会変革にむけた開発機能が必要とされている。これは、ソーシャルワークの歴史に通底するソーシャルワークの本来機能ということができる。少子高齢化社会に対応する社会保障制度の構築のため、社会福祉基礎構造改革[9]を基軸として各種の社会福祉制度が整備されてきた昨今、法内サービスの調整に終わらず、社会変革に向けた開発機能の復権が我が国の現代ソーシャルワークの課題である。

引用文献

1）日本学術会議社会学委員会社会福祉学分科会（2018）「提言　社会的なつながりが弱い人への支援のあり方について－社会福祉学の視点から－」日本学術会議.

2）湯浅　誠（2008）『反貧困―「すべり台社会」からの脱出』岩波新書.

3）河合　克義（2015）『老人に冷たい国・日本―「貧困と社会的孤立」の現実―』光文社新書.

4）藤田　孝典（2015）『下流老人――億総老後崩壊の衝撃―』朝日新書.

5）渡邊　益男（1996）『生活の構造的把握の理論－新しい生活構造論構築をめざして－』川島書店、1－9.

6）横山　登志子（2006）「地域生活支援をめぐる精神科ソーシャルワーカーの本質的使命：2つのジレンマを手がかりとして」『社会福祉学』46（3）、109－121.（一部修正して引用）

7）H・M・バートレット著、小松　源助訳（1989）『社会福祉実践の共通基盤』ミネルヴァ書房.

8）岡村　重夫著（1968）『全訂社会福祉学総論』柴田書店、141.

9）F・P・バイスティック著、尾崎　新・福田　俊子・原田　和幸訳（1996）『ケースワークの原則［新訳版］―援助関係を形成する技法―』.

[9] 少子高齢化を背景として、1990年代以降、社会保障制度全体のしくみを再構築した動き全体のこと。自立支援の理念のもと、措置から選択へ、対等な関係性、多様な供給体制、質の向上、事業運営の透明性などがすすめられ、関連する社会福祉の法律も改正・整備された。

参考文献

宮本　節子（2013）『ソーシャルワーカーという仕事』筑摩書房.
尾崎　新（2002）『「現場」のちから　社会福祉実践における現場とは何か』誠信書房.
古川　孝順・稲沢　公一・岩崎　晋也・児島　亜紀子（2002）『援助するということ　社会福祉実践を支える価値規範を問う』有斐閣.
窪田　暁子（2013）『福祉援助の臨床　共感する他者として』誠信書房.
岡本　民夫監修、平塚　良子・小山　隆・加藤　博史編集（2016）『ソーシャルワークの理論と実践　その循環的発展をめざして』中央法規.

学習課題

① 日本の現代における福祉問題をひとつ取り上げて調べたうえで、その問題に関係する社会的背景を整理しよう。
② ①で取り上げた問題について、社会福祉実践における「問題の3層理解」から説明してみよう。
③ ソーシャルワークとは何かについてグローバル定義から自分なりに説明しよう。
④ ①で取り上げた問題への支援について、ソーシャルワークの5つのキーワードから考えてみよう。

コラム　「あたりまえを問う」

社会福祉実践に携わる支援者は、支援の対象となる人やその家族の生活に深くかかわっていくことになります。私はずいぶん前に精神科病院のソーシャルワーカーとして働いていましたが、とても印象的な家庭訪問がありました。60歳代の単身女性が退院することになったので、主治医からの依頼で自宅まで外出支援をしたときのことです。そのお家は代々着物の帯を織ってきた家で、当時この女性がひとりで暮らしていました。若くして精神科疾患を発症していたらしいのですが、通院や服薬はせず家で親やきょうだいと機織りの仕事をしながら生活してきたようです。家族が亡くなってからは機織りをやめ生活保護で暮らしていました。訪れた家は、歴史を感じる古い家で天井が高く、とても広く感じられましたが、電気がないと昼でも真っ暗でした。

私がはじめてお宅に訪問したときは、機織りにも厚いほこりがたまっていて、家じゅうに物がうず高く積み重なり、どこが台所かわからないほどでした。玄関すぐの６畳間に女性の居場所があり、こたつやふとんが敷かれていて、そのまわりに生活に必要なものが雑然とおかれていました。驚く私たちをよそに、久々に自宅に帰った女性は慣れた様子で家の様子をみて歩き、６畳間に座る場所をあけてくれました。びっくりするやらあきれるやらの私たちをよそに、彼女は病棟ではみせない晴れやかで静かな笑顔を浮かべて座っていたのがとても印象的でした。

私たち関係者はその後、彼女と話し合いながら生活の場所を整え、訪問支援を続けていきました。６畳間と台所を片付けるだけでも数人の関係者が丸一日かけ、片付け終了後は銭湯に直行するほどでした。この支援の経過でつくづく感じたことは、「私（たち）にとってのゴミは彼女にとってゴミではなく愛着ある大事なモノなのだ」ということでした。そして、うす暗いけれど天井の高いこの家には今でも彼女の耳に（幻聴ではなく）家族の声があり、機織りの音がなり、生活の音が聞こえるように感じられるということでした。

片付けを通して、彼女とモノにまつわるいろいろな昔話を聞き、ようやくそれを実感できたときに「人が暮らす」ということの一端をみたように思います。そして、その地域の歴史や文化のなかに生活が息づいていたことを理解しました。

私にとっての「あたりまえ」は彼女にとっての「あたりまえ」ではない。逆もまたしかりです。そう考えるようになってから、「ゴミばかりで汚いな。よくこんなところで暮らしていたものだ」という気持ちはなくなり、彼女のペースで生活を整えることに集中することができました。

生活にまつわる価値観は、ひとりひとり異なっており、それは無意識的な感覚や経験からつくられています。生活に深く入っていく支援者だからこそ、自分自身の価値基準に敏感でありたいものですし、その「あたりまえ」を問い直すことも大事になると思います。

2 社会福祉実践の対象と問題

橋本直子

《学習のポイント》 社会福祉の対象は、生活問題を抱えた人々である。本章では、まず、社会福祉の法制度とその対象に関しての変遷を確認し、社会福祉における対象とニーズを明らかにする。そのうえで、現在、社会福祉援助の課題となっている「制度の狭間」の問題や、さらには、「社会的つながりが弱い人」のニーズの特徴を理解し、対象への向き合い方を学ぶ。
《キーワード》 対象、生活問題、ニーズ、制度の狭間、社会的つながりが弱い人

(1) 社会福祉の法制度と対象

社会福祉とは、何らかの問題を解決するための方策や技術の総体である。この「何らかの問題」は、その時代の社会を反映しながら人々の生活のなかに現れる。そもそも、歴史的に福祉問題の中核は貧困問題であった。現代の社会福祉制度は、戦後の状況下での人々の救済や保護のために制定された貧困（生活保護法）、児童（児童福祉法）、障害者（身体障害者福祉法）を対象の福祉三法から始まり、知的障害（現：知的障害者福祉法）、高齢者（老人福祉法）、母子・寡婦（現：母子及び父子並びに寡婦福祉法）を加えた福祉六法の体制に整えられた[1]。つまり、貧困、障害、ひとり親の家庭といったように生活問題の種類や個人の属性といった対象把握の方法が展開され、政策において法律や制度が対象者を規定していくなかで、生活に困難を抱える者として社会福祉援助の対

[1] 戦後の社会福祉体制の見直しとそれにともなう法律改正が徐々に進み、その集大成として、1990年（平成2）には社会福祉関係八法改正があった。「福祉八法」は、児童福祉法、身体障害者福祉法、知的障害者福祉法、老人福祉法、母子及び父子並びに寡婦福祉法、高齢者の医療の確保に関する法律（老人保健法）、社会福祉法、社会福祉・医療事業団法。

象となっていったのである。社会福祉実践において、この対象化は社会福祉の普遍化を進める一方で、対象者や援助機関が領域ごとの縦割りとなり、硬直化した援助やサービス提供といった弊害も生みだしていた。

また、こうした社会福祉制度のなかでの社会福祉援助は、主に措置制度[2]に基づいて展開されてきた。その結果、「福祉のお世話になる」という言葉に表されるように、対象となる人へのスティグマを含みつつ、多くの人々にとっては自分には関係のないもの、特別な問題を抱えている人にのみ関連するものとして認識されてきたといえる。また、障害者や高齢者は家族ケアや施設ケア、精神障害者は入院治療が中心といった援助形態が続くなかでは、生活問題を抱える人の姿が地域では見えにくくなり、身近な関係に接点や交流がない限りは、社会福祉の問題は自分事としては捉えづらいものとなっていたともいえる。

しかし、この30年の間に社会と制度は大きく変化した。少子高齢化社会に向けて、社会福祉基礎構造改革が行われ、措置制度は[2]本人を権利主体とした契約制度へと移行し、病気や障害をもちながらも人々が住み慣れた地域で暮らしていく体制が整えられてきた。そのような流れのなかで、2000年（平成12）には介護保険制度が導入されたが、20年を経て、わが国における65歳以上の高齢者数は3,617万人となり、総人口に占める割合は28.7%となった（総務省2020）[1)]。

人生100年時代といわれる今、高齢者だけでなくそれを支える世代にまで目を向けると、多くの人々にとって介護は他人ごとではすまされない身近な生活問題となった。これまでの社会生活のなかで無意識的に染みついている人々の社会福祉に対する認識はなかなか変化しない部分もあるだろうが、第1章で述べられているように、この40年のドラスティクな社会変動のなかで、私たちの「生活基盤の脆弱化」は様々な社会問題として立ち現れてきている。家族、地域、教育、労働といった場

[2] 行政庁が社会福祉の対象となる者に対して、各福祉法の規定に基づいて行う擁護、育成、厚生にかかわる行政処分。具体的には、施設の入所や在宅サービスの利用、金品の給付・貸与等といったことを行政庁が決定すること。措置権者は都道府県・市町村。

のなかで、誰もが生活問題を抱え、社会福祉援助の対象者となる可能性があるといわざるをえない状況におかれていることを、私たちは認識する必要がある。

(2) 社会福祉援助におけるニーズ

1）社会生活上のニーズと対象

社会福祉制度は、福祉に関するニーズを充足するために整備され展開されてきた。つまりニーズこそが「社会福祉が対象とする問題」であり、社会福祉援助においては、クライエントのニーズを把握し、問題解決をはかることが求められてきた。

社会生活上のニーズとの関係で、社会福祉の対象を規定したのは岡村重夫である。岡村重夫（1983）は、人間が社会生活をしていくうえで欠かせないものとして、７つを社会生活の基本的要求として上げた[2)]。それは、①経済的安定、②職業的安定、③医療の機会、④家族的安定、⑤教育の機会、⑥社会的協働、⑦文化・娯楽の機会である。これらの要求は、図２−１のようにそれぞれの制度が対応しているが、その要求が欠けていたり、十分に満たされていなければ、その人の社会生活が円滑にできていない状況ととらえた。つまり、その人が要求を満たすことができない状況や、自らで解決できない場合、その人は生活上の困難を抱える（生活問題が発生する）ことになる。

岡村は、個人と社会がとり結ぶ関係を「社会関係」と呼んで、「社会関係上の困難」が社会福祉の対象の固有性であると主張した。「社会関係」は社会制度からの個人への役割を果たすように求める客体的側面と、個人が社会制度からの求められる役割に応える主体的側面をもっており、個人は生活していくなかで様々な社会制度から求められる役割を果たしながら、社会生活の要求を充たしている。この主体的側面の側か

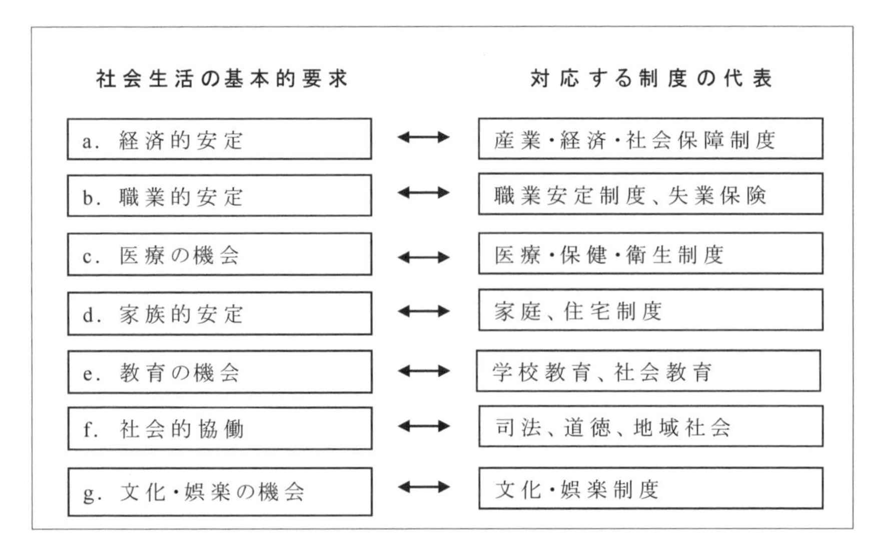

出典：『新版社会福祉原論』ミネルヴァ書房 1992、77 p

図 2－1 社会生活の基本的要求

らとらえたときにみられる「社会関係の不調和」「社会関係の欠損」「社会関係の欠陥」が、社会福祉の固有の対象だというのである。社会制度と基本的要求をもつ個人との関係を社会関係とし、社会関係の主体的側面にかかわるという視点は、社会福祉援助において、ソーシャルワーカーが目の前にいる人（主体）の生活問題の理解の仕方に立って、問題解決に向けてはたらきかけていくということを意味するものであり、領域や機関の違いにかかわらず、実践において対象をとらえる際の有用な理論といえる。

2）ソーシャルワークの対象とニーズ

さて、クライエントの「ニーズ（needs）」自体は身体的、心理的、経済的、社会的に人が生きていくためのあらゆる方面にわたるもので、衣食住に関することや安全や健康といった生存の基本的なものから、他者からの承認といった人間関係に関すること、自己の充実感を求めたり自分を高めることなど多様なニーズがある。社会福祉援助における「ニーズ」とは、単なる「欲求」ではなく「必要」ということを意味している。つまり、社会生活を営む人として、必要なものが欠けている状態を本来望ましいと思われる状態へと実現していくことを、その前提としているのである。社会福祉援助の対象である「福祉ニーズ」は、クライエントの「ニーズ（必要）」と生活問題がそこに存在し、その改善や解決の社会的必要性があるかどうかという判断によっている[3]。

社会福祉の対象としての「ニーズ（needs）」については、対象把握について様々な議論があるが、実践においては以下のような分類によるニーズの理解が必要だろう。

① 顕在的ニーズと潜在的ニーズ

本人の自覚があるかによる分類である。顕在的（けんざいてき）ニーズでは、クライエントが面接などで主訴としてニーズが表明され、ソーシャルワーカーも認識しているという場合もあれば、周囲の援助者に認識されたことにより、はじめて本人も困難を自覚しニーズが表明されるといった場合がある。

潜在的ニーズは、ソーシャルワーカーはニーズを認識しているが、本人がニーズを自覚していない（できない）状態にある場合などである。また、その状態が社会福祉のニーズを抱えた状況で支援が必要であると本人もソーシャルワーカーも認識していないという場合もある。

② 貨幣的ニーズと非貨幣的ニーズ

貨幣化されるものかどうかによる分類である。貨幣的ニーズは現金給付され、非貨幣的ニーズは貨幣では要求を充足できないものであり、現物給付（必要な物品や対人援助サービスを提供する）されることが多

---

3 三浦文夫は社会福祉ニーズを「ある種の状態が、一定の目標なり、基準からみて乖離の状態にあり、そしてその状態の回復・改善等を行う必要があると社会的に認められたもの」としている。

い。

③ 規範的ニーズ

専門職が社会規範に照らして把握するニーズである。政策的に公平性を保つために客観的指標によって評価する、生活保護、保育サービスや要介護認定などはこれにあたる。

3）時代によるニーズの変化と新たな課題

福祉ニーズや生活上の困難は時代や社会の変化により、内容や現れ方が異なってくる。戦後の国民全体が貧しい時代から高度成長期までは、経済的な保障による生活の安定が人々のニーズの中心であり、貨幣的ニーズの充足が求められた。その後、生活（物質的）の豊かさが実感される時代となったが、複雑化する社会のなかで様々な人間関係のストレスや軋轢（あつれき）による対人関係の問題を抱える者が増え、また、家庭や地域の支え合う力の低下から保育や介護が生活上の課題となり、人々のニーズは非貨幣的ニーズへと移ってきた。しかし、バブル経済の崩壊やリーマンショックにより経済的停滞が続いてきた現在、経済的格差の拡大から、再び貨幣的ニーズが高まっているようにみえる。また、複雑化した社会のなかで、人々の抱える生活課題は多様で複合化する一方、人とのつながりは希薄（きはく）になり、人々のニーズは発見されにくく、顕在化しにくい状況になった。さらに、既存の法制度での対象や問題把握では、その生活困難な状況を解決していけない、いわゆる「制度の狭間」という新たな課題への対応がせまられるようになった。

(3) 制度の狭間（はざま）と社会的つながりが弱い人

1）制度の狭間

社会福祉における新たな課題として、「制度の狭間」問題への対応の必要性を示したのは、2000 年（平成 12）に厚生労働省から出された「社会的援護を要する人々に対する社会福祉のあり方に関する検討会」の報告書[3)]であった。検討会では、社会福祉の制度が充実してきたにもかかわらず、社会や社会福祉の手が「社会的援護を要する人々に届いていない事例」が散見されること、つまり、従来の守備範囲とされていなかった制度と制度の谷間にいる人々の現状が指摘され、そうした課題について今後いかに対応していくべきかが示された。報告書では、対象となる問題が、従来の主たる対象であった「貧困」に「心身の障害・不安」(社会的ストレス問題、アルコール依存、等)、「社会的排除や摩擦」(路上死、中国残留孤児、外国人の排除や摩擦、等)、「社会的孤立や孤独」(孤独死、自殺、家庭内の虐待・暴力、等）といった問題が重複・複合化し、また、それらが社会的孤立や排除のなかで「見えない」形をとり、問題の把握をさらに困難にしていることが指摘された。報告書では「見えない」問題を見えるようにするために、複眼的取り組みが必要として問題把握の視点を以下のようにあげている。

（問題把握の視点）

①問題の背景

・経済環境の変化・家族の縮小・都市（地域）の変化

②問題の基本的性格

・心身の障害や疾病・社会関係上の問題・貧困や低所得

③社会との関係における問題の深まり

・社会的排除・摩擦・社会的孤立

④制度との関係における問題の放置

・制度に該当しない・制度がうまく運用されていない

・制度にアクセスできない・制度の存在を知らない

以降、こうした新たな課題は、人々の生活問題としてますます地域のなかで顕著になった。2014年（平成26）にNHKドラマとして放映された「サイレント・プア」はコミュニティソーシャルワーカー（CSW）が、住民に寄り添いながら地域の課題に向き合っていく内容であった。各回のテーマは「ゴミ屋敷」「アルコール依存」「中高年ひきこもり」「ホームレス」「若年性認知症」「滞日外国人」「高次機能障害」「被災者・避難者」など、まさに「声なき貧困」として、高齢者や障害者などの家庭の見えにくい貧しさや、地域住民や家族、親戚とつながりがもてず孤立する人々が多重に困難を抱えて生活しているあり様が描かれていた。それは同時に、その人の生活問題の解決に、制度が「該当しない」「うまく運用されていない」現状と制度に「アクセスできない」「存在を知らない」でいる社会的弱者といえる援助の対象者が制度の谷間に存在することを示していた。

上記の他にも「老老介護」「ヤングケアラー」「8050問題」「薬物・ギャンブル依存」「犯罪被害者」「累犯障害者」「LGBTQ」など様々な人の生活問題がある。

このような状況のなかで2016年に政府は「我が事・丸ごと」地域共生社会実現本部を立ち上げた。そこでは、地域住民を主体にしたつながりの再構築を打ち出し[4]、「複雑化・複合化した」あるいは「制度の狭間」の生活問題に対応していくために、高齢者・障害者・児童など対象者や分野による従来の縦割りのサービスや支援ではなく「丸ごと」支援の対象としていく包括的支援体制の構築が進められている[5]。

---

[4] 「地域共生社会」とは「社会構造の変化や人々の暮らしの変化を踏まえ、制度・分野ごとの『縦割り』や『支え手』『受け手』という関係を超えて、地域住民や地域の多様な主体が参画し、人と人、人と資源が世代や分野を超えつながることで、住民一人ひとりの暮らしと生きがい、地域を共に作っていく社会」とされている。

[5] 2020年6月　地域共生社会の実現のための社会福祉法等の一部を改正する法律の交付。

2）社会的つながりが弱い人

また、2018 年には、日本学術会議の社会福祉学分科会から「社会的つながりが弱い人への支援のあり方について」の提言[4)]が出された。ここでの「社会的つながりが弱い人」とは、「自らそうした生き方を選択した訳ではないのに、①家族・職場・地域における人間関係が希薄になっているため、②家族の成員間の関係性があったとしても家族の外部に対しては閉鎖的なため、社会的な相互承認欲求をもちながらも、その場を十分に持てない人」である。こうした人々は、社会的承認がえられない状態が長く続くと、孤立感が増し、自己肯定感や自尊感情が低下し、自らの力で社会的つながりを回復する意欲を奪われる。その結果、自殺やホームレスになるなど、社会から排除され、ドロップアウトしてしまう危険性すらあることが指摘されている。そして、社会的つながりの弱さがもたらす問題を、本人の自助努力で解決することは困難であり、家族、職場、地域社会の変化が増加させているととらえれば、社会問題として社会の責任において取り組むべき課題であるとし、当事者とそれを取り巻く社会環境とのつながりに着目して支援するソーシャルワークによる支援が有効であるとした（2018 日本学術会議）。このなかでは、社会的つながりが弱い人のニーズ特性として、①声を奪われ（VOICELESS）支援ニーズが表明できない、②支援ニーズの多様化、深刻化、複合化による支援の困難さ、③受援力の脆弱性による継続的支援の困難さ、の 3 点があげられている（表 2−1）。

表 2－1 社会的つながりが弱い人のニーズ特性

① 声を奪われ（VOICELESS）支援ニーズが表明できない
・他者や制度に依存しない状況を「自立」とみなし、社会福祉制度利用を、個人の意欲の欠如や怠惰など道徳的な問題とみなす社会的風潮がある中では、当事者は声を上げにくい状況に置かれやすい。 → voicelessが長く続くとより、社会的つながりが奪われる負のスパイラルに。 ・かつて相談・支援を求めたことがある場合にも、正当なニーズとみなされなかったり、尊厳を侵害されるような対応を経験したりしている場合も少なくない。 → 二次被害となって相談・支援から遠ざかる、支援拒絶の場合もある。
② 支援ニーズの多様化、深刻化、複合化による支援の困難さ
・長期に渡る生活の積み重ねの上に形成される場合が多く、その支援ニーズは時間とともに多様化、深刻化しがちである。家族がいる場合でも、世帯員がそれぞれ抱える課題ともかかわってニーズが複合化する傾向にある。 → 多様な制度や機関にまたがる、より長期的、専門的な支援を要する。また、「制度の狭間」の課題も含まれ、包括的、早期的、継続的な支援を一層困難にする。
③ 受援力の脆弱性による継続的支援の困難さ
・本人の身体的、精神的、心理的、経済的、社会的な機能に脆弱さがある場合、社会的つながりによる助言や支援が得られなければ、支援にかかわる情報を取捨選択しながら支援を自分のニーズに対応させて利用することが難しい。 ・社会的つながりが弱い人々にあっては、そもそも生きる意欲が低下していたり、自暴自棄になっていることも多い。 → 支援者と信頼関係を形成し、継続的な関係性を確立・維持していくことが容易ではない。また、ひとたび支援機関とつながったとしても、継続的な支援の利用を可能にする、いわゆる「受援力」が十分に機能しない可能性がある。

＊「受援力」とは、個人や団体からの援助に全面的に依存することでもなく、逆に援助を拒否してすべて自己責任で解決することでもなく、援助を上手に利用しながら自らの生活を再建し維持する力のことをいう。

「提言 社会的つながりが弱い人への支援のあり方について－社会福祉学の視点から－」p5－p6（2社会的つながりが弱い人への支援体制のあり方（1）社会的つながりが弱い人のニーズ特性）から、筆者作成

(4) 対象と問題に向き合うこと

社会福祉は支援を必要とする対象を規定する。対象の定義や範囲で基準が決められると、それに当てはまらない人は対象にはならない。例えば、難病等の患者は「障害者」ではなく、実際は生活していく上で様々な困難があるにもかかわらず生活支援のサポートを受ける対象とされることなく、制度の谷間に置かれていたが、障害者総合支援法の障害者の範囲の見直しにより対象に含まれた。しかし、それは「指定された」難病患者のみが対象であって「指定されていない難病」患者は対象にならないという新たな狭間を生みだした。こうした状況は、制度という仕組み上必然のことであり、社会問題化した福祉課題に対応し、次々と新たな制度がつくられ支援の対象と範囲は広がっているが、谷間は常に生じる。その谷間にいる対象者と課題にソーシャルワーカーがどのように向き合っていくのかは常に問われ続けてきたことである。人の日々の生活自体は空間的にも時間的にも連続する広がりをもつものであり、支援が必要な人にとっては、生活の谷間などはなく、制度の狭間であるかないかととらえているのは、支援の提供側からの論理であり見方である。支援の狭間にあるから困難な問題だととらえるのもソーシャルワーカーの認識の問題であり、ソーシャルワーカーに求められるのは対象者のニーズにまずは真摯に向き合うことである。制度に合わせた支援ではなく、対象者のニーズに基づく支援から始めるしかないのである。制度の狭間にある対象・問題へのアプローチこそが、本来の社会福祉実践でもあったということに立ち戻り、対象者に向き合っていくことが必要である。

先の報告書では、問題把握の分析から「つながりの再構築」という概念が提示され現代社会の様々な社会問題に通底する課題であることが示され、さらに、学術会議の報告では社会的排除や孤立している社会的つながりの弱い人の支援ニーズの特徴が示された。支援現場ではその人の生きづらさを理解することが支援において重要だといわれるようになったが、生きづらさとはその多くがまさに他者・社会との関係性（つながり）に発生している困難で、人とのつながりの再構築が必要とされる状態といえる。つまり、社会的つながりの弱い人の voiceless や受援力の弱さ、問題の多様化、深刻化、複合化という支援ニーズ自体が既にその「生きづらさ」の結果ともいえる。その人の「生きづらさ」はこれまで生きてきたその人の生活と人生を理解していくことからしかみえてこない。そうであれば、ソーシャルワーカーは、その人にかかわり続け信頼関係を築いていくしかなく、また、そこからようやくみえてくる真のニーズがあるということも理解しておく必要がある。

(5) まとめ

本章では、社会福祉実践の対象を法律や制度による規定とニーズによる対象把握からとらえた。そして、近年の実践課題となっている「制度の狭間」の問題が社会的排除や孤立の問題、つまり、「つながり」の問題とかかわることを理解し、さらに、社会的つながりが弱い人のニーズ特性を確認した。ソーシャルワーカーは必然的にできてしまう制度の谷間においてその人のニーズに向き合い援助していくこと、社会的つながりの弱い人には、かかわり続けるなかでみえる真のニーズをとらえることが必要である。

引用文献

[1] 総務省「統計からみた我が国の高齢者—『敬老の日』にちなんで—」(統計トピックス No. 126) https://www.stat.go.jp/data/topics/pdf/topics 126.pdf. 2020/12/30.
[2] 岡村　重夫 (1983)「社会福祉言論」社会福祉協議会.
[3] 厚生労働省 (2000)「社会的援護を要する人々に対する社会福祉のあり方に関する検討会」報告書.
[4] 日本学術会議社会学委員会社会福祉学分科会 (2018)「提言　社会的つながりが弱い人への支援のあり方について－社会福祉学の視点から－」日本学術会議. http://www.scj.go.jp/ja/info/kohyo/pdf/kohyo-24-t 268.pdf 2020/1/15

参考文献

岩田　正美 (2008)『社会的排除：参加の欠如・不確かな帰属』有斐閣.
勝部　麗子 (2016)『ひとりぼっちを作らない　コミュニティーソーシャルワーカーの仕事』全国社会福祉協議会.
奥田　知志・茂木　健一郎 (2013)『「助けて」といえる国へ－人と社会をつなぐ』集英社新書.
松本　俊彦編 (2019)『「助けて」が言えない SOSを出さない人に支援者は何ができるか』日本評論社.

学習課題

① 福祉ニーズについて説明をしてみよう。
② 自分や身近な人が福祉ニーズをかかえそうな状況を考えてみよう。
③ 社会関係や社会制度で満たされている自分のニーズをあげてみよう。
④ 社会的孤立や社会的排除に関する問題を1つ取り上げて、その現状を調べてみよう。

コラム「人とのつながり」

新型コロナウイルス感染症（COVID-19）によって、誰もが、人と人とのつながりについて考えたのではないでしょうか。筆者自身、ちょっとした会話、ちょっとした人との触れ合い、友人や家族との食事、当たり前であった人との交わりがなくなり、そのことに日々の生活がどれだけ支えられていたのかと改めて気づかされました。

10年連続で減少していた自殺者数が2020年増加に転じました。最初の緊急事態宣言下の4〜6月、自殺率は低下しましたが、7月以降増加、女性と小中高生の増加率が顕著であったことが報告されています。新型コロナによる生活の影響のしわ寄せを、社会的に弱者の立場にあった女性や若年層などが受けたと指摘されています。女性は非正規雇用や感染リスクにさらされる職業への従事者が多いことから雇用の不安がリスクを高めているといわれています。また、ステイホームで在宅時間が延びたことで、家事育児の負担増や夫婦・親子関係のストレスや葛藤で精神的に追い詰められているともいわれ、家庭内のそうした状況がDVや虐待の増加の一因になっているとの指摘もされています。一方で家庭内の虐待や暴力の被害は見えづらくなり、相談もしにくい状況になっていることが問題になっています。

この間、地域や世代を超えて、社会のあり方が自分の生活に与える影響を（影響の大きさは違えど）我がごととしてこれほど実感させられたことはなかったのではないでしょうか。社会全体で人が人と社会とつながることの意味もまた見つめなおす機会なのでしょう。

3 社会福祉実践の構成要素

宮﨑　理

《学習のポイント》　社会福祉実践は、単に社会福祉の法制度があり、専門職がいれば展開できるというわけではない。様々な構成要素が、有機的に作用し合って成り立つものである。本章では、ヘレン・ハリス・パールマンが示した「6つのP」を手がかりに、社会福祉実践にかかわる制度・資源、施設・機関、専門職について概観する。さらに、専門職以外の人々にも焦点を当て、社会福祉実践の重要な担い手であることを学ぶ。それらをつうじて、社会福祉実践がいかなる要素によって構成されているのか理解を深める。

《キーワード》　ソーシャルワーカー、社会福祉制度、社会福祉施設・機関、フォーマル、インフォーマル

---

(1) パールマンの6つのP

アメリカ合衆国のソーシャルワーク研究者として著名なヘレン・ハリス・パールマンは、1957年に著した『ソーシャル・ケースワーク：問題解決の過程』などの文献[1)]において、ソーシャル・ケースワーク[1]には、以下のような共通する構成要素があると述べている[2]。

①人（person）

②問題（problem）

[1] メアリー・E・リッチモンド（＝1991：57）の定義によるならば、ソーシャル・ケースワークとは、「人間と社会環境との間を個別に、意識的に調整することを通してパーソナリティを発達させる諸過程からなり立っている」実践である[2)]。本章では、便宜的にソーシャル・ケースワークを社会福祉実践全体のなかの中心的な一部分を示す概念（ソーシャルワークとほぼ同一のもと）として扱う。

[2] パールマンは、当初、ソーシャル・ケースワークの構成要素として、①人（person）、②問題（problem）、③場（place）、④過程（process）の4つを挙げていたが（4つのP）、後年、⑤専門職（professional person）、⑥制度・資源（provisions）を加えている。

③場（place）
④過程（process）
⑤専門職（professional person）
⑥制度・資源（provisions）[3]

これらは、その頭文字を取って「6つのP」と呼ばれている。以下では、この項目に従って、社会福祉実践の構成要素を確認していく。

［人］（person）とは、問題を抱えその解決を求めて社会福祉の施設・機関などを訪ねて来る人のことである。パールマン（＝1966：7）は、「社会施設にくるクライエントは、われわれが従来知っているすべての他の人間と同じでもあるが、また違ってもいる」と述べている。ある人は、その人と同年代の、同時代の、同じ文化の他の人々と類似している。しかし、その人は他の誰とも異なる「特定の人」である。ここで重要なのは、利用者の個別性と社会性である。

［問題］（problem）とは、社会福祉の施設・機関などに所属するソーシャルワーカーのもとにもち込まれる生活課題のことである。社会福祉実践において取り扱う問題は、人々が社会のなかで生きようとするときに直面する障壁であり、非常に多様なものである。それらの問題を解決するためには、人間と社会に対する知識が不可欠である。また、ある問題はしばしば他の問題を引き起こす。例えば、収入の喪失が貧困につながるだけでなく、家族の不仲という問題を招くかもしれない。このように、問題は動的で相互に影響を及ぼし合うものなのである。

［場］（place）とは、問題解決のために支援を行う社会福祉実践の場のことである。場は、必ずしも第一義的に社会福祉実践のための施設・機関であるとは限らない。例えば、児童相談所や福祉事務所などは、社会福祉実践のための機関である。他方、病院や学校などで活躍するソーシャルワーカーも数多く存在するが、前者は医療機関であり、後者は教

[3] “provisions” は、直訳すると「規定、条件、定め」などの日本語が当てはまるが、その意味するものを汲んで、ここでは「制度・資源」と訳す。

育機関であるというように、社会福祉実践を直接的な目的としてつくられた機関ではない。また、法律の定めがなかったとしても、民間組織が独自の実践に取り組んでいる場もある。このような場の違いに規定されて、施設・機関の機能、専門職の権限、提供できるサービスなどには多様性が生み出される。

［過程］（process）とは、問題を解決していく一連の道筋のことである。パールマンは、ソーシャルワーカーがなすことは、「クライエントの生活過程のなかに、問題解決の活動の方法と、問題解決の知識の資源ならびに組織立てられた準備を注入し、それによってクライエント自身の問題解決のたたかいを、本質的に助けること」であると述べている（Perlman＝1966：71）。すなわち、問題解決の主体は利用者であり、ソーシャルワーカーは側面的に支援することが求められる。そのために、両者がどのような関係をつくり支援を進めていくのか、さらには、実践においてソーシャルワーカーが何をなすべきなのかという観点から、過程のありようが問われる。

［専門職］（professional person）とは、社会福祉実践の担い手である専門職のことである。専門職であるということは、特定の価値（value）を共有しており、体系的な理論（theory）をもって実践（practice）する人々として、社会的に承認された存在であるということである。そうであるがゆえに、専門職は全体としてそのあり方が常に問われることになる。他方、一口にソーシャルワーカーといっても、例えば、児童福祉領域のソーシャルワーカーと医療福祉領域のソーシャルワーカーでは、もっている知識には一定の違いがあり、提供できるサービスも異なる。また、一人のソーシャルワーカーは専門職であると同時に一人の個人でもあり、その個別性が支援に与える影響も考慮しなければならない。

［制度・資源］（provisions）とは、社会福祉のサービスを成立させて

いる政策、法律、制度、運用基準などのことである。国や地方自治体などが提供するフォーマルな社会福祉のサービスは、それを利用するための明確な基準が定められている。社会福祉実践において、利用者が直面する問題を解決するためにどのようなサービスを用いることができるのかを検討するためには、制度や資源に関する知識が必要となる。一方、制度や資源が不十分だったり不適切だったりする場合には、それらを変革するための実践も求められる。

以上の社会福祉実践の構成要素は、特に、気に留めることもない「当然のもの」のようにみえるかもしれない。しかし、それぞれの要素に左右されて、個々の社会福祉実践がどのようなものであるのかが異なってくる。ゆえに、社会福祉実践の構成要素について理解を深めることは、単に知識を得ること以上の重要な意味をもつ。

①「人」(person)、②「問題」(problem)、④「過程」(process) に関する説明は第4章以降に譲るとして、本章では、③「場」(place)、⑤「専門職」(professional person)、⑥「制度・資源」(provisions) を中心に概観していく。雑駁(ざっぱく)な言い方をするならば、①・②は社会福祉実践の対象であり、④は社会福祉実践そのものである。それに対して、本章で学ぶ③・⑤・⑥は、社会福祉実践を行う側（あるいは実践を行う際の基盤となるもの）である。

(2) 社会福祉実践にかかわる制度と資源

1）社会福祉の法律

① 社会福祉法

社会福祉実践は、制度・政策に規定されることによって提供される側面が非常に大きい。社会福祉サービスを成立させている法律の代表的なものは、1951年に制定された社会福祉法（制定当時の名称は社会事業法）である。社会福祉法とは、日本における社会福祉を目的とする事業の全分野における共通的基本事項を定めた法律である。

社会福祉法第3条では、「福祉サービスの基本理念」として、以下のように定められている。

> 福祉サービスは、個人の尊厳の保持を旨とし、その内容は、福祉サービスの利用者が心身ともに健やかに育成され、又はその有する能力に応じ自立した日常生活を営むことができるように支援するものとして、良質かつ適切なものでなければならない。

これは、日本の公的な社会福祉サービスが、どのような理念に基づくものであるのかを端的に言い表した条文である。法律は社会福祉のサービスを提供する際の根拠となるもの、すなわち、“provisions”の直訳的な意味どおりの「規定」「条件」「定め」であるが、その背後には社会的に合意された理念が存在する。

理念は、条文に書かれているだけでは、単なる「文字の羅列」でしかない。この理念を具現化していくのが、社会福祉実践なのである。そのように考えるならば、制度と社会福祉実践は、前者によって後者の一部分が提供されるとともに、後者によって前者に息が吹き込まれるという双方行的な関係性にあるのだといえよう。

② 社会福祉六法

社会福祉に関する法律には、様々なものがある。その代表的なものが、生活保護法、児童福祉法、母子及び父子並びに寡婦（かふ）福祉法、老人福祉法、身体障害者福祉法、知的障害者福祉法である。これらは、総称して「社会福祉六法」と呼ばれている。それぞれの法律は、次のような目的をもって制定されており、各対象・領域における社会福祉サービス等を提供する根拠となっている。

・**生活保護法**（1946年制定）：日本国憲法第二十五条に規定する理念に基づき、国が生活に困窮するすべての国民に対し、その困窮の程度に応じて必要な保護を行い、最低限度の生活を保障するとともに自立を助長することを目的とする法律。
・**児童福祉法**（1947年制定）：児童が良好な環境において生まれ、心身ともに健やかに育成されるよう、公的機関の組織や各種施設及び事業に関する基本原則を定めるとともに、保育、母子保護、児童虐待防止対策を含むすべての児童福祉を図ることを目的とする法律。
・**母子及び父子並びに寡婦福祉法**（1964年制定）：母子家庭等及び寡婦の福祉に関する原理を明らかにするとともに、生活の安定と向上のために必要な措置を講じ、母子家庭等及び寡婦の福祉を図ることを目的とする法律。
・**老人福祉法**（1963年制定）：老人の福祉に関する原理を明らかにするとともに、老人に対し、その心身の健康の保持及び生活の安定のために必要な措置を講じ、老人の福祉を図ることを目的とする法律。
・**身体障害者福祉法**（1949年制定）：身体障害者の自立と社会経済活動への参加を促進するための援助及び必要に応じて保護を行い、身体障害者の福祉の増進を図ることを目的とする法律。
・**知的障害者福祉法**（1960年制定）：知的障害者の自立と社会経済活動への参加を促進するための援助と必要な保護を行い、知的障害者の福祉を図ることを目的とする法律。

このほかにも、社会福祉実践に関係する法律には様々なものがある。例えば、障害福祉サービスについて定めた「障害者の日常生活及び社会生活を総合的に支援するための法律」（障害者総合支援法）や、「介護保険法」「生活困窮者自立支援法」なども社会福祉のサービスを成立させている法律である。

２）「社会資源」としての制度

社会福祉の実践的な立場から考えるならば、制度は「社会資源」(あるいは社会資源を提供する規定や条件）の１つである。空閑浩人（2015：13）の定義によるならば、社会資源とは「社会生活を送る上で必要に応じて活用できる様々な制度やサービス、また施設や機関、専門職やボランティアなどの人材その他」の総称のことである[3)]。

社会資源のうち、制度に基づいて提供される社会福祉のサービスや福祉施設・機関の職員などのことを、「フォーマルな社会資源」という。これらは、一定の条件を満たせば誰でも利用できるものである。一方、ボランティアや近隣住民、家族や友人・知人などから提供される社会資源のことを、「インフォーマルな社会資源」という。これらは、私的な関係性に基づいてもたらされるものである。ソーシャルワーカーは、自らも社会資源の１つであると同時に、生活課題を抱えた人々と社会資源をつなぎ、彼／彼女らが社会資源をうまく活用できるように支援する役割を担っている。

生活課題を抱えた人々は、必ずしも最初から特定の制度に基づいて提供される社会福祉サービスの利用を求めて、いわば「消費者」のようにソーシャルワーカーの前に立ち現れるわけではない。例えば、高齢者を在宅介護している家族が、必ずしも最初から介護保険制度に基づく具体的な介護サービスの利用を求めて相談に訪れるとは限らない。多くの場合、「加齢にともない足腰が弱くなり身の回りのことを一人でできなくなってきたので不安だ」「家族だけで介護を続けるのが困難になって来た」などの生活課題が生じ、それらをどのようにすれば解決できるのであろうかという思いで相談に訪れるのである。

制度やサービスは、生活課題を解決するための道具である。利用者を制度やサービスに当てはめることが社会福祉実践なのではない。生活課題を抱えた人々とソーシャルワーカーとの出会いがあり、問題を解決あるいは緩和(かんわ)するために、どのような社会資源を用いることができるのかを模索するなかで、初めて制度やサービスの姿がみえて来るのである。

(3) 社会福祉実践の場

1）社会福祉実践の分野

社会福祉実践は、様々な場で行われている。山村典子（1998：139－143）は、ソーシャルワークの対象となる客体領域を、「第一次分野（primary setting）」と「第二次分野（secondary setting）」に分けている。第一次分野とは、「ソーシャルワークによる支援が第一義的目的となる」分野のことである。第二次分野とは、「第一義的目的は社会福祉以外の職種によるサービス提供であり、その目的達成を側面的に支えるためソーシャルワークが用いられる」分野のことである[4)]。

第一次分野には、先述の福祉六法が対象とする低所得者福祉、児童福祉、高齢者福祉、障害者福祉、母子・父子等福祉、加えて地域福祉が挙げられる。第二次分野には、医療福祉、教育福祉、司法福祉などが挙げられる。

各分野には固有の制度や施設・機関、実践があるが、これらは閉じたものではなく、分野横断的に実践が行われている。例えば、高齢者福祉と障害者福祉はそれぞれ別の分野であるが、障害のある高齢者を対象とする社会福祉実践は、分野を横断して展開される。あるいは、直接的には教育福祉の実践であるとしても、対象となる子どもの家庭の生活課題の解決が迫られるようなときには、低所得者福祉としての社会福祉実践が関連してくる場合もある。このように、社会福祉実践の分野は、制度の側からは固定的なもののようにみえるが、実践の側からは流動的なものとしてとらえられる。

２）社会福祉実践の機関・施設

①　社会福祉の機関

社会福祉の行政機関の代表的なものとしては、福祉事務所と児童相談所が挙げられる。福祉事務所は、社会福祉法に基づいて設置されている「福祉に関する事務所」の通称である。都道府県と市に設置が義務づけられており、町村には任意で設置されている。福祉事務所では、社会福祉六法に基づく援護・育成・更生の措置事務を行う。地域住民の「福祉の窓口」としての機能をもっており、ニーズを充足させるために他の施設・機関につなげる役割も担っている。

児童相談所は、児童福祉法に基づいて都道府県と指定都市に設置されている児童福祉の専門機関である。児童相談所では、児童に関する様々な相談に応じたり、児童や家庭について必要な調査並びに医学・心理学・教育学・社会学・精神保健の立場から判定・指導を行うほか、児童を一時保護したり施設入所等の措置を行う。相談内容は多岐にわたり、養護相談、保健相談、障害相談、非行相談、育成相談、その他の相談に分類される。

また、障害がある人々の相談・支援にあたる社会福祉の行政機関として、身体障害者更生相談所、知的障害者更生相談所が都道府県と指定都市に設置されている。各都道府県に設置されている婦人相談所も、社会福祉の行政機関に数えられる。

②　社会福祉の施設

社会福祉の各法律に基づき、様々な施設が設置・運営されている。例えば、生活保護法に基づく救護施設、児童福祉法に基づく児童養護施設、老人福祉法に基づく養護老人ホーム、障害者総合支援法に基づく障害者支援施設などが挙げられる。これらは入所施設であり、利用者にとっての生活の場である。生活の場であるということは、単に施設の建物があればよいというわけではない。そこで行われる社会福祉実践は、利用者の尊厳が守られた生活を維持することに力点が置かれる。

また、社会福祉施設のなかには通所施設もある。例えば、児童福祉法に基づく放課後等デイサービス、介護保険法に基づく通所介護（デイサービス）、障害者総合支援法に基づく就労継続支援事業所などが挙げられる。

③ 関連領域の機関・施設

社会福祉実践は、社会福祉以外のサービス提供を第一義的目的としている施設・機関においても行われている。

その代表的なものが、医療機関である。医療機関では、医療ソーシャルワーカー（Medical Social Worker；MSW）やメンタルヘルスソーシャルワーカー（Mental Health Social Work；MHSW）[4]が社会福祉実践を担っている。医療ソーシャルワーカーは、療養中の心理的・社会的・経済的問題の解決を支援したり、退院支援を行ったりするほか、受診支援や地域活動などを行っている（詳しくは第8章を参照のこと）。メンタルヘルスソーシャルワーカーは、精神科病院や保健所、デイケア施設などにおいて、精神障害者の抱える生活問題や社会問題の解決のための支援を行ったり、社会復帰・社会参加を促したりするほか、権利擁護活動などを行っている（詳しくは第7章を参照のこと）。

学校教育現場も、重要な社会福祉実践の場の1つである。昨今では、スクールソーシャルワーカーの配置が小・中・高等学校や教育委員会をはじめとする学校教育現場や教育行政で進んでいる。スクールソーシャルワーカーは、いじめや不登校など、学校教育現場で生じる課題の解決を図ったり、家庭の経済的格差や虐待などの問題にも関与したりする（詳しくは第11章を参照のこと）。

近年では、刑事司法の領域にも社会福祉実践の場が広がっている。

---

[4] かつては、精神保健福祉領域のソーシャルワーカーの英語表記として「Psychiatric Social Worker；PSW」が用いられていた。しかし、昨今では、精神科に限定されず、メンタルヘルスの課題全般に関わるソーシャルワークの担い手を表す意図からMHSWが用いられている。

ソーシャルワーカーは、地方検察庁、刑務所、更生保護施設などに入って、検事や弁護士などの多職種とチームを組み、他機関と連携しながら権利擁護や社会復帰のための実践を行っている。

(4) 社会福祉実践の多様な担い手

1）社会福祉実践の専門職

①　ソーシャルワーカー

社会福祉実践の主要な担い手は、専門職であるソーシャルワーカーである。生活課題が生じたときに、人々が自分の力だけでそれを克服することは非常に困難である。抱える問題が大きく緊急性の高いケースほど、解決の困難さも増してくる。必要な制度を知らなかったり、どこに相談したらよいのかわからなかったりすることが珍しくない。また、生活課題を抱えることによって、自尊心が損なわれ無力感に苛(さいな)まれたり、誰かに助けを求めることが難しくなったりすることもある。そのようなときに、社会福祉実践の専門職の力が必要となる。

ソーシャルワーカーとクライエントの専門的な支援関係は、愛情や友情、善意などの情緒的な動機に基づいて取り結ばれる私的な支援関係とは異なるものである。家族や友人・知人などの助けが一定程度有効な場合もあるが、すべての人に助けてくれる人がいるわけではない。また、私的な支援は自主性に任されているがゆえに、いつでも提供されるわけではない。さらに、提供される支援が適切ではないこともある。専門職としてのソーシャルワーカーとは、こうした限界を克服し、すべての人々の尊厳が守られるように私たちの社会がつくり出した仕組みである。

②　ソーシャルワーカーの資格

日本学術会議の「社会福祉・社会保障研究連絡委員会」の報告書で

は、ソーシャルワークとは、「社会福祉援助のことであり、人々が生活していく上での問題を解決なり緩和することで、質の高い生活（QOL）を支援し、個人のウェルビーイングの状況を高めることを目指していくことである」と定義されている。そして、「日本では、国家資格である社会福祉士及び精神保健福祉士がソーシャルワーカーとして位置づけられている」と述べられている[5]。

社会福祉士は、分野を限定せずに幅広い知識と技術をもつジェネラリストの資格である。一方、精神保健福祉士は、ジェネラリストとしての基盤のうえに精神保健福祉分野に関する専門的な知識と技術をもつスペシャリストの資格である。

・社会福祉士

社会福祉士は、1987年に制定された「社会福祉士及び介護福祉士法」に規定されている国家資格である。同法は、「社会福祉士及び介護福祉士の資格を定めて、その業務の適正を図り、もつて社会福祉の増進に寄与すること」を目的としている（第1条）。

同法では、以下の者が社会福祉士として定められている。

> 社会福祉士の名称を用いて、専門的知識及び技術をもつて、身体上若しくは精神上の障害があること又は環境上の理由により日常生活を営むのに支障がある者の福祉に関する相談に応じ、助言、指導、福祉サービスを提供する者又は医師その他の保健医療サービスを提供する者その他の関係者との連絡及び調整その他の援助を行うことを業とする者（社会福祉士及び介護福祉士法第2条より抜粋）。

・精神保健福祉士

精神保健福祉士は、1997年に制定された「精神保健福祉士法」に定められている国家資格である。

[5] 日本学術会議　第18期社会福祉・社会保障研究連絡委員会（2003）『社会福祉・社会保障研究連絡委員会報告：ソーシャルワークが展開できる社会システムづくりへの提案』http://210.149.141.38/ja/info/kohyo/18pdf/1821.pdf（2021年2月21日閲覧）

同法では、以下の者が精神保健福祉士として定められている。

精神保健福祉士の名称を用いて、精神障害者の保健及び福祉に関する専門的知識及び技術をもって、精神科病院その他の医療施設において精神障害の医療を受け、又は精神障害者の社会復帰の促進を図ることを目的とする施設を利用している者の地域相談支援の利用に関する相談その他の社会復帰に関する相談に応じ、助言、指導、日常生活への適応のために必要な訓練その他の援助を行うことを業とする者（精神保健福祉士法第2条より抜粋）。

2）非専門職の担い手

①　民生委員・児童委員

社会福祉実践は、専門職以外の人々によっても担われている。その代表的なものが、民生委員と児童委員である。民生委員は民生委員法に、児童委員は児童福祉法に規定されている。民生委員の目的は、「社会奉仕の精神をもつて、常に住民の立場に立って相談に応じ、及び必要な援助を行い、もつて社会福祉の増進に努めるものとする」と規定されている（民生委員法第1条）。

民生委員は児童委員を兼務しており、市町村に設置された民生委員推薦会に推薦された者を都道府県知事が推薦し、厚生労働大臣が委嘱する。給与は支給されず、特別職の地方公務員（非常勤）とされている。任期は3年である。全国で、約23万人が活動している。

民生委員・児童委員は、担当区域の一人暮らしの高齢者や障害者のいる世帯、児童・妊産婦・ひとり親世帯などの状況を把握したり（家庭訪問や地域での情報収集など）、ニーズに応じた社会福祉サービスなどの情報提供を行うほか、支援が必要な人々の様々な相談に応じている。また、児童の登下校時の声かけやパトロール活動、高齢者への悪徳商法・詐欺被害防止なども行うなど、その活動は多岐にわたっている。これらは、社会福祉協議会や地域包括支援センターをはじめとした社会福祉施設・機関に属する専門職などとの連携によって取り組まれている。

② 市民ボランティア

ボランティア活動に参加する人々も、重要な社会福祉実践の担い手である。ボランティアとは、「自発的な意思に基づき他人や社会に貢献する活動」である[6]。

ボランティアには、以下の4つの原則がある。

- 自主性・主体性
  他から強制されたり義務としてではなく、自分の意思で行う。
- 社会性・連帯性
  他者を尊重し、互いに協力し合う。
- 無償性・無給性・非営利性
  金銭的な報酬や個人的な利益を求めない。
- 創造性・開拓性・先駆性
  何が必要とされるのかを考えながら、より良い社会を創る。

市民ボランティアは、フォーマルな社会福祉のサービスとしては提供し難い性質の実践を担っている。例えば、社会福祉施設の利用者の話し相手、青少年を対象としたレクリエーション活動、地域で自立生活する障害者のサポートなど、様々な活動が挙げられる。これらの活動の多くは、社会福祉施設・機関の専門職や当事者団体などによって募集・組織化されている。

[6] 厚生労働者 社会・援護局 地域福祉課『ボランティアについて』https://www.mhlw.go.jp/shingi/2007/12/dl/s1203-5e_0001.pdf（2021年2月21日閲覧）

3）社会福祉実践の担い手としての当事者

社会福祉実践の多様な担い手として忘れてはならないのが、当事者の人々である。例えば、「障害者」「高齢者」などのカテゴリーで表現される人々は、もっぱら「支援の対象」としてのみとらえられがちである。しかし、個人の尊厳を守り、社会への参加を促し、本人の意思が反映される社会福祉実践を志向するならば、当事者は単なる「支援の対象」や「サービスの受け手」ではなく、ともに社会福祉実践を担う者として位置づけられる。

ソーシャルワーク専門職のグローバル定義の「注釈」では、「ソーシャルワークは、できる限り、『人々のために』ではなく、『人々とともに』働くという考え方をとる」と述べられている。このようなあり方は、横山登志子（2020：4）が述べる「支援を契機とする社会的協働実践としてのソーシャルワーク」につうずるものである[5]。当事者も社会福祉実践の担い手としてとらえるならば、専門職であるソーシャルワーカーは、一人ひとりの利用者が、支援の対象としてだけではなく、自らの問題を解決する主体となるように、側面的に支援することが求められる。

また、個々のケースにおける具体的な当事者だけでなく、セルフヘルプグループも、重要な社会福祉実践の担い手として位置づけられる。セルフヘルプグループとは、特定の病気や障害、依存や嗜癖（しへき）、人種・民族、セクシュアリティの人々など、社会のなかで同じような状況にある人々が互いに支え合うために、自律的に組織されているグループのことである。自助グループ、当事者組織と呼ばれることもある。

中田智恵海（1998：44－45）は、セルフヘルプグループの一般的な特質と機能として、以下の 4 点を挙げている[6]。

- 仲間を見つけ、孤立からの解放と安心できる場を提供する。

・主体的に課題を選択する。
・援助にまつわるスティグマを除去する。
・反専門職主義を提唱する。

当事者のもっている知識は、「当事者としての経験」のなかでつくられてきたものである。専門職は、そこから豊かな知見を得ることができる。当事者の声を手がかりにして自分たちの実践を振り返ることもできる。これらは、当事者の立場に立った社会福祉実践を行う上で、重要な意味をもっている。また、セルフヘルプグループの設立を側面的に支援したり、孤立している当事者に地域のセルフヘルプグループの情報を提供したりすることなどは、専門職的な社会福祉実践の１つに挙げられる。

(5) まとめ

本章では、ヘレン・ハリス・パールマンが示した「6つのP」のうち、社会福祉実践にかかわる制度・資源（provisions)、施設・機関（place)、専門職（professional person）について概観してきた。さらに、ボランティアや当事者などの様々な非専門職の人々も、広い意味において社会福祉実践の重要な担い手であることを確認してきた。

専門職であるソーシャルワーカーは、社会福祉実践の構成要素として必要不可欠である。しかし、ソーシャルワークは、ソーシャルワーカーだけによって実践されるのではなく、専門職以外の多様な社会福祉実践の担い手と協働しながら支援が進められる。特に、当事者との協働は必要不可欠である。専門職と非専門職はそれぞれ立場が違い、できることも異なる。そのことが、社会福祉実践を豊かなものにするのであり、社会福祉実践を進めて行くなかで、専門職の担い手と非専門職の担い手が、互いに尊重し合い協働することが重要である。

引用文献

[1] ヘレン・ハリス・パールマン著、松本　武子訳（1967）『ソーシャル・ケースワーク：問題解決の過程』社会福祉協議会.
[2] メアリー・E・リッチモンド著、小松　源助訳（1991）『ソーシャル・ケースワークとは何か』中央法規.
[3] 空閑　浩人（2015）「現代社会とソーシャルワーク」空閑　浩人編著『新・基礎からの社会福祉②ソーシャルワーク』ミネルヴァ書房、3－24.
[4] 山村　典子（1998）「社会福祉援助活動の分野」山崎　美貴子・北川　清一編著『社会福祉援助活動：転換期における専門職のあり方を問う』岩崎学術出版社、138－158.
[5] 横山　登志子（2020）「はじめに」横山　登志子・須藤　八千代・大嶋　栄子編著『ジェンダーからソーシャルワークを問う』ヘウレーカ、3－14.
[6] 中田　智恵海（1998）「セルフヘルプグループの役割」『ノーマライゼーション：障害者の福祉』18(2)、44－47.

参考文献

空閑　浩人（2016）『ソーシャルワーク論』ミネルヴァ書房.
北川　清一・川向　雅弘編著（2017）『社会福祉への招待』ミネルヴァ書房.
秋山　智久（2006）『社会福祉実践論：方法原理・専門職・価値観』ミネルヴァ書房.
西山　志保（2007）『ボランティア活動の論理：ボランタリズムとサブシステム（改訂版）』東信堂.
久保　紘章（2004）『セルフ・ヘルプグループ：当事者へのまなざし』相川書房.

学習課題

① 日本の様々な社会福祉の制度について、いつ、どのような背景で成立したのか調べてみよう。
② 身近にある社会福祉の施設・機関が、どの法律を根拠として設置・運営されているのか調べてみよう。
③ 社会福祉実践の具体的な分野に注目し、その分野における社会福祉実践の担い手にはどのような人々がいるのか、フォーマル、インフォーマルの両方について調べてみよう。そして、それらの人々の意義について考察してみよう。

コラム　「社会福祉実践の多様な担い手から学ぶ」

数年前まで、私はろうあ者の当事者団体から依頼を受け、「手話通訳者養成講座」の講師を務めていました。担当していたのは「ソーシャルワーク総論」です。1年に1回だけ、1時間半ほどの講義の担当でしたが、ソーシャルワークとは何かを考えさせられた経験でした。

受講者は、将来的に手話通訳者になることをめざして、毎週1回平日夜間の講座に約1年間通い続けます。昼間の仕事や家事を終え、毎週通い続けることは本当に大変なことです。しかも、報酬が出るどころか自分でお金を払って受講するのです。

私は大学で、学生たちにソーシャルワークを教えています。それは、専門職であるソーシャルワーカーを養成するためです。そのなかで、専門職であることの意義を強調しています。ソーシャルワークの理論と方法を体系的に学び、国家資格を取り、報酬を得て働くソーシャルワーカーが存在することは、私たちの社会全体がその営みを必要としているからに他なりません。誰もがサービスを受けられるようにするためには、専門職の存在が不可欠です。しかし、そのことだけを考えていては、私が手話通訳者養成講座の受講者に教えることは何もなくなってしまいます。

専門職ではない人々がソーシャルワークを学ぶことの意義を私に教えてくれたのは、手話通訳者として活躍するボランティアやろうあ者たちでした。私が担当する講義の冒頭で、進行役の手話通訳者は「みなさんはソーシャルワーカーではありません。しかし、手話通訳者になるということは、ソーシャルワーク的な機能を担う者になるということです」と受講者に向かって言いました。その言葉の内容だけでなく、自信をもった面持ちで端的に説明していたことが、非常に強く印象に残りました。また、当事者団体のろうあ者は、ボランティアの手話通訳者が自分たちの生活の支えとなっていることを、熱心に伝えていました。受講者は、皆真剣にそれらの言葉に集中していました。

専門職でないということには、様々な限界があるのも事実です。しかし、私たちの社会は、多様な社会福祉実践の担い手によって成り立っています。そして、それらの人々の存在は、専門職であるソーシャルワーカーにとっても必要なものです。講師として招かれた私は、受講者や当事者の人々からそのことを学びました。１年に１回訪れる１時間半の講座は、私にとってまるで宝物のような時間だったのです。

4 援助論としてのソーシャルワーク

奥村賢一

《学習のポイント》 社会福祉実践の基盤となるソーシャルワークには、国際的な行動規範となるソーシャルワーク専門職のグローバル定義があり、それらをふまえたソーシャルワーカーの倫理綱領が存在する。ソーシャルワークの目的や対象は人間から社会全体をとらえたものまで多元的であり、ミクロレベルからマクロレベルまで幅広い実践を展開する力量が求められる。ソーシャルワークではクライエントとのパートナーシップに基づいた援助関係を重視しており、人と環境の相互（交互）作用でとらえる専門的視点から、クライエントの状況を分析したうえで計画に基づいた援助を展開するとともに、目的に応じて多様な援助技術を使い分ける専門性が必要となる。これらの援助方法を正しく理解するため、その礎となるソーシャルワーク理論を学ぶ。
《キーワード》 社会福祉実践、ソーシャルワーク、グローバル定義、援助方法

(1) ソーシャルワークの目的・対象

1）ソーシャルワークの目的

ソーシャルワーカーには活動の基盤となる国際的な行動規範が存在する。それが2014年に国際ソーシャルワーカー連盟（IFSW）及び国際ソーシャルワーク学校連盟（IASSW）のメルボルン総会において採択された「ソーシャルワーク専門職のグローバル定義（以下、グローバル定義）」である（第1章参照）。そのなかでソーシャルワークは「社会変革と社会開発、社会的結束、および人々のエンパワメントと解放を促進

する」ことを目的として定められており、ソーシャルワーカーは虐待、差別、搾取、貧困、排除、抑圧など人々の生活を脅かす諸問題が存在する社会に対して、専門的な価値・知識・技術（技能）に基づいたアプローチを行うとともに、人々が有する力を発揮してこれらの状態の脱却から尊厳ある生活を送ることができるようにしていくことが中枢的な任務である。これらが求められる背景には、「社会正義」、「人権」、「集団的責任」、「多様性尊重」というソーシャルワークの中核をなす基本原理が侵害された人々やそのような状況（環境）にある社会が存在していることにほかならない。これらの解決、解消、改善を行うためにソーシャルワークは「生活課題に取り組みウェルビーイングを高めるよう、人々や様々な構造に働きかける」ことに取り組んでいく。ウェルビーイング（well－being）とは直訳すると「より良い状態」であるが、これには人権尊重や自己実現という意味が内包されている。ウェルビーイングを増進していくということは、すなわちクライエントの生活の質（Quality of Life）を向上させていくことにもつながる。

2）ソーシャルワークの対象

「ソーシャルワーカーの倫理綱領（巻末資料参照）」では、Ⅰ（人間の尊厳）において「出自、人種、民族、国籍、性別、性自認、性的指向、年齢、身体的精神的状況、宗教的文化的背景、社会的地位、経済状況などの違いにかかわらず、すべての人々をかけがえのない存在として尊重する」ことを示している。また、Ⅱ（人権）では、「すべての人々は生まれながらにして侵すことのできない権利を有する存在であることを認識し、いかなる理由によってもその権利の抑圧・侵害・略奪を容認しない」ことを掲げている。さらには、Ⅵ（全人的存在）として、「すべての人々を生物的、心理的、社会的、文化的、スピリチュアルな側面からなる全人的な存在として認識する」ことを明記している。これらのことからもわかるように、ソーシャルワークの対象はすべての人々であり、福祉的課題を抱える特定少数者という限定的なとらえ方ではない。ソーシャルワーカーは、人間としての尊厳が尊重される平等で平和な社会を実現または持続させるために活動を行うすべての人々を対象とした専門職である。

あわせて、グローバル定義において社会変革、社会開発、社会的結束が掲げられているように、ソーシャルワークは人々が生活を営む環境として社会も対象とする。ソーシャルワークの目的を果たすため、社会変革では、人々の文化や慣習、人間関係や組織に蔓延(はびこ)る差別や偏見、秩序ある社会を守るための法律や制度などの社会構造を変えていく。社会開発では、個人レベル、地域レベル、政策レベルなどミクロからマクロに至るまでの幅広い範囲において、人々や組織機関などに戦略的な介入を行うなかで新たな資源を創出して実用化を行う。社会的結束では、すべての人々が社会的に孤立または排除されることなどがないよう、人々との支え合いを通して協働や連帯がなされる結束した社会を実現していく。

(2) ソーシャルワークの援助関係

1) パートナーシップの形成

ソーシャルワークはクライエントが主体的に自らの生活課題の変容を目指していく「生活モデル」による支援を重視する。また、グローバル定義の【実践】においては、ソーシャルワークはできる限り「人々のために」ではなく、「人々とともに」働くという考え方を示している。ソーシャルワーカーはクライエントとともに生活課題に協働（collaboration）して取り組んでいくために、対等なパートナーシップを形成していくために信頼関係に基づいた協力的な援助関係（relationship）を築いていくことが求められる。その際、ソーシャルワーカーはクライエントと援助関係を構築していくうえで、自らの専門職としての権威性や権力性に敏感になることが重要であり、援助関係においてパワーインバランス（力の不均衡）が生じることがないように心がける必要がある。つまり、ソーシャルワーカーはクライエントとの援助関係において常に「構造的に非対等、優位―劣位の関係、また管理―被管理、支配―被支配という本質を持っている」ということに自覚的でなければならない（副田あけみ 1994：4）[1)]。

2）クライエントに対する基本姿勢

クライエントに対して直接的にかかわるケースワークでは、バイスティック（Biestek, F. P）が援助関係の本質として、クライエントと良好な関係性を形成していくために、①個別化（クライエントを個人でとらえる）、②意図的な感情表出（クライエントの感情表現を大切にする）、③統制された情緒的関与（援助者は自分の感情を自覚して吟味する）、④受容（クライエントのニーズを受け止める）、⑤非審判的態度（クライエントを一方的に非難しない）、⑥自己決定（クライエントの自己決定を促して尊重する）、⑦秘密保持（秘密を保持して信頼感を醸成する）という7つの原則を示している（Felix P. Biesteck＝2006）[2)]。

他方、「ソーシャルワーカーの倫理綱領」はソーシャルワーカーの重要な行動指針を示すものであり、そのなかの倫理基準においてもクライエントとの関係が明示されている。1（クライエントとの関係）ソーシャルワーカーは、「クライエントとの専門的援助関係を最も大切にし、それを自己の利益のために利用しない」ことが記されている。そのうえで、2（クライエントの利益の最優先）、3（受容）、4（説明責任）、5

（クライエントの自己決定の尊重）、6（参加の促進）、7（クライエントの意思決定への対応）、8（プライバシーの尊重と秘密の保持）、9（記録の開示）、10（差別や虐待の禁止）、11（権利擁護）、12（情報処理技術の適切な使用）が掲げられている。これらはソーシャルワーカーが果たすべきクライエントに対する倫理責任であり、クライエントとの良好な援助関係を築いていくために求められる基本姿勢である。

(3) ソーシャルワークの方法論体系

1）人と環境の相互（交互）作用

ソーシャルワークは、リッチモンド（M.E. Richmond）が1917年の「社会診断」や1922年の「ソーシャル・ケース・ワークとは何か」でケースワークを体系化したことに源流を辿（たど）る。ソーシャル・ケース・ワークでは、人と社会環境との間を個別的かつ意識的に調整することでパーソナリティの発達過程をとらえた。その後、1970年代にシステム理論がソーシャルワークに導入されたことは、多くの実践モデルの開発に大きな影響を与えた。このシステム理論は、ソーシャルワークが重視する「状況のなかの人（person in the situation）」という対象認識や人と環境の関係性を一元的にとらえ、対象が互いに影響を与え合う一体的な変化（変容）をつくり出す相互（交互）作用を包含するものであった。これらを全体的に統合化した形態としてジェネラリストアプローチ（generalist approach）がソーシャルワークの共通基盤として確立された。1980年代にはエコロジカル・ソーシャルワーク（ecological social work）が台頭してきたことにより、これらはさらに洗練されていく。生態学理論を背景に構築されたエコロジカル・ソーシャルワークは人と環境の接触面（interface）に焦点化して介入を行うものであり、ソーシャルワーカーはクライエントとその環境の双方の相互作用（interaction）を促進する働きかけを行い、適合した状態に到達することを最終的な目標とする。この人と環境の相互作用という2者間への着目はソーシャルワークの基本概念として重視されてきたが、現代の複雑化・多様化した社会情勢や人々の生活環境から生じる諸課題に対するソーシャルワークは相互作用の累積化による3者間以上の交わりである交互作用（transaction）の概念が重視されている。

2）ミクロ・メゾ・マクロの実践レベル

ソーシャルワークの実践領域は、人と環境の交互作用に象徴されるとおり非常に広範囲なものである。グローバル定義においても社会変革・社会開発・社会的結束などの社会全体を巻き込んだ大きなアクションを起こしていくことが含まれている。例えば、社会変革における任務として、個人・家族・小集団・共同体・社会のどのレベルにおいても必要時にはソーシャルワークが介入することを前提としている。このような個人レベルの小さな範囲（ミクロ）から、組織や機関など中程度の範囲（メゾ）、さらには法律や制度・政策などより大きな範囲（マクロ）に至るまでをソーシャルワークでは実践レベルの範囲として定めている。ソーシャルワーカーは、ミクロ・メゾ・マクロの各実践レベルにおいて、クライエントやそれを取り巻く周辺環境をとらえ、実際に援助活動を展開していく。

ミクロレベルでは、種々の生活課題を抱えるクライエントが主体的にこれらの解決・解消・改善に取り組むことができるよう、ソーシャルワーカーがクライエント個人や家族に対して直接的にかかわる援助活動を行う。メゾレベルでは、地域にある機関や施設などの組織や集団に焦点を置き、クライエントが必要なサービス等を利用するための仲介や調整などを行うとともに、援助場面においては他職種・他機関との連携を促進していくための活動を行う。マクロレベルでは、社会における制度・施策に関する分析に基づく改革や新たな資源の創出など地域開発につながる広域的な援助活動を実施する。政策レベルではソーシャル・アクションなどの実践をとおして社会全体を動かしていく。

3）ソーシャルワークの方法論

ソーシャルワークを構成する方法論について、わが国では長年にわたり「社会福祉援助技術」という言葉が用いられており、クライエントと直接的に関与して対人関係を媒介として展開される「直接援助技術」、地域を主たる支援の対象ととらえて社会資源の開発や整備を行い、地域住民の生活を側面的に支援する「間接援助技術」、加えてこれらに付随する「関連援助技術」に大別される（表 4 −1）[3)]。

「直接援助技術」は、個人・家族・小集団などのクライエントとの対人関係を基調としてソーシャルワーカーが直接的に支援を展開する一連のかかわりであり、ソーシャルワーク実践ではミクロレベルに位置づけられる。具体的にはケースワーク（個別援助技術）とグループワーク（集団援助技術）がそれに該当する。次に、「間接援助技術」はクライエントに直接的に支援を行うことよりも、それを取り巻く環境である地域社会や組織・機関などに働きかけを行う際に用いる援助技術を総称したものであり、ソーシャルワーク実践ではメゾレベルにあたる。その内容としては、コミュニティワーク（地域援助技術）、ソーシャルワーク・リサーチ（社会福祉調査法）、ソーシャル・ウェルフェア・アドミニストレーション（社会福祉運営管理）、ソーシャル・アクション（社会活動法）、ソーシャル・ウェルフェア・プランニング（社会福祉計画法）から構成されている。さらに、直接援助技術や間接援助技術を補強するものが「関連援助技術」である。ケアマネジメント（ケースマネジメン

表4—1　社会福祉援助技術の方法群

	方法	概説
直接援助技術	ケースワーク（個別援助技術）	クライエントに対してソーシャルワーカーが社会資源を活用しながら、クライエント自身が主体となって問題の解決ができるように援助していく。
	グループワーク（集団援助技術）	ソーシャルワーカーと参加者で構成された集団で意図的なプログラム活動を行うもの。個人や集団の目標達成、集団の構成員の問題解決などについて、集団力学や集団の相互作用を活用する方法。
間接援助技術	コミュニティワーク（地域援助技術）	地域に生じている共通課題を解決するため、社会資源を活用しながら、住民が主体的に問題解決できるよう援助する。
	ソーシャルワーク・リサーチ（社会福祉調査法）	社会の改善や社会福祉課題の解決を目的に実態調査や意識調査を実施する。
	ソーシャル・ウェルフェア・アドミニストレーション（社会福祉運営管理）	社会福祉施設や福祉団体などが、サービスの質の向上を目指し、人材確保、財源、設備の整備、他施設・機関との連携などの運営管理を実施する。
	ソーシャル・アクション（社会活動法）	社会福祉制度の制定や法改正、福祉サービスの改善などを目的として国や地方自治体の行政機関に署名、請願などを実施する。
	ソーシャル・ウェルフェア・プランニング（社会福祉計画法）	地域住民から出たニーズを満たすために、住民参加による地域福祉計画を策定し、地域福祉を推進する。
	ネットワーク	課題を抱える個人や家族に対し、人的資源や機関・施設などの社会関係の支援網を整備する。
関連援助技術	ケアマネジメント	ケアマネージャーが利用者のニーズに応じて社会資源を結びつける援助を実施する。ケアマネジメントの過程は、①援助を必要とする人の発見、②アセスメント、③援助計画の立案、④援助計画の実施、⑤モニタリング、⑥評価に応じて再アセスメントの実施、⑦終結という流れである。
	スーパービジョン	養成する側のスーパーバイザーが養成される側のスーパーバイジーに対して、管理・教育・支持による支援を実施する。
	カウンセリング	利用者の意識化された心理的課題に対して、社会生活への適応を目指して支援する。
	コンサルテーション	課題を抱える個人や家族に対し、人的資源や機関・施設などの社会関係の支援網を整備する。

出典　井村圭壮・相澤譲治編（2008）『福祉の基本体系シリーズ①　社会福祉の基本体系　第4版』勁草書房を基に筆者作成

ト)、スーパービジョン、コンサルテーション、カウンセリング、ネットワークである。

(4) ソーシャルワークの援助過程

ソーシャルワークの援助過程は、ケースの発見（アウトリーチ）⇒受理面接（インテーク）⇒情報収集・状況分析（アセスメント）⇒支援計画策定（プランニング）⇒支援介入（インターベンション）⇒経過観察（モニタリング）⇒終結（ターミネーション）の7つの過程で構成される（図4−1）。

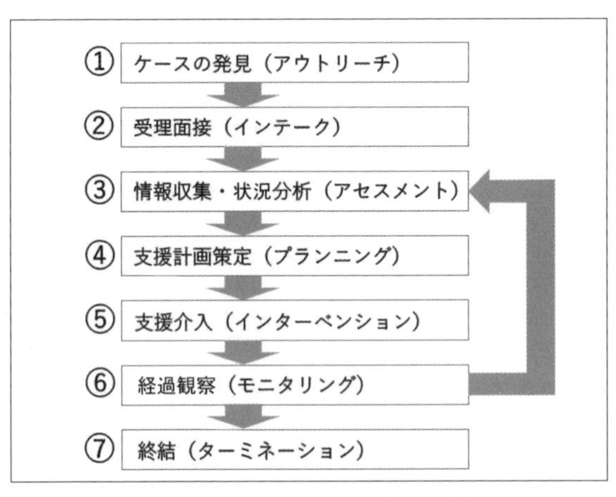

図 4－1　ソーシャルワークの援助過程

1）ケースの発見（アウトリーチ）

ソーシャルワークの援助過程において、ソーシャルワーカーが援助を開始するためにクライエントとの関係（relation）を形成する入り口となるのが「ケースの発見」である。ケース（case）とは Oxford ADVA-

CED LEARNER'S Dictionary で「特定の人や物事に関連する状況」や「特別な手当てや配慮が必要、あるいは必要と思われる人」と記されており、様々な生活課題を抱えるクライエントとの出会いを意味する。ケースの発見はクライエントがボランタリー（自発的）かインボランタリー（非自発的）であるかにより対応が異なる。

ボランタリー・クライエントの多くは、クライエント自らがソーシャルワーカーの所属する専門機関を訪れることにより「ケースの発見」につながる。この場合、クライエント自身の問題意識が明確であり、生活課題の改善に向けてソーシャルワーカーの援助を求めることに前向きであることが多い。このようにソーシャルワーカーの援助をとおして主体的に問題を解決していこうとする意欲を「ワーカビリティ」という。ソーシャルワーカーはクライエントのワーカビリティを高かめていくことも重要な役割の１つである。

一方のインボランタリー・クライエントは、相談意欲やサービス利用などの意欲は乏しく、クライエント自身が援助の必要性を認識していなかったり、あるいは過去の経験から援助を受けることについて拒否をしていたり、その背景には複雑多様化した状況が潜在していることが少なくない。このようなインボランタリー・クライエントに対し、ソーシャルワーカーは援助に関する相談を待つのではなく、自ら積極的にクライエントの生活空間に出向いて、必要な情報提供等を行い社会資源やサービス利用につなげていく。このような一連の取り組みを「アウトリーチ」という。

どちらの対応においても、ケースの発見でソーシャルワーカーはクライエントとのラポール形成に重点を置いたかかわりを行う。「ラポール（rapport）」の語源はフランス語にあり、「架け橋」という意味をもっている。一般的にラポールとは「親密な関係」や「信頼し合っている関係」を指し、相手を信頼して打ち解けた状態を「ラポール形成」と呼ぶ。

2）受理面接（インテーク）

ケースが発見された後、次なる展開が「インテーク（intake)」である。インテークは援助が本格的に始まる初期の面接のことであり、受理面接や初回面接といわれることもある。ソーシャルワーカーは面接技法を駆使してクライエントの相談主訴を確認していく。その際、ソーシャルワーカーは所属する専門機関においてクライエントを受け入れることのできる可能性を検討するとともに、援助の必要性及び緊急性などを見極めるスクリーニングも行う。

主訴が特定された後、ソーシャルワーカーは所属する専門機関の役割や機能及びそこに従事する専門職が提供することができるサービス内容やクライエントが利用可能な社会資源などの説明を行う。

これらの過程を経て、クライエントがソーシャルワーカーからの援助を利用する意思が示された際に正式な援助関係が締結される。この一連の過程を「エンゲージメント（engagement)」と呼ぶ。このエンゲージメントではクライエントとのパートナーシップを形成していくことも重視しており、ソーシャルワーカーは機械的な面接とならないよう受容・傾聴・共感の姿勢で丁寧にクライエントに寄り添うなかでラポール形成を行っていかなければならない。

3）情報収集・状況分析（アセスメント）

「アセスメント（assessment)」とは、ソーシャルワーカーが計画的かつ専門的に支援を行うための事前評価・査定という意味である。ソーシャルワーカーはアセスメントを行い、インテークにおいて解決すべき問題として明らかとなった主訴の背景にある本質的課題を詳細に把握していく。専門分野や機関などによりアセスメント内容や方法等に多少の違いはあるが、ソーシャルワーカーは人と環境の交互作用の視点に立ち、クライエント個人の属性や生育歴、身体的・心理的・社会的な状況、社会資源やサービス等の利用状況など多角的に情報収集を行うなかでクライエントのニーズ（needs）を把握していく。ニーズを把握する際にはクライエントの主観的認識や客観的事実に基づく周辺情報について丁寧に分析を行い、クライエントが置かれた状況（person in the situation）を多面的に理解していくことが重要になる。その際、ソーシャルワーカーはクライエントの問題、欠点、短所などウィークネス（weakness）に焦点化したアセスメントを行うのではなく、クライエントやその環境が有する強み、能力、可能性などのストレングス（strength）の視点を重視したアセスメントを行わなければならない。アセスメントによる見立てが、その後のプランニングやインターベンションという手立ての成否を左右することから、ソーシャルワークの援助過程においても重要な１局面である。

4）支援計画策定（プランニング）

アセスメント内容に基づいてクライエントの個別支援計画を策定していく段階を「プランニング（planning）」という。プランニングはクライエントを主体として、①目標、②課題、③支援内容の３点を体系的に構成しなければならない。①では、支援計画に基づいた実践の実施期間を短期・中期・長期などに定めて予め期限を設ける。その間に実行すべき、あるいは実施可能な支援内容について検討を行う。定められた期間に達成することができる現実的な目標を設定する。また、支援はインターベンションの後、モニタリング（経過観察）を行うことから、検証可能な内容としてターゲットを絞り、できるだけ具体的な目標としなければならない。②では、目標に到達するために達成しなければならない課題を整理していく。クライエントのニーズやストレングス、さらには複数の課題が存在する場合にはプライオリティ（優先順位）を定めて課題を設定していく。③では、課題を達成するうえで取り組むべき具体的な支援内容を決定していく。誰が（Who)、いつ（When)、どこで（Where)、誰と（With)、何を（What)、どのような方法（How to）で、どれぐらいの期間（How long）や頻度（How often）で取り組んでいくのかを押さえていくことで、支援内容の具体性は高まる。これらの検討を行う際、ソーシャルワーカーは、可能な限りクライエントが参画できるように調整や配慮、さらにはクライエントのモチベーションが高まる工夫をしなければならない。それらが難しい場合は、ソーシャルワーカーがクライエントのアドボケーター（代弁者）として、その意見を反映した支援計画となるよう努めなければならない。

5）支援介入（インターベンション）

「インターベンション（intervention)」とは、ソーシャルワークの援助過程において中心的な位置づけである支援介入を意味する。プランニングによって策定された支援計画に基づきソーシャルワーカーは様々なアプローチを駆使して支援を展開していく。インターベンションはクライエントとのパートナーシップに基づき協働的に実施され、ミクロ・メゾ・マクロの各レベルでの実践や直接的または間接的な支援をとおしてクライエントのエンパワメントの促進に向けた働きかけを行っていく。支援介入の場面においては、ソーシャルワーカーが単独で支援を行う場面は限定的であり、他の専門職種との連携によるチームアプローチを実践していくことが多い。また、クライエントをはじめとする当事者家族の参画も促しながら協働的に支援を展開していく。さらに、ソーシャルワークではフォーマルだけでなくインフォーマルなネットワークを効果的に活用しながら計画に基づいた支援を実行していく。

6）経過観察（モニタリング）

「モニタリング（monitoring）」とは、計画に基づいて行った支援介入の事後評価を行う局面をいう。モニタリングでは支援介入の効果を検証したうえで、取り組み内容で強化、維持継続、変更または修正を要する部分の確認を行うとともに、支援の過程において新たに顕在化した課題に対する再アセスメント項目を抽出していく。モニタリングはクライエントや家族、または支援を行った関係者などから広域的かつ多角的に情報収集を行うほか、実際のサービス提供及び利用状況から客観的な数値に基づいて効果測定を行う場合には事前に設定されたツール（道具）やスケール（尺度）などを用いる。モニタリングの結果、支援が継続される場合には援助過程は再びアセスメントに戻り、支援が終了となる場合には終結となる。

7）終結（ターミネーション）

支援計画に基づいて行われた取り組みにより、目標が達成されたかどどかを最終確認する段階を「エバリュエーション（事後評価）」という。エバリュエーションにおける評価はプロセス（過程）評価とアウトカム（結果）評価で構成されている。プロセス評価では、種々の取り組みが計画に基づいて適切に行われたのかを経過を辿るなかで検証していくとともに、支援過程において生じた様々な課題においても適宜柔軟に対応することができたのかなどを確認していく。一時的な成果や課題にとらわれるのではなく、日々の生活のなかでの状況変化や行動変変化にも着目していく。アウトカム評価では、相談主訴が解決・解消または改善されたか、加えて支援計画で定めた目標に到達してクライエントのウェルビーイングの増進に寄与したかについて最終評価していく。ソーシャルワークにおいてはプロセス評価とアウトカム評価の双方を重視しており、これらが主観的・客観的な事実に基づいてクライエントとソーシャルワーカーの援助関係を終了することが双方の間で合意に至るときに支援は「終結（termination）」を迎える。

わが国のソーシャルワークは高齢、児童、障害、地域、学校、医療など様々な分野で用いられる法制度やサービス等が異なるように、その援助過程においても多少の違いが存在する。しかし、援助過程における目的や機能などについては本質的には同じである。

(5) まとめ

ソーシャルワークの国際的な定義は、1982 年、2000 年、2014 年と過去 3 度にわたり改訂が行われた。その間も人と環境をとらえる視点は普遍的である一方で、ソーシャルワークはいつの時代においても、人々の暮らしや社会全体の状況に応じて絶え間なく進化を遂げてきた。安井理夫（2014：114）が「ソーシャルワークの専門性は細分化する方向ではなく、全体性を志向するところにこそある」[4]と指摘するように、ソーシャルワークはケースワーク、グループワーク、コミュニティワーク（コミュニティオーガニゼーション）が独立して実践展開されていた時代から、1970 年代のジェネラリストアプローチ、1980 年代のエコロジカル・ソーシャルワーク、さらには 1990 年代のジェネラリスト・ソーシャルワークへの発展により、ソーシャルワークが様々な分野で活動するソーシャルワーカーの共通基盤であることが明確化された。当然ながら、わが国の社会福祉実践においても、高齢、児童、障害、地域、学校、医療などの各分野に特化した専門性を確立していくのではなく、各々で提供される援助はすべてソーシャルワークに基づくものでなければならない。そのためには、援助論としてソーシャルワークの目的・対象、援助関係、方法論体系、援助過程を正しく理解することは極めて重要であり、そのことはソーシャルワークの固有性を追求していくことにもつながる。

引用文献

[1] 副田　あけみ（1994）「社会福祉実践における価値と倫理」『人文学報』252，1－60.

[2] Felix P. Biesteck (1957) THE CASEWORK RELATIONSHIP, Loyola University Press.（＝尾崎　新・福田　俊子・原田　和幸）

[3] 井村　圭壮・相澤　譲治編（2008）『福祉の基本体系シリーズ①　社会福祉の基本体系　第４版』勁草書房.

[4] 安井　理夫（2014）「終章　現代におけるソーシャルワークの課題と展望」杉本敏夫監『現代ソーシャルワーク論』晃洋書房，109－120.

参考文献

岩田　正美監修（2011）『リーディングス　日本の社会福祉　第４巻　ソーシャルワークとはなに』日本図書センター.

北島　英治（2008）『ソーシャルワーク論』ミネルヴァ書房.

岡本　民夫監修（2016）『ソーシャルワークの理論と実践―その循環的発展を目指して―』中央法規.

岡本　民夫・平塚　良子編（2010）『新しいソーシャルワークの展開』ミネルヴァ書房.

太田　義弘編（2009）『ソーシャルワーク実践と支援科学―理論・方法・支援ツール・生活支援過程―』相川書房.

学習課題

①グローバル定義に基づいたソーシャルワークの目的を説明してみよう。
②クライエントとの援助関係を形成するための基本姿勢として、バイスティックの7原則を説明してみよう。
③ソーシャルワークの方法論として、社会福祉援助技術を構成する直接的援助技術・間接的援助技術・関連援助技術の内容を説明してみよう。
④ソーシャルワークの7つの援助過程を説明してみよう。

コラム 「ソーシャルワーカーの未来予想図」

ソーシャルワークの研究で海外に行くことがあります。そのたびに毎回実感するのは、ソーシャルワーカーという職業が海外では市民権を得ているということです。2年に1度開催されるソーシャルワークの国際会議には、世界中からソーシャルワークの研究者や実践者が集まります。海外に行くとソーシャルワーカーであることを改めて誇りに思うとともに、ソーシャルワークを研究することに対するモチベーションが何倍も高まります。

一方、日本でもソーシャルワーカーという職業が専門機関において認知されるようにはなりましたが、広く一般の人々に理解されるところまでには至っていません。私の主たる研究と実践のフィールドである学校現場では、未だにソーシャルワーカーとカウンセラーの違いがわからないという教職員も少なくありません。また、ソーシャルワーカーを知っているからといって、ソーシャルワークのことを理解しているというわけではないので、常にソーシャルワークとは何かということを相手が理解できる内容で言語化する力が求められます。日本では社会福祉という言葉の方が一般的にはよく知られており、福祉といえば高齢者、障害者、児童など特定の対象者が思い浮かぶはずです。また、社会生活を営むうえで様々な問題を抱えている人達に支援を行う福祉専門職の存在も連想しやすいでしょう。

私が研究でしばしば訪問するカナダ最大の都市トロントは、スクールソーシャルワーカーの世界的な先進地としても知られています。日本ではまだまだ馴染みの浅いスクールソーシャルワーカーもカナダではソーシャルワーク専門職のなかでも人気のある職種で、就職したくてもかなりの狭き門だそうです。その理由の一つとして、給料が他分野のソーシャルワーカーと比べてもかなり高いことが魅力に挙げられます。日本だと非正規職員が大半のスクールソーシャルワーカーですが、トロントでは安定した身分が保障されているのです。もちろん、それ相応に高度な専門性が求められる仕事ですが、労働対価に見合う給与が支払われている環境がうらやましく思います。いつか日本でもソーシャルワークを説明することなく理解される時代が到来し、ソーシャルワーカーが安定した職業として成り立ち、いつか子ども達の将来なりたい職業ランキングに登場する日を夢見て、これからも高い目標を掲げて地道に奮闘していきたいと思います。

5 ソーシャルワークの固有性

川島ゆり子

《学習のポイント》　制度の狭間と称されるような、複雑困難事例は課題を抱える本人が支援を求める声をあげる力も奪っていく。このようなケースの増大に対して、総合相談支援を展開するソーシャルワークの役割が期待されている。ソーシャルワークの固有性は、個人と社会の関係性をとらえる視点であり、その実践の基盤を支える価値の中核はグローバル定義において提起されるように、人権と社会正義である。制度の狭間のケースにも向き合い、その人が主体となって課題を解決するように支え、その個別支援をとおして、社会の変革にも働きかけることの重要性をとらえる。そして社会に働きかけることが、個人を支える基盤となり、個と社会への働きかけは循環していることを学ぶ。

《キーワード》　制度の狭間、ソーシャルワークの循環、開発機能、ソーシャルワークの価値

(1) ソーシャルワークへの政策的な期待

ある日、相談支援センターの窓口に少しつかれた様子の30代から40代前半と思われる女性がたずねてきた。応対した高見ソーシャルワーカーが椅子をすすめ「今日はどうされましたか」と穏やかな口調でたずねると、「何に困っているのかもわからない。どこからお話をしたらいいのでしょう・・・。主人がすっかり変わってしまって、生活も苦しくて」と言ってことばに詰まってしまわれた。

それから、ゆっくりと話を聞いていると、相談者である佐藤京子さんの夫が交通事故の後遺症で高次脳機能障害と診断されていること。記憶

障害があり事故前に勤めていた会社を退職せざるを得なくなったことなどがわかってきた。

「私も働かないと生活ができない。けれど、主人を家に一人残して仕事に出ると気が気ではない。近くの福祉センターの居場所サロンに民生委員の方に誘われて参加してみたが、年配の方が多く夫が途中で怒り出し、声を荒げてしまい周囲の方に迷惑をかけてしまった。」とため息をつかれ、下を向いてしまわれた。

佐藤さんの夫は、年齢的には介護保険の対象とはならない。また佐藤さんが働いていて世帯収入があり、自宅も持ち家だったことから生活保護の対象とはならない。また、思い切ってソーシャルワーカーのいる相談窓口に来所されたが、今まで、事故前とはすっかり性格が変わってしまった夫のことを周囲に知られたくないという思いから、誰にも相談できずに一人で悩みを抱え込み、ぎりぎりの状況でようやく窓口をたずねたということだった。

日本では様々な福祉制度が整備され、上記の事例のように地域のなかに相談窓口や福祉センターなどの社会資源も配置されている。しかし、それでもなお適切なサービスにつながらず、暮らしづらさを世帯のなかに、あるいは個人で抱えこみ、生きることすらあきらめかけてしまうような状況に陥るケースが後を絶たない現実がある。

狭間のケースは当事者がパワーレスな状態、助けてという声が出せない状況に置かれていることが多いため、この事例のように、自ら相談窓口につながることをためらい抱え込んでしまうケースも少なくない。

サービスが不足する、あるいは現時点ではまだ整備されていないという状況を、「サービスがないのだから仕方がない」とあきらめるのではなく、あらたな資源開発までを視野に入れたソーシャルワークを展開するには、まず実践基盤として、制度の有無にかかわらずケースを受け止める総合相談の体制、及び総合相談の中核を担うソーシャルワーカーの配置を求める声が広がりをみせている。

全国的な政策展開としては、2013（平成25）年の社会保障制度改革国民会議の発足を契機に、以降2015（平成27）年「誰もが支え合う地域の構築に向けた福祉サービスの実現－新たな時代に対応した福祉の提供新ビジョン」が厚生労働省より提起され、①包括的な相談支援システムの構築、②高齢、障害、児童等への総合的な支援提供、③サービスの生産性の向上、④総合的な人材の育成・確保　という4つのポイントが示された（厚生労働省 2015）。

また、個人に立ち現れる地域での暮らしづらさ、「地域生活課題」を解決していくためには、個別支援だけではなく、その人の暮らしの全体性を支える視点が重要であり、地域づくりとの連動が必須であることが強調され、2019（令和元）年社会福祉法が改正され、包括的支援体制の整備が自治体の義務として規定された。

本章では、地域共生社会をめざし相談支援体制を整えていこうとする政策的動向をふまえつつも、ソーシャルワーク実践の固有性を考えていく。

(2) ソーシャルワークの固有性 —個人と社会を見つめる視点—

ソーシャルワークの固有性について、マルコム・ペイン（M、Payne）は、「同じような専門職のうちでもソーシャルワークの主張が独自のものであるのは、対人的関係を通じて、社会変革と個人の向上の両面を専門職の役割のなかに結び付けるという点にある」（マルコム・ペイン 2019：43）とする[1)]。また、小西加保留は、個への支援と環境にかかわる要因へのアプローチの双方からの視点から検討することが必要であり、個への支援については専門性に基づく支援を深めることが重要となる（小西加保留 2012：172）と述べている[2)]。

ソーシャルワークはこのように対人関係のなかで個人に向き合うこと、そしてそのことをつうじて個への視点と社会（環境）への視点の双方をソーシャルワークの役割に結びつけて実践を行うということに固有性があるのである。

ただし、個への視点と社会への視点は双方重要ではあるが、その重みづけは時代とともに揺れ動いていることも事実である。この揺れはソーシャルワーク理論の萌芽期である20世紀初頭のアメリカにおいてメアリー・リッチモンド（M, Richmond）(1861－1928）とジェーン・アダムス（J, Addams）(1860－1935）という、同年代を生き、ともにソーシャルワーク理論の礎ともなった二人の女性実践者の論争にもみることができる。

メアリー・リッチモンドは、「ケースワークの母」として知られている。彼女はバルチモアのCOS（慈善組織協会）で働いたのち、フィラデルフィアのCOSに主事として抜擢されCOS活動を牽引する存在となっていく。COSは友愛訪問員が個別に貧困世帯を訪問し、相談支援を展開する個別援助の実践である。初期のCOS活動は、貧困を道徳的問題に還元し、貧困者を欠陥者とみなし、彼らを道徳的に説教し救済しようとする慈善意識が濃厚であった（木原活信 1991：35）[3)]。

一方、ジェーン・アダムスは、シカゴにハルハウスを設立しセツルメント運動を展開する。アダムスは貧困の発生はその個人の怠惰（たいだ）が要因ではなく、社会構造に問題があるからだとし、社会改良の必要性を訴えていく。また、その運動のなかで慈善的なCOSの活動に対して、個人と家族に対象を限定するような援助は古い概念であると批判をするのである。これに対してリッチモンドは1905年、論文「改良の小売り的方法」を発表する。このなかで社会改良を比喩的に「卸売り的方法」、個別援助を「小売り的方法」として、仮に「卸売り」が行われているときも「小売り」は常に必要不可欠であり、個別援助と社会改良の双方が必要であるということを論じる（木原活信 1991：39）。

その後、アダムスらの社会改良運動が社会福祉界の流れの主流となっていることへの反論を軸として、リッチモンドは博愛的な慈善活動を、科学的な専門職実践へと深化させるために実践の科学化をすすめ、ケースワーク理論を発展させ1917年『社会診断』を、さらに1922年『ソーシャル・ケース・ワークとは何か』を発表する。

ソーシャルワークの萌芽期においても、個への視点と社会への視点はこのように揺れ動いており、博愛主義に基づく慈善活動がやがてソーシャルな視点も取り入れながら、専門職実践へと発展していくのである。

(3) ソーシャルワークの価値―人権と社会正義―

ソーシャルワークは、相互扶助から隣人愛を具体的行為の規範の背後に置き、「社会」に開かれた正義に基づいて慈善の組織化活動から展開してきたものである。その位置づけは、救貧事業の補完からその後の保護事業そして福祉国家から現代にいたる展開においても、ソーシャルワーク実践の背後にある価値として変わらず存在している（小西加保留 2012：165）[2)]。萌芽期から現代にいたるまで、個人への視点と社会への視点の力点は揺れるとしても、一貫してそれらを切り離すことなく、個人と社会の関係性に着目をしてきた。ここにソーシャルワークの固有性が存在するといえるだろう。

個人と社会の関係性への着目というソーシャルワークの固有性をふま

えたうえで、ソーシャルワークの実践を支える価値について考えてみたい。

第４章でも紹介された国際ソーシャルワーカー連盟（IFSW）の2014（平成26）年ソーシャルワークグローバル定義によると「社会正義、人権、集団的責任、および多様性尊重の諸原理は、ソーシャルワークの中核をなす」とされている。2000（平成12）年版では「人権と社会正義は、ソーシャルワークの拠りどころとする基盤である」とされていた。一貫して人権と社会正義がソーシャルワークの拠って立つべき中核・基盤とされる点について、岩間伸之は以下のように述べている。

「社会正義」が社会構造の矛盾という「社会性」を帯びたものであるならば「人権」とは個々人の尊厳の保持、つまりは「個別性」を意味するものである。このことはソーシャルワークにおける焦点である、個と社会（環境）との相互作用に働きかけるという特性と重なる（岩間伸之2012：209）[4)]。このようにソーシャルワーク実践の拠りどころとしての人権と社会正義という価値は、ソーシャルワーク固有の視点である個人と社会の関係性への着目に連なる。では、ソーシャルワークの価値としての人権と社会正義について考えてみる。

1）人権

金子絵里乃は、ソーシャルワークだからこその価値とは、クライエントが成長したり、自己決定する権利をもっていること、また、その権利の実現に向けてクライエントが主体的に行動して問題解決できるようにソーシャルワーカーが環境に介入して様々な機会をつくることを重視していることであるとする（金子絵里乃2012：60）[5)]。

ソーシャルワーク実践のすべての根底には一人ひとりへの尊重という価値がある。人間はそれぞれのLife（命・暮らし・人生）の主人公であり、たとえその人がどのような身体的なハンディキャップがあったとしてもあるいは、どれだけ心理的に抑圧された状況に置かれていたとしても、自分自身の意図や意思に基づき、自分の「このようにありたい」という姿を実現していくための力をもつ人でありその権利をもつ主体であると信じ、その存在を認めること、つまり個人の尊重という価値がソーシャルワークの基盤となる。

2）社会正義

社会正義そのものの概念を固定的にとらえることは難しいだろう。それぞれの分野において正義のとらえ方は異なる。しかし、ソーシャルワーク実践という限定した文脈においては「社会構造の矛盾から発生した不利益をなくそうとする一連の態度ということができる（岩間伸之 2012：209)」と岩間は指摘する。

また単なる「正義」ではなく、「社会正義」であることの意味は、この社会的矛盾の放置によって社会構成員の多くの人々に不利益をあたえることになるという「社会性」にあるとするのである（岩間伸之 2012：209)[6)]。

また、ソーシャルワークは、慈善組織化活動が始まった19世紀の後半から数えても100年余りの新しい専門職ではあるが、ソーシャルワークと「社会正義」を語るときに、社会の動きや社会福祉にかかわる施策・制度との関連を抜きにしては語れない(小西加保留 2012：159)。

アダムスも貧困は個人の責任ではなく、社会構造にこそ課題があるとした。生活をしていくなかで苦しみや悲しみに打ちひしがれ、助けてという声も失い、適切なサービスにつながれない状況の人が社会のなかに大勢いたとしたら、それは個人の責任ではないはずである。その人たちを漏れ落としている制度の課題、その人たちの問題を構造的に生み出している社会の課題だと考えると、その課題を解決していくためにはより広い視点に立ち、施策や制度の改善を求める社会への働きかけが必要となる。

ではここで、冒頭の事例に立ち返ってみよう。

目の前でうなだれる佐藤さんを見つめながら、高見ソーシャルワーカーは制度につながらず、サービスを受けられない状況をそのままにしておくわけにはいかない、何とかしないといけないと心に決めた。

まず最初に、市内の大学病院の MSW と連絡を取り合い、高次脳機能障害の本人、家族が在宅でどのような制度を使えるのかについて情報共有を行った。また、市の障害福祉課と共同で事例検討会を開催し、このようなケースが市内に他にもあるというデータを得ることができた。個別支援としては障害者福祉サービスが受給できるよう手続きをすすめるとともに、家族が孤立している状況を何とかしようと、佐藤さんに意見を聞きながら、当事者家族会の立ち上げに取り組むことにした。当初は自分にできるかどうかとまどう佐藤さんだったが、当事者家族の会の運営の中心となって活動をしていくうちに、自身も様々な関係者とネットワークを広げ、高次脳機能障害の当事者が働く機会をどのようにつくるかを考える勉強会を開催しようと、準備をすすめている。

岩間伸之は「社会正義」に基づいたソーシャルワーク実践のプロセスとは、個人が主体として位置づけられ、本人がエンパワメントされながら歩み、その延長線上に矛盾した社会を改革していくというソーシャルアクションにまで一貫した流れを意味することになるとし、このプロセスはソーシャルワークそのものであると述べている。その流れのなかで問題解決をするのは、本人自身であり、その個人を尊重するソーシャルワークの価値がそこに響くのである（岩間伸之 2012：210）。

(4) 社会的に生み出される「狭間」[6]への対抗としてのミクロの視点とマクロの視点の連動

1）制度の狭間の課題

前節では、ソーシャルワーク実践の固有性は「個と社会の関係性への着目」にあるということを述べ、人権と社会正義というソーシャルワークを支える基盤の価値は、ソーシャルワークの固有の視点である個と社会の二重性と重なるということを述べた。

それでは、こうした個と社会の視点を対（つい）として連動させる必要性がなぜあるのか、ということについて本節で考えてみたい。

制度の「狭間」ということばが社会福祉に関する文章においてもよく見かけるようになったが、そのニュアンスは、制度と制度の間にぽっかりとはじめから隙間が空いている「状態」と読み取ることもできる。しかし、あえて「狭間」という状態を表す語に、動態的なingの視点を持ち込んでみたい。「狭間」に陥っている当事者の状況は当事者の自己責任ではなく、誰かが、あるいは何かが「排除する」という動詞の結果としての「社会的排除の状況」としてとらえなおすとき（岩田正美 2008：26）[7]、狭間が社会的に生み出されているということに気づくのではないだろうか。本人が申請することがサービスの受給条件だとして、本人が助けてと声をあげられない場合はどうするのか。医師の診断書が制度の適用に必要だとして、本人が何らかの理由でかたくなに医療受診を拒否している場合は、本人の自己責任なのだろうか。

ソーシャルワークの機能として、個別支援で本人の思いを受け止めニーズを把握し、課題解決に向かって本人とともに取り組むということと同時に、本人の課題をとらえるなかで明らかになった、狭間を生み出している社会の状況に対して、社会のありかたを問い直し、課題を提起し、変革を求めていくことにこそソーシャルワークの固有性があり、個人の尊重と社会正義というソーシャルワークの価値が支持される。

分野別の専門職がそれぞれの分野ごとの支援を実施し、それでもなお解決されない生活課題が、ソーシャルワーカーに「とらえどころのない、困った課題」として立ち現れたとしても目の前にいるその人を支えるためには、つかんだニーズを埋め戻すことはできない．制度にその人を当てはめ、はみ出したニーズを切り捨てるのではなく、サービスをその人の生活課題にあわせて柔軟に開発していくことがソーシャルワークの機能として求められている。

2）開発を可能にする「面」としてのソーシャルワークの展開

では、声も出せないような狭間の状況に置かれた人の相談を受けとめ、支援を展開する個別支援としてのミクロソーシャルワークと地域社会への働きかけとしてのメゾ・マクロソーシャルワークを連動させ、今日的に希求される総合相談支援を展開するためには、何が課題となるのだろうか。このことについて、「開発」をキーワードに考えてみたい。

開発を動機づける最初の基点は、個人の地域生活課題であったとしても、資源開発に展開しようとしたときに、本人と本人を直接取り巻く支援者（ソーシャルサポートネットワーク）のみでは、開発に向けて地域の現状を変革していくためのパワーが不足する。個人の地域生活問題を地域の課題としてとらえ直し、地域社会の構造的変革を求めて、地域の様々な主体と協働しチームとして取り組んでいく必要がある。このことは個別のエンパワメントを地域に波及させていく力動を求めるということになるだろう。久保美紀は、エンパワメントアプローチは人々の潜在性の解放と政治的・構造的変化を統合するマルチレベルのアプローチであり、1.個人的エンパワメント、2.コミュニティエンパワメント、3.社会（環境）的エンパワメントへと押し広げていくことが求められるとする（久保美紀 2016）[8]。

このことを実践場面と照らし合わせ考えるとき、ミクロ・メゾ・マクロという、範域の広がりというだけではなく、かかわる支援者の専門性の広がりを合わせ、面としてのソーシャルワークの展開を求めていく必要がある。そのプロセスのなかで援助技術の分断・専門分野の分断がもたらす「境界」をソーシャルワークはどう越境していくのかが問われている。

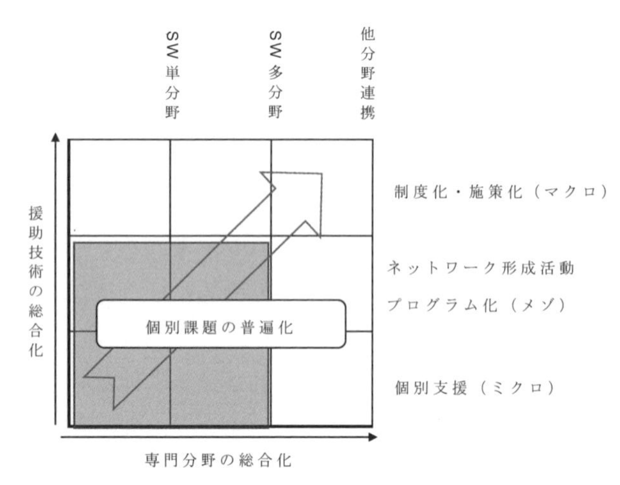

出典：川島ゆり子（2017）「地域を基盤としたソーシャルワークの総合性とは何か」牧里毎治・川島ゆり子・加山弾編著『地域再生と地域福祉』，p 77[9]

図 5－1　面としてのソーシャルワークの展開

(5) コミュニティエンパワメント

今まで議論してきたように、個人の地域生活に立ち現れた制度の狭間というミクロの課題が、直線的にメゾ・マクロの課題に直結していき次々と資源開発がされていくというシナリオは、現実の地域社会ではリアリティに欠ける。地域社会はそれほどに包摂的ではないし甘くはない。しかし、それでもなおあきらめず、目の前にいるその人の地域生活課題を何とかしようと、もがきながら寄り添い続け「一人ひとりの暮らしを支える資源」を開発していくには、ソーシャルワークの中核をなす価値である「人権」、その人が自分自身の意図や意思に基づき、「このようにありたい」と願う姿を実現していく権利をもつ主体であることを信じる価値観こそがソーシャルワークの基盤となるものである。

さらに一人のミクロな生活課題から社会の課題を見いだし、メゾ・マクロへとソーシャルワークを展開していこうとするとき、目の前にいるその人の課題のみに視点を集中させてしまうと、地域に変化を促し政策へとつなげていく突破力を得ることが難しくなる。視点を広げ、その人と同じような悩みをもつ人が、他にも複数、地域のなかに存在しているということを見いだし、個別の課題を複数形としてコレクティブに（集合的に）とらえ直すことにより、その人たちの課題を見ないふりをしてそのままにしている社会のあり方を、問い直す、社会改革の視点を得ることができる。

当事者の生活課題が狭間に置かれる状態をつくり出してきた多様な主体が、当事者ともに語り合い、地域の課題に気づき、協働主体として地域づくりに共に取り組むというもう１つの物語【オルタナティブストーリー】を創造していくソーシャルワークは、ソーシャルワークの中核をなすもう１つの価値である、社会正義がその基盤となる。

・その人たちを排除してきた私たち（当事者の暮らしの排除）ではなく
・その人たちを支援する私たち（当事者の暮らしの外在化）にとどまらず

・その人たちとともに生きる私たち（当事者の暮らしの内在化）を実現していく

新しい社会のあり方を描こうとするコミュニティエンパワメントの必要性がここにある。それはサービスを提供することや制度の適用要件を判定するだけにとどまらない、地域共生社会に向けた重要なソーシャルワークのメゾ・マクロ機能といえるだろう。

(6) まとめ

制度の狭間に置かれ、課題がからまりあうような状況で前に進めず声も出せないような状況の人に寄り添い、その声を丁寧に聞き、からまりあう糸を丁寧に解きほぐし、その人自身が自分の力で課題を解決していく権利をもつ人であることを信じ、支えるミクロソーシャルワーク。そして、その状況が社会的につくり出されたものであるととらえ、アクション性をもって社会に向かって当事者の声を代弁し、ときに当事者とともに声をあげ、社会の変革に向かって多様な主体とともに力を合わせ社会に対して働きかけていく、メゾ・マクロソーシャルワーク。これらが地域のなかで循環していくことにより、狭間が埋められ、ともに生きる地域社会がめざされていくのである。事例に戻ってみよう。

佐藤さんが中心となって企画をした「高次脳機能障害当事者が働き続けるために」という勉強会に、市広報のホームページを見た当事者があらたに参加をし「このような会があることで救われた」と感想を伝えた。当事者の力の広がりを高見ソーシャルワーカーは実感している。

大谷京子は、当事者が自分自身のありたい姿を実現しようと課題解決に向けて動き出したとき、それはソーシャルワーカーがなしたものではなく、クライエントの潜在的能力あるいは社会の力が発現されたのであり、ソーシャルワーカーはあくまでも側面的サポートをしたにすぎない、というのがこの専門職の誇る利他性であり、専門性である（大谷京子 2005：90）とソーシャルワークの専門性について述べる[10)]。ソーシャルワークとはこのように価値に基づく実践なのである。

引用文献

[1)] マルコム・ペイン（2019）『ソーシャルワークの専門性とは何か」ゆみる出版.

[2)] 小西　加保留（2012）「変革期社会福祉学の展望」一般社団法人日本社会福祉学会編『対論社会福祉学 5』中央法規出版、p 157－179.

[3)] 木原　活信（1991）「J・アダムスがソーシャル・ケース・ワークの形成に及ぼした影響」『社会福祉学 32（2）』122－155.

[4)] 岩間　伸之（2012 b）「変革期社会福祉学の展望」一般社団法人日本社会福祉学会編『対論社会福祉学 5』中央法規出版、p 208－211.

[5)] 金子　絵里乃（2012）「変革期社会福祉学の展望」一般社団法人日本社会福祉学会編『対論社会福祉学 5』中央法規出版、p 53－73.

[6)] 岩間　伸之（2012 a）「『社会正義』はなぜソーシャルワーク実践の根拠となるのか - プロローグ - 」一般社団法人日本社会福祉学会編『対論社会福祉学 5』中央法規出版、p 155－6.

[7)] 岩田　正美（2008）『社会的排除―参加の欠如・不確かな帰属』有斐閣.

[8)] 久保　美紀（2016）「エンパワメントアプローチ」岡本　民夫監修　平塚　良子・小山　隆・加藤　博史編『ソーシャルワークの理論と実践』、p 114－128.

[9)] 川島　ゆり子（2017）「地域を基盤としたソーシャルワークの総合性とは何か」牧里　毎治・川島　ゆり子・加山　弾編著『地域再生と地域福祉』、p 75－87.

[10)] 大谷　京子（2005）「ソーシャルワークと精神医療」西尾　祐吾・橘高　通泰・熊谷　忠和編著『ソーシャルワークの固有性を問う』晃洋書房、p 83－99.

学習課題

①COS（慈善組織協会）について、調べてみよう。
②セツルメント運動について調べてみよう。
③ミクロソーシャルワーク・メゾソーシャルワーク・マクロソーシャルワークそれぞれの特性について考えてみよう。そのうえで、なぜこれらのソーシャルワークが連動する必要性があるかを考えてみよう。

コラム「もぐらたたき型の支援」

総合相談支援の現場では、目の前にいる相談者のニーズに対して、使えるサービスが不足していたり、あるいはサービスがそもそもなかったりして頭を抱えてしまうようなことが起こります。

一つの個別ケースの経験から、すぐにサービスや仕組みづくりにつながっていくということは現実では難しいかも知れません。社会を変革していくには時間がかかります。まずは一つのケースに丁寧に向き合い寄り添い、その課題解決に向けて本人と一緒に歩むソーシャルワーカーの姿勢が問われます。

しかし、本当に必要なサービスが社会のなかで整備されておらず、繰り返し同じような課題が地域のなかで起こり、そのたびごとにとりあえず何とかするという支援を繰り返すことを「もぐらたたき型の支援」とよびます。一つの個別ケースの経験で社会を変えるところまでは届かなかったとしても、その経験を積み重ねていき、サービスからもれ落ちるケースが出ないようにしていく「予防的支援」を目指すことが必要です。

そういう意味で、今後ソーシャルワーカーに求められるスキルとしては、現実に起こっているケースの経験を積み重ね、事例やデータから資源開発の必要性を示すことが出来る「分析力」。そして、福祉関係者だけではなく地域住民や事業者など多様な主体に資源開発の必要性を訴えることが出来る「語る力」も注目していく必要があるでしょう。

Ⅱ部　社会福祉実践の展開

6　子どもと家庭に対する支援 ～虐待と貧困から捉える子ども家庭福祉～

奥村賢一

《学習のポイント》　現代の子ども家庭福祉を取り巻く社会問題である少子化、子ども虐待、子どもの貧困の現状と課題を理解した上で、子どもの権利や生活を守るための国際的合意である児童の権利に関する条約や、国内における子どもの福祉の基本原則である児童福祉法、さらには児童虐待の防止等に関する法律の目的や理念を概観する。加えて、家庭における子育てを支援していくための具体的な取り組みとして、地域で子どもを育むためのネットワークである子育て世代包括支援センターや要保護児童対策地域協議会、さらには、児童福祉法の理念を具体化するための新しい社会的養育ビジョンから今後の子ども家庭福祉の動向についても理解を深めるとともに、子ども家庭支援の展開を事例の解説から学ぶ。
《キーワード》　子ども家庭、虐待、貧困、子育て

(1) 子どもと家庭を取り巻く現状と課題

1）少子化

厚生労働省（2020）『令和元年（2019）人口動態統計（確定数）の概況』[1)]によれば、2019年に出生した子どもの数は前年比5.8％減となる86万5,239人で過去最少を更新しており、4年連続で出生数が100万人を下回るとともに合計特殊出生率[1]も1.36と低下している。第1次ベビーブームの1949年に記録した過去最多となる約270万人をピークに、第2次ベビーブームが過ぎた1975年以降は増減を繰り返しながら減少

[1] 合計特殊出生率とは、15歳から49歳までの女性の年齢別出生率を合計したもので、1人の女性がその年次の年齢別出生率で一生の間に生むとしたときの子どもの数に相当する。

傾向が進んでおり、2005年には合計特殊出生率が過去最低の1.26まで落ち込んだ。その後、僅かに回復の兆しが見られたが、2016年から再び減少し始め少子化に歯止めがかからない状況が続いている。

これらの状況に関連する一因として、女性の晩婚化とそれにともなう晩産化がある。2019年の平均初婚年齢は夫31.2歳、妻29.6歳と高く、ともに6年ぶりに上昇した。第一子出生時の母親の平均年齢は2015年から5年連続で30.7歳と高い水準を維持している。母親の年齢が40歳以上の出生で占める第一子の割合は36.1%となっており、出生順位別で最も割合が高いのは30歳から34歳までとなっているなど、出産する母親の高齢化と少子化は多分に関係している[2)]（厚生労働省2019)。

同じく厚生労働省（2020）の『2019年国民生活基礎調査の概況』[3)]では、全世帯のうち児童[2]がいる世帯は1,122万1千世帯となっており、全体の21.9%にとどまる。児童がいる世帯の平均児童数は1.68人であり、3人以上の児童がいる世帯は僅か12.9%しかない。このうち、児童がいる世帯における母親の就業状況は72.4%となっており、15年で約16%増加している。いわゆる共働き家庭が多いのが特徴である。

2）子ども虐待

厚生労働省（2020）によれば、2019年度に全国の児童相談所に寄せられた児童虐待相談対応件数（速報値）は19万3,780件（前年度比21.2%増）となっており、国が調査を開始した1990年度から29年連続して増加している（図6－1)。児童相談所が最も相談対応する虐待は、心理的虐待が10万9,118件（56.3%）と最も多く、次いで身体的虐待4万9,240件（25.4%)、ネグレクト3万3,345件（17.2%)、性的虐待2,077件（1.1%）の順となっている。心理的虐待の増加要因について自治体は、子どもが同居する家庭における配偶者に対する暴力に関

[2] 児童福祉法第4条において児童とは、満18歳に満たない者と定めらえれている。

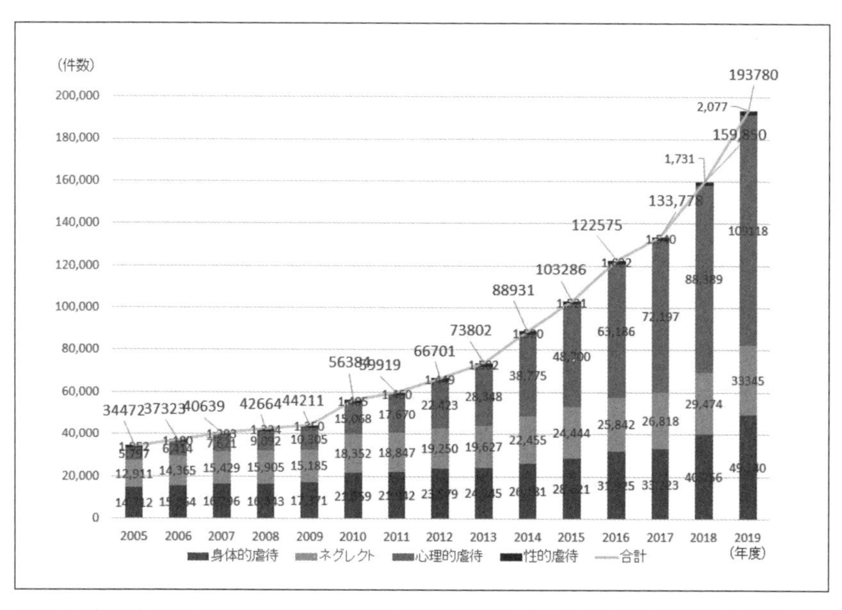

出典：厚生労働省（2020）「令和元年度 児童相談所での児童虐待相談対応件数〈速報値〉」を基に筆者作成

図6－1　児童相談所での児童虐待相談対応件数の年次推移

する事案として、いわゆる面前DV（Domestic Violence）に対して警察が介入する場面が増えたことによる通告件数の増加を指摘している。心理的虐待は2013年度から児童相談所に最も多く相談が寄せられる虐待となっており、2019年度までの間に8万770件も増加した。虐待を受けた被害児の年齢別対応件数の年次推移は、小学生年齢である7歳から12歳が6万5,959件（34.0%）と最も多かった。ただし、0歳から2歳と3歳から6歳のいわゆる就学前の乳幼児を合算すると8万7,486件（45.1%）となり、小学生年齢よりも割合は高くなっている。児童相談所での虐待相談の経路別件数は、警察等9万6,478件（49.8%）と約半数を占めており、次いで近隣・知人2万5,285件（13.0%）、家族・親歳1万5,799件（8.2%）の順となっている。被虐待児に占める小中学生の割合が約47%を占めるにもかかわらず、学校からの相談が1万3,856件（7.2%）と低い数値となっている。

3）子どもの貧困

2012年、わが国の子どもの貧困率が相対的貧困率を上回り16.3%となった。特に、大人が一人で子どもを育てている世帯（以下、ひとり親家庭）の貧困率は54.6%と半数以上が貧困家庭で暮らしている実態が明らかとなり、これは経済協力開発機構（OECD）に加盟する37か国のなかでも極めて低い水準にあった。そのような状況を受け、2013年に施行された「子どもの貧困対策の推進に関する法律」に基づき、2014年に内閣府が示した「子供の貧困対策に関する大綱」では、当面取り組むべき重点施策として、①教育の支援、②生活の支援、③保護者に対する就労の支援、④経済的支援、⑤子どもの貧困に関する調査研究等、⑥施策の推進体制等の6点を掲げており、子どもの貧困対策を総合的に推進するにあたり、関係施策の実施状況や対策の効果等を検証・評価するため25の指標を設定した。それを受けて文部科学省も2018年度予算要求において、『学校をプラットフォームとした総合的な子供の貧困対策の推進』として、スクールソーシャルワーカーの配置拡充を打ち出すなど、子どもの貧困に対して学校現場もこの問題に関与していく姿勢を示した。

その後、厚生労働省（2020）『2019年国民生活基礎調査の概況』[4]では、わが国の子どもの貧困率に関する最新の数値は13.5%まで改善した（図6－2）。等価可処分所得の中央値の半分で算出する「貧困ライン（貧困線）」は122万円から127万円に微増したものの、ひとり親家庭の貧困率は依然として50%近い高水準となっている。さらに、ひとり親

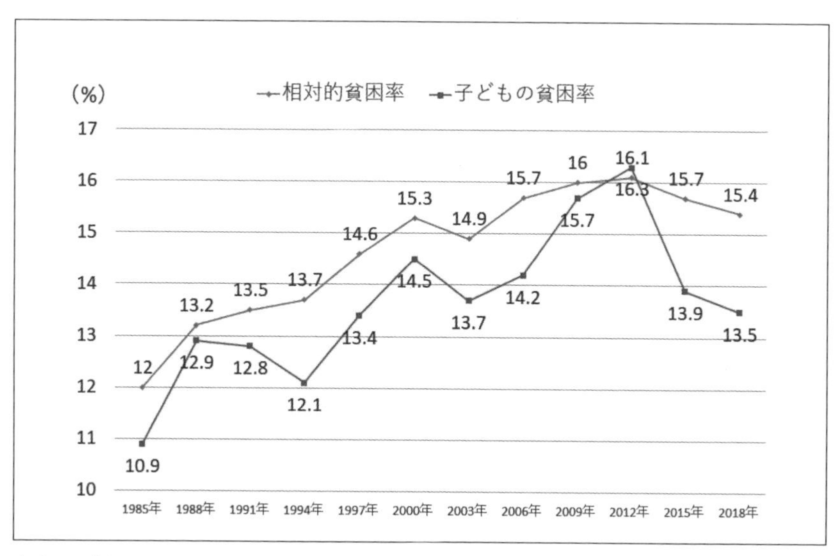

出典：厚生労働省（2020)『2019 年 国民生活基礎調査の概況』を基に筆者作成

図 6 － 2　相対的貧困率と子どもの貧困率の年次推移

家庭の子どもの貧困率が高い状況は母子家庭と父子家庭でも実態は異なる。厚生労働省（2017)『平成 28 年度全国ひとり親世帯等調査結果の概要』では、母子世帯と父子世帯の状況に関する調査結果が示されている。世帯数は母子世帯が 123.2 万世帯、父子世帯が 18.7 万世帯となっており、就業状況については、父子世帯の 68.2% が正規雇用であるのに対し、母子世帯の場合は 44.2% と半数を切っている状態である。子どもの年齢が低いと家事・育児などを担うためパートやアルバイトで生計を立てている母親は 43.8% にも上る。年間就労収入の平均は父子世帯が 398 万円、母子世帯が 200 万円となっており倍近い収入格差が生じている。なお、2018 年の児童のいる世帯の平均総所得は 745.9 万円（うち、稼働所得 686.8 万円）となっており、わが国の子育てを行う家庭の経済的な格差は深刻な状況にある。

(2) 子どもの権利を守る条約と法律

1) 児童の権利に関する条約

児童の権利に関する条約は1989年に国際連合（以下、国連）で採択された後、翌1990年に加盟国に向けて発効された。日本は1994年にこれを批准した。本条約は子どもの権利として「生きる権利」、「育つ権利」、「守られる権利」、「参加する権利」の4つの柱を示しており、そのなかで子どもは健康的な生活を送ることや教育を受ける機会が保障されることはもとより、虐待や搾取などから守られることが権利として具体的に明記されている。しかし、わが国は児童の権利に関する条約を批准した1994年から遅れること10年の2004年に「児童虐待の防止等に関する法律」(以下、児童虐待防止法）の一部改正において、虐待が子どもの人権侵害であることを法律上で認めたにとどまる。また、子どもの福祉を推進していくための中核的法律である児童福祉法で法的に「児童の権利に関する条約の精神」に則ることが明文化さられるまでに22年もの歳月を要した。

2) 児童福祉法

2016年の児童福祉法改正により、第1条が「全て児童は、児童の権利に関する条約の精神にのっとり、適切に養育されること、その生活を保障されること、愛され、保護されること、その心身の健やかな成長及び発達並びにその自立が図られることその他の福祉を等しく保障される権利を有する」に改められた。法の目的及び理念となる第1条が改正されたのは、1947年に児童福祉法が制定されてから約70年の歴史のなかで初めてのことになる。改正前の条文では「すべて国民は、児童が心身ともに健やかに生まれ、且つ、育成されるよう努めなければならない」と記されており、主語は子どもではなく大人を意味する「すべて国民」であった。さらに、2項では「すべて児童は、ひとしくその生活を保障され、愛護されなければならない」とあるように、子どもは大人の立場から「保護の対象」としてとらえられていたことがわかる。一方、今回の法改正では「全て児童は」に主語が改められただけでなく、子どもを「権利を有する」主体としてとらえているところに最大の特徴がある。さらに、その根底には子どもの基本的人権を保障するために定められた「児童の権利に関する条約」の精神を据えている。

3）児童虐待の防止等に関する法律

児童虐待の防止等に関する法律（以下、児童虐待防止法）は、2000年5月に議員立法により成立した。主な内容としては、児童虐待の定義を身体的虐待、ネグレクト、心理的虐待、性的虐待の4種類としたほか、父母だけでなく児童福祉施設の施設長などの「保護者」による虐待防止や、学校の教職員、児童福祉施設の職員、医師、保健師、弁護士など、職務上児童の福祉に関係のある者に対する児童虐待の早期発見、住民の通告義務、職権を行使した立入調査、さらには児童虐待の早期発見を行うことなどが定められた。

2004年の法改正では、児童虐待が児童の著しい人権侵害であることが明記された。また、同居人による虐待を放置することをネグレクトとすることや、DVを児童が目撃することを心理的虐待とするなど児童虐待の定義を見直し、さらには虐待の疑いがある児童も通告義務の対象として範囲を拡大することなどが追加された。その後も、児童相談所の体制強化や虐待防止に向けた法改正がなされ、2020年には親権者などによる体罰の禁止が明記された。ただし、長年の課題として指摘されてきた民法で定められる懲戒権については施行後2年を目途に検討するに止まり、虐待と躾(しつけ)を巡る認識や解釈の課題は今なお継続している。

(3) 地域で子どもを育むネットワークづくり

1) 要保護児童対策地域協議会

要保護児童対策地域協議会(以下、要対協)は、2004年の児童福祉法改正において法的に位置づけられた市町村が設置主体の支援ネットワークである。全国の市町村における要対協の設置状況は2016年の時点で1,727ヵ所(99.2%)となっている(厚生労働省2017)が、その活動の実際は市町村間で濃淡があるのが事実である。その対象は児童福祉法で定める要保護児童(保護者のない児童又は保護者に監護させることが不適当であると認められる児童)もしくは要支援児童(保護者の養育を支援することが特に必要と認められる児童であって要保護児童にあたらない児童)及び保護者、特定妊婦(出産後の子どもの養育について出産前において支援を行うことが特に必要と認められる妊婦)であり、虐待を受けた子どもに限らず、非行児童なども含む。要対協の業務は、対象児童の適切な保護を図るための必要な情報交換や援助内容に関する協議を行う。要対協は、構成員の代表者により年1～2回の頻度で開催される「代表者会議」、実際に援助活動を行う実務者から構成され年数回開催される「実務者会議」、当該児童にかかわる担当者や今後のかかわりが想定される関係機関の担当者等が集い必要に応じて随時開催される「個別ケース検討会議」の3層構造で構成されている。構成機関及び構成員は地域の実情に応じて、児童福祉関係(市町村の児童福祉主管課、児童相談所、福祉事務所等)、教育関係(教育委員会、学校、幼稚園等）、保健医療関係（市町村の母子保健主管課、保健所、医師会等）、警察・司法関係（警察署、弁護士会、人権擁護委員会等）、その他（NPO団体、民間団体等）など幅広い分野からの参加により構成することができる。そのため、構成員には正当な理由なく要対協の職務において知り得た秘密（情報）を漏らしてはならない守秘義務が課せられており、それに違反した場合は1年以下の懲役又は50万円以下の罰金が課せられる。

2）子育て世代包括支援センター

妊娠中から子育てについて相談することができる、市町村の専門機関として子育て世代包括支援センターがある。妊娠期から子育て期にわたり切れ目のない支援を提供するため、保健師等の専門職を配置して、妊産婦等からの相談に応じるだけでなく、健診等の「母子保健サービス」と地域子育て支援拠点等の「子育て支援サービス」を一体的に提供できるよう、必要な情報提供や関係機関との調整を行い支援プランの策定などを行う機関である。子育て世代包括支援センターは、母子保健法第22条に市町村が設置するよう努めなければならないとされており、母子保健法上では「母子健康包括支援センター」という。これまで市町村は母子保健と子育て支援の両側面から支援の充実に努めてきたが、これらの取り組みや情報等については、当事者である子育て家庭や地域住民にわかりやすく伝わっていたとは言い難く、妊娠初期から子育て期における各々の段階に応じたきめ細やかな支援が十分に行き届いてはいなかった。

このような状況を改善すべく、2016年に閣議決定された『ニッポン一億総活躍プラン』では、2020年度末までに子育て世代包括支援センターの全国展開を目指すことが示され、妊娠・出産包括支援事業と子ども・子育て支援新制度の利用者支援や子育て支援などを包括的に運営する機能を担うものとして、2017年の母子保健法の改正で市町村に設置することが努力義務と定められた。子育て世代包括支援センターは、①妊産婦・乳幼児期等の実情を把握すること、②妊娠・出産・子育てに関する各種の相談に応じ、必要な情報提供・助言・保健指導を行うこと、③支援プランを策定すること、④保健医療又は福祉の関係機関との連絡調整を行うこと、以上の4点が必須業務とされてる。

子育て世代包括支援センターの支援対象者は、原則としてすべての妊産婦（産婦：産後1年以内)、乳幼児（就学前）とその保護者を対象とすることを基本とする。地域の実情に応じて18歳までの子どもとその保護者についても対象とする等、柔軟に運用していく。実際の支援においては、妊娠・出産・子育てに関するリスクの有無にかかわらず、予防的な視点を中心とし、すべての妊産婦・乳幼児等を対象とするポピュレーションアプローチ[3]を基本とする。他方、特に、より専門的な支援を必要とする対象者については、地区担当の保健師及び市区町村子ども家庭総合支援拠点[4]や児童相談所との連携において対応を行っていく。

3）新しい社会的養育ビジョン

2016年の児童福祉法改正にともない、家庭に対する養育支援から代替養育までの社会的養育を充実させることが示され、家庭養育を優先とした考えの下に、実親による養育が困難な子どもに対しては、特別養子縁組による永続的解決（パーマネンシー保障）や里親を中心とした家庭養護を推進していく方針として、社会的養護を取り巻く諸課題に対する対策及び将来像の全面的見直しを行い、国は「新しい社会的養育ビジョ

---

[3] 多くの人々が少しずつリスクを軽減することで、集団全体としては多大な恩恵をもたらす事に注目し、集団全体をより良い方向にシフトさせる必要なアプローチを意味する。

[4] すべての子どもとその家庭及び妊産婦等に対して、専門的な相談や地域資源を活用した情報提供、訪問等による継続的な支援を実施するものであり、要保護児童対策調整機関としての役割が期待されている。

ン」を掲げた。

その骨格は大きく２つの枠組みから成り、１つは、市町村におけるソーシャルワーク体制の構築と支援メニューの充実を図ることである。保育園の職員体制の増員などの充実、貧困や医療的ケアなどを要する子どもの状態に応じたケアの充実、虐待や貧困の世代間連鎖を断つための支援システムの確立、虐待リスクが高く集中的な在宅支援を必要とする家庭に対する分離を前提としないケアの充実などが含まれる。もう１つは、代替養育のすべての段階において、子どものニーズに応じた養育を保障していくことである。代替養育は家庭での養育を原則とし、高度に専門的なケアを必要とする場合は、可能な限り良好な家庭的養育環境を提供して、施設入所は短期間を原則とする。フォスタリング業務の質を高める里親支援事業等の強化や、それに向けたフォスタリング機関事業の創設。そして、児童相談所は永続的解決を目指して適切な家庭復帰計画を作成して市町村及び里親等と実行する。それらが困難な場合は養子縁組等のソーシャルワークが行われるよう徹底することなどを含んでいる。

具体的には、①市町村の子どもの家庭支援体制の構築、②児童相談所・一時保護所改革、③里親への包括的支援体制（フォスタリング機関）の抜本的強化と里親制度改革、④永続的解決（パーマネンシー保障）としての特別養子縁組の推進、⑤乳幼児の家庭養育原則の徹底と年限を明確にした取組目標、⑥子どものニーズに応じた養育の提供と施設の抜本的改革、⑦自立支援（リービング・ケア、アフター・ケア）、⑧担う人材の専門性の向上等、⑨都道府県計画の見直しと国による支援の、９つについて目標年限を定めて計画的に取り組みを進めていく（厚生労働省 2007）[5]。

(4) 子ども家庭支援事例

子どもや家庭を支援するうえでは多職種連携は必須である。ここでは多問題家族の事例を基に具体的な支援を考えてみる。

1) 事例概要

20XX年10月下旬、ある母子家庭がA市に転入してきた。家族構成は母親(32)、長男(10)、長女(3)の3人家族。11月上旬に前居住地のB市子ども家庭課からA市子育て支援課に対してケース移管があり。父親からの日常的な母親に対するDVや子どもに対する虐待が原因で離婚をしており、B市では要対協の要保護児童として支援を行ってきた。母親はDV被害の影響から鬱病を発症し、転居前まではC精神科クリニックに通院していた。A市には頼りにできる親戚や親類がいない可能性が高いため、支援の引き継ぎを依頼された。

2) 支援の流れ

展開①子育て支援課の初期対応

ケース移管を受けて数日後、子育て支援課の家庭児童相談員と母子保健担当の保健師が家庭訪問を行った。母親はB市からの紹介で訪問した旨を伝えると快く応対してくれた。訪問をしたのは平日であったが、自宅には長男と長女が在宅していた。面談のなかでは、体調面については好不調の波があり、**状態が悪いときには仕事を休んで一日中寝込んでいる**とのことであった。パートで得た分しか収入がないため、**仕事を休む機会が多くなると経済的にも困窮している様子**であった。転居して間もないため、児童扶養手当等の申請をしていないことから、まずは市役所の窓口に来所してもらい、これらの手続きを行うことを勧める。あわせて、生活保護も提案をしたが「できる限り自分達で頑張りたい」という理由でやんわりと断った。その後は家庭訪問を行っていなかったが、12月上旬に**近隣住民から複数回にわたり匿名の虐待通告が子育て支援課に寄せられる。**その内容としては、「母親と思われる大人の女性が子どもに対して激しく叱責する声」や「夜間に子どもだけで生活している家庭がある」などが度々聞かれるとのこと。

【対応のポイント】

◎母子家庭の約半数が非正規雇用であり、就労による収入も平均が200万円程度と非常に困窮した経済状況にあることは、実態として支援者は常に念頭に置いた支援を行わなければならない。仕事と家事・育児を両立させることは非常に負担がのしかかる。ここでは児童扶養手当や生活保護を促しはしたものの、その後のフォローが行われたかは確認できない。行政サービスは窓口での申請になるが、その利用に向けた面談という口実で介入の糸口をつくる等、行政としての立場を工夫して積極的にアウトリーチを行う必要がある。

◎2019年6月の厚生労働省子ども家庭局長通知[5)]において、虐待通告受理後、原則48時間以内に児童相談所や関係機関において、①直接子どもの様子を確認するなど安全確認を実施すること。②子どもとの面会ができず、安全確認が出来ない場合には、立入調査を実施すること。③その場合、必要に応じて警察への援助要請を行うこと。以上の3点を全国ルールとして徹底することが示されており、近隣住民からの複数回の虐待通告は、家庭において日常的に何らかのトラブルが生じているとみなし、早急に現認しなければならない。一方で、このような頻回な通告の裏には当該家族の地域からの孤立も想定されることから、訪問の際には当事者の置かれた状況に対する配慮も心得たうえでの行動が求められる。

展開②福祉と教育の協働

12月中旬にD小学校のスクールソーシャルワーカーからケース照会が入る。10月下旬に転入してきた長男が11月に入り欠席が増え始めており、その背景に母親の体調不良が多分に影響しているとのこと。本人に欠席理由を確認したところ、**学校を休んだ日は母親の看病や妹の世話をしている**という。12月某日に本人が体調不良を訴えて保健室に行った際、養護教諭に「お母さんは心の病気で寝ていることが多い」と落ち込んだ様子で語った。また、**母親の手伝いや妹の面倒を上手にこなすことができずに母親から激しく叱られることもある**ことを涙ながらに訴えた。学校としては家族支援が必要なケースであると判断したため、子育て支援課と連携して対応していきたいという申し出があった。

【対応のポイント】

◎2008年に文部科学省が開始した「スクールソーシャルワーカー活用事業」により、年々配置の拡充が進む社会福祉の専門職であるスクールソーシャルワーカーの存在は、子育て支援課（福祉）が学校（教育）と協働していくうえで重要な連携のパートナーになる。しかし、全国的にはスクールソーシャルワーカーの配置形態や活動日数などは自治体間により差があるため、各市町村の実態を把握したうえで効率的な連携を行うことができるよう工夫する必要がある。

◎市町村の各要対協では、教育委員会（97.2%）、小学校（88.2%）、中学校（86.1%）のいずれも高い比率で構成機関に位置づけられている（厚生労働省 2016）。しかし、実際には代表者会議・実務者会議・個別ケース検討会議に参加するのは、管理職や生徒指導担当者などの特定の担当者に限定されることが多いため、子どもに最もかかわりのある学級担任は要対協の存在や役割そのものを理解していない（奥村2018：184）。学校教職員全体に対する要対協の周知や連携機会を創出していくことは、子どもの抱える問題の早期発見や未然防止にもつながる。

展開③個別ケース検討会議の実施

学校からの連絡を受けて課内でも協議をした結果、A市要対協の要支援児童として支援を行っていくことを決定した。その後、実務者会議を経て個別ケース検討会議が実施された。**個別ケース検討会議には、子育て支援課、子育て世代包括支援センター、D小学校、児童相談所、警察署の各担当者が参加して協議が行われ、支援計画の検討が行われた。**子育て支援課は長女の3歳児健康診査が未受診であることを理由に子育て世代包括支援センターと一緒に再度家庭訪問を行い、長女の様子とあわせて母親の健康状態を把握する。話し合いができる状況であれば長女の保育所の利用を促す。母親の病状が悪化しているようであれば、精神科病院への受診に向けた調整を行うほか、年末年始に差しかかるため、緊急時の対応及び連絡方法等について児童相談所や警察署の各担当者と確認を行った。小学校は長男の登校時の状況観察を丁寧に行うとともに、日中活動の場において安全・安心な学校生活を保障していくための体制をつくる。その他、虐待疑い等の家庭環境の変化を掴んだときには速やかに関係機関と連絡を行う。**特段のトラブル等が生じなければ、次回は1か月後の○月○日に実施することを確認して会議を終了した。**

【対応のポイント】

◎ケース会議を効果的に行うためには、①情報共有、②共通理解、③目標設定、④役割分担、⑤守秘義務の５つを的確に押さえることが求められる。①については、要対協事務局である子育て支援課は事前に会議の目的を参加者に対して伝えておくことで、各々が情報を整理したうえで会議に臨むことができる。②を行う際、各担当者が持ち合わせる情報を客観的事実と主観的認識に分けて整理していくと、情報に対する共通理解が得やすくなる。また、会議の際はホワイトボードなどを用いて視覚化すると良い。③で留意すべきは、特定化された具体的な目標になることを意識することであり、クライエントを主体に定めた期間内に達成することができる取り組みを設定することが望ましい。④については、担当者が状況に応じて直接的または間接的支援を分担するだけでなく、必要に応じて共同した支援等も実施していく。⑤は、メンバーの所属や立場、専門性によりとらえ方が異なる可能性があることを常に意識して、会議の最後には必ず守秘義務の内容や範囲を確認することを徹底したい。

展開④当事者参加の応援会議

ソーシャルワーカーの倫理基準では、6.（参加の促進）において、「**ソーシャルワーカーは、クライエントが自らの人生に影響を及ぼす決定や行動のすべての局面において、完全な関与と参加を促進する**」とあるように、会議においても当事者が参画できるように努めなければならない。ここでは、後日行われた母親及び長男の応援会議の様子を確認する。

〈母親の応援会議〉

長女の健診を口実に家庭訪問を行った際、ひとりですべてを抱え込んでしまい体調を崩してしまったことを母親は打ち明けた。本来であればきちんと就職活動をして安定した正規雇用で働きたい気持ちはあったが、預貯金がないなかでの離婚となり、すぐに収入を得ることができるパートの仕事をかけもちして生計を立てていたという。次第に心身のバランスを崩してしまい、**長男にも負担をかけていることを自覚しながらも、思うようにならないときには長男に八つ当たりしていたことを母親は涙ながらに認めた**。子育て支援課の担当者からは健康を最優先に考えて、まずは医療受診を行い体調の回復を年内の目標とすることを提案した。その間、児童扶養手当など未申請の手続きを行ったうえで、生活費が不足する分については生活保護の利用を検討することも確認した。長女については保育所の利用に向けた手続きを開始したい意向が母親より示された。年明けには母親の健康状態を確認しながら、マザーズハローワークと連携をして就労支援につなげていくことを当面の目標として確認した。

〈長男の応援会議〉

ある日の放課後、長男に残ってもらい学級担任、教頭、養護教諭、スクールソーシャルワーカーの５名で応援会議を開催した。事前に応援会議の持ち方について教職員間で確認をしたうえでその場に臨んだ。学校生活では、①近ごろ欠席をすることが増えたため、**算数と理科の授業内容がわからない**。②家に帰ると妹の世話や家事の手伝いがあるため、**宿題をする時間がとり難い**。家庭生活では、③洗濯や掃除が上手にできないときに**母親が大きな声で怒るのは止めて欲しい**。④母親が体調不良になったときに**誰に助けを求めたらよいかわからない**。以上の４点が本人の口から語られた。それらの悩みに対して教職員からは、①算数と理科の授業のときはしばらく別室で学級担任がつくったプリントを使って教頭と教務主任が学習サポートを行い、遅れを取り戻した段階で教室での授業に移行する。②宿題は家庭に持ち帰らずに、放課後に少しだけ居残りをして学級担任と一緒に宿題を終わらせてから下校する。③長男の気持ちをスクールソーシャルワーカーが母親に代弁する。その一方で、洗濯や掃除については学校で練習する機会をつくりスキルの向上を目指す。④母親の体調が急変したときに救急車を呼ぶ場合を想定して、119番の電話のかけ方などの説明書をスクールソーシャルワーカーが用意する。それ以外の困りごとについては、曜日や時間帯に応じた関係者の連絡先及び担当者の名前と写真を貼り付けた一覧表を本人に提供する。

【対応のポイント】

◎当事者が参加する会議には、そこに同席するメンバーや話し合いの内容など、事前に綿密な準備を行う必要がある。専門職としてのパターナリズムに陥ることがないよう、常に当事者に寄り添う姿勢を示しながら、段階的かつ計画的な取り組みに向けた課題を整理していく。子どもの福祉に主眼を置いた場合、親は支援よりも指導をされることが多く、そのことが専門機関に対して心を閉ざすきっかけの１つになっている。虐待や貧困等の生活課題の改善に向けては子育て支援の充実こそが不可欠であり、子育てに従事する親に対するサポートの強化が求められる。

◎児童の権利に関する条約で「参加する権利」のなかに位置づけられる意見表明権であるが、子どもが自らのことに意見を述べる機会を創出していくことは専門職に限らず、周囲の大人が果たすべき義務である。いかなる場面においても、クライエントである子どもの意思が尊重された支援を心掛けていかなければならない。子どもである以前に一人の人としての尊厳を守ることは社会福祉実践にかかわるすべての従事者に求められる姿勢であり、子どもの年齢、特性、状況等に配慮した形で可能な限りの参画を働きかけていく必要がある。

(5) まとめ

少子化に歯止めがかからないわが国において、虐待や貧困等の社会問題が深刻化するなか、法制度の改正や新たな支援体制並びにサービスの構築等が行われているものの、子ども家庭福祉を取り巻く現状には多くの問題が山積している。これらの状況を改善していくためには、ミクロ・メゾ・マクロレベルで多元的に子ども家庭支援の充実を目指していかなければならない。そのためには、社会福祉実践を行う専門職が当事者である子どもや家庭の声に対して真摯に耳を傾ける姿勢を忘れてはならない。また、専門職であることの権威性については常に敏感であることを心掛けたうえで、当事者に寄り添う伴走型の支援を行うことが求められる。すべての子どもが温かい家庭環境で育まれ、地域で子育て家庭を応援する社会をつくり上げていくことが、現代の子ども家庭福祉における重点的な課題である。

引用文献

[1] 厚生労働省（2020）『令和元年（2019）人口動態統計（確定数）の概況』.
[2] 厚生労働省（2019）『令和元年（2019）人口動態統計月報年計（概数）の概況』.
[3] 厚生労働省（2020）『2019 年国民生活基礎調査の概況』
[4] 厚生労働省（2017）『新しい社会的養育ビジョン　新たな社会的養育の在り方に関する検討会』 https://www.mhlw.go.jp/file/04-Houdouhappyou-11905000-Koyoukintoujidoukateikyoku-Kateifukushika/0000173865.pdf,2020.11.28.
[5] 厚生労働省（2019）『児童虐待防止対策におけるルールの徹底について』 https://www.mhlw.go.jp/content/000517278.pdf.2021.01.28.

参考文献

金子　恵美・佐竹　要平・安部　計彦ほか編『要保護児童対策調整機関専門職研修テキスト　基礎自治体職員向け』明石書店.

厚生労働省（2020）『令和元年度児童相談所での児童虐待相談対応件数＜速報値＞』https://www.mhlw.go.jp/content/000696156.pdf,2020.12.21.

厚生労働省（2017）『子育て世代包括支援センター業務ガイドライン』https://www.mhlw.go.jp/file/06-Seisakujouhou-11900000-Koyoukintoujidoukateikyoku/kosodatesedaigaidorain.pdf.2020.12.18

奥村　賢一（2018）「ネグレクト児童の支援におけるスクールソーシャルワーカーの役割に関する１考察―小学校教員を対象としたアンケート調査から―」『福岡県立大学人間社会学部紀要』26（2）175－189.

庄司　順一・鈴木　力・宮島　清編『社会的養護シリーズ４　子ども家庭支援とソーシャルワーク』福村出版.

学習課題

① わが国における子どもの貧困の実態とひとり親家庭に対する支援の必要性について説明してみよう。

② 児童の権利に関する条約で定める中心的な４つの権利について説明してみよう。

③「新しい社会的養育ビジョン」の実現に向けて定められている９つの工程について説明してみよう。

④ 子ども家庭支援を行う際に支援機関及び支援者が留意すべきポイントを整理してみよう。

コラム 「エール・ミーティング（Yell Meeting）」

児童の権利に関する条約の第 12 条には、子どもの「意見表明権」が保障されています。しかし、子どものことを話し合う場面に本人が同席していないことは非常に多いというのが実態です。

私は今、ある中学校で子ども参加型の応援会議に取り組んでいます。ことの発端は、不登校傾向の生徒や校内適応指導教室に通う生徒に対する支援について、数人の先生方から相談を受けたことがきっかけでした。校内では定期的に話し合いを行っているが、立場や経験等で教職員の考え方が異なり、一枚岩になることができていないという悩みを聞きました。生徒に対する強い思いはひしひしと伝わるものの、「～すべきだと思う」や「～した方が良い」という考えが強く、果たして肝心の生徒の声は届いているのだろうかという素朴な疑問を感じました。

そこで生徒参加型の会議を試行的に提案したところ、学校長はじめ多くの先生方から賛同を得て実施することになり、生徒を応援したいという教職員の思いから会議は「エール・ミーティング」と名付けられました。ミーティングを実施するにあたり、生徒の声に耳を傾けて受容的にかかわることや、指導はせず応援するスタンスで生徒に寄り添うこと等を教職員間で確認をしました。また、生徒がリラックスして参加できるよう、飲み物等を用意するほか、使用する部屋のレイアウトや座席位置なども工夫をしました。ミーティングの冒頭では、生徒自身が話したくないことは話さなくて良いことや、話してくれた内容については秘密を守ることを約束して、1 回 30 分程度の応援会議が始まります。最初は半信半疑で緊張の面持ちだった生徒たちも次第に緊張が解け、ゆっくりと自分の言葉で学校生活に対する思いを口にするようになりました。生徒の考えを尊重し、学校生活が魅力あるものになるよう当面の目標を立て、生徒が取り組むこと、教職員が応援することを決めて実行に移していきます。この取り組みを1年ほど継続して行った結果、ミーティングに参加した多くの生徒に良い変化が見られるようになり、不登校の解消や学習意欲の向上だけでなく、何より生徒自身が学校生活に対する満足感を口にする機会が増えました。学校の教職員も口々に生徒を主体とした支援の大切さや、生徒の潜在する力の大きさを改めて再認識する貴重な機会となりました。これからも子どもの気持ちに寄り添う支援を大切にしていきたいと思います。

7 精神障害者への支援 ～リカバリー志向の支援～

橋本直子

《学習のポイント》 精神障害のある人々が住み慣れた地域社会のなかで、その人らしい生活を送るために様々な制度や支援体制づくりが進められている。その人らしい生活とは、一人ひとりの価値観に基づく唯一無二のライフスタイルや生き方である。ソーシャルワーカーはクライエントとともにその具現化をめざすが、その際に重要となるのがクライエントを回復の主人公とするリカバリーの概念である。本章では、その人の体験と意味づけを重視するリカバリーを理解し、リカバリー志向の支援における支援者の視点や態度について、セルフヘルプグループ立ち上げの事例をとおして学ぶことを目的とする。

《キーワード》 精神障害、リカバリー、回復、セルフヘルプグループ、ピアサポート

---

(1) はじめに－精神障害者への支援と現状

精神障害のある人々が住み慣れた地域社会で、その人らしく生活していく支援が求められて久しい。2004（平成16）年に厚生労働省の「精神保健医療福祉の改革ビジョン」において、「入院治療から地域生活中心へ」の移行が掲げられ、3障害（身体・知的・精神）一元化での体制整備が進み、地域には障害者福祉サービスに基づく相談支援や就労支援の場、グループホームといった居住の場などが一定数つくられてきた。また、地域移行支援（精神科病院や障害者支援施設から地域生活への移

行に向けての支援を行う）や、地域定着支援（居宅の単身生活において常時連絡体制を確保し緊急時には必要な対応をする）といった事業も行われ、当事者自身が自らの体験を活かし活動するピアサポートの活用も進んでいる。さらに、2018（平成29）年には精神障害者が地域の一員として安心して自分らしい暮らしができるよう、医療、障害福祉・介護、社会参加、住まい、地域の助け合い、教育が包括的に確保された「精神障害にも対応した地域包括ケアシステム」の構築をめざすことが、新たな理念として明確にされた（厚生労働省 2018）[1)]。

このように精神障害者が利用できる社会資源やサービスも増え、地域生活をサポートする環境の整備が進められているが、そのなかにあって最も重要なことは、精神障害者が主体的に希望をもって自分の人生を生きることができるということなのである。

そのためにもソーシャルワーカーは、当事者の主体的な回復をめざす「リカバリー」志向の支援を十分に理解しておくことが求められている。

(2) リカバリーとは

1）リカバリーの拡がりと意義

日本では1990年代後半にリカバリーの概念が紹介された。2010年前後から精神科リハビリテーションの新たな目標として理解されるようになり、現在、リカバリーは精神保健福祉関係者において、職種に関係なく共有される言葉となっている。また、精神障害当事者や家族が自らの体験をリカバリーの１つの物語として語ることや、その体験が手記として出版されることも増えている。

リカバリーは「回復」と訳されるが、一般的に回復とは「悪くなったものが元の状態に戻ること、一度失ったものを取り返すこと」ととらえられる。つまり、病気や障害においては「治ること、元に戻ること」として用いられる。しかし、ここでの回復とは、「病気の症状や障害による困難があったとしても、希望を抱きその人にとって意味ある生活や人生を送る」ということを意味する。

日本では、長年、精神障害者は社会防衛の観点から隔離収容、保護の対象とされてきた。第二次世界大戦後、精神障害者の収容施設の中心は国策のもと治療の場である精神科病院へと移されたが、それは社会の周縁(しゅうえん)に精神障害者を位置づけ、さらには人々のもつ精神障害に対する偏見や差別の意識を増長させる結果となった。また、入院の長期化や医療関係者のパターナリズムは、精神障害者の主体性を脅かし、病院という保護的環境下で彼らが本来もっていた力までをも奪ってしまうという状況を生みだしてきたのである。

精神科医のマーク・レーガン[1]は著書「リカバリーの道」で以下のように著している。「精神科医として、私は、重い精神の病気に対処するために一連の仮説を教え込まれてきました。はっきり言うと次のようなものです。『慢性の精神病者は永久的に障害されている。投薬したら、患者を忘れることだ。彼らは弱者であり、ケアを必要としている。仕事を維持することは不可能で、社会のなかで果たせる役割はない。意義のある生活を送る可能性はわずかである。本質的に彼らの予後には希望が持てない』」(レーガン　2005：19)[2)]。

彼によって述べられていることは、それまでの日本の精神科医療においても何ら変わらないものであったといえる。専門職のなかにあった「治らない」「自己決定ができない」「責任がとれない」「保護する必要がある弱者である」といった精神障害者像、社会の差別や偏見、さらには、地域での生活をサポートする福祉的支援環境が整えられていないという状況のなかで、多くの精神障害者は、精神科医療における（医学モデル

[1] レーガンは米国の精神保健福祉サービスの統合的ケアモデルのパイオニアであり、リカバリー・コミュニティとして活躍しているカリフォルニア州の団体「ビレッジ」の設立者の一人である。

の)「患者」の枠組みのなかで、自らの人生を閉ざして生きざるをえなかったのである。

リカバリーは、アメリカで脱施設化運動、そして自立生活運動(IL運動)やセルフヘルプ活動など当事者活動が盛んになってきた時代背景のなかで提言された当事者視点に基づく回復の概念である。

重要なことは、この概念がこれまでの専門職主導の精神保健サービスや制度、そして支援のあり方そのものを変革させるものであるという点である。

2)リカバリーの概念、構成要素とプロセス

リカバリーの概念は、1980年代に米国で精神障害を体験した人たちの手記が発表され、研究者が主観性や精神性に注目するようになったことが契機となって出てきた(野中 2005)[3]。その一人でもあり、自らの体験を語った心理学博士でもあるパトリシア・ディーガン(1988)はリカバリーを「過程であり、生き方であり、構えであり、日々の挑戦の仕方である。それは完全に直線的ではない。ときにわれわれの道はきまぐれで、たじろぎ、後ずさりし、立て直し、そして再出発することもある。…求められることは課題に立ち向かうことであり、障害による困難に対処し、障害による限界の中で、あるいはそれを乗り越えて、新たな価値ある誠実さと目的を再構築することである。願いは、意味ある貢献ができる地域で、生活し、仕事をし、人を愛することである」[4]と表現している。

こうした定義はリカバリーがプロセスでもあり、変化し続ける結果でもあることを表しているといえる。多様な要素が含まれ、また、回復のプロセスも表れ方も一人ひとり個別のものであるため、概念の定義は1つではない。リカバリーとは、客観的な病気の症状や状態で評価される

ものではなく、その人にとっての意味や価値に根ざした自分らしい人生を取り戻すということなのである[2]。

では、打ちのめされるような精神障害の体験からのリカバリーには何が必要なのか。レーガン（2005）は、リカバリーにおける「希望」「エンパワメント」「自己責任」「生活の中の有意義な役割」の４つの段階をあげている[5)]。また、全米のユーザー代表の集まりである「リカバリー勧告団」では、リカバリーを構成する要素として、「自己決定が前提として欠かせない」、「個別的でその人中心のありようである」、「エンパワメントの過程である」、「その人の全体的な現象である」、「経過は非直線的である」、「ストレングス（強み）に注目する」、「仲間の支えが欠かせない」、「尊厳が重要な要素である」、「自分の人生に対する責任をとる」、「希望の存在が最も重要な要素である」の10項目をあげている（野中2005）[6)]。こうした要素を含んだリカバリーは行きつ戻りつ進むものである。その人が選択し、そして、失敗することもまたその人の権利であり、その経験から学びながら自分らしく生きていくという当たり前のプロセスのなかにその人のリカバリーはあるといえる。

３）リカバリー志向の支援に必要なもの

では、リカバリー志向の支援に必要なものとは何か。

精神保健従事者のためのガイドとしてイギリスで出版されている「本人のリカバリーの100の支え方」[7)]には、従来のサービスとリカバリー志向のサービスの違いのポイントがまとめられている（表７−１）。リカバリーするのは本人であり、支援者はその人がリカバリーしていくことをサポートするしかできない。支援者は、表７−１に書かれているような視点や枠組みに立って、本人とともに歩み、ともに学ぼうとすること

---

[2] 近年では、リカバリーを病気からのリカバリーを「クリニカル・リカバリー（Clinical recovery）」、人としてのリカバリーを「パーソナル・リカバリー（Personal recovery）」とわけて考えるようにもなっている。クリニカル・リカバリーは症状や状況の回復として評価できるものである。本テキストでのリカバリーは、パーソナル・リカバリーにあたる。

表 7－1　従来のサービスとリカバリー重視のサービスの違い

従来のサービス　traditional approach	リカバリー重視のサービス　Recovery approach
価値と力関係　Value and power arrangements	
価値とは関係ない（ようにみえる） （Apparently）Value-free	価値中心 Value-centred
サービス従事者側に説明責任あり Professional accountability	本人に責任（本人が主体） Personal responsibility
管理指向　Control oriented	本人による選択　Oriented to choice
サービス・仕組みの方が人よりも力がある Power over people	一人ひとりの力が呼び覚まされる Awakens people's power
基本コンセプト　Basic concepts	
科学的　Scientific	人間主義的　Humanistic
病跡学　Pathography	経歴（おいたち）　Biography
精神病理　psychopathology	苦悩の経験　Distressing experience
診断　Diagnosis	個人的な意味　Personal meaning
治療　Treatment	成長と発見　Growth and discovery
スタッフと患者　Staff and patients	訓練された専門家、経験のある専門家 Experts by training and experts by experience
知識基盤　knowledge bases	
無作為化比較試験 Randomised controlled trials	指針となるようなナラティブ（語り） Guiding narratives
システマティクレビュー Systematic reviews	ロールモデルにより具現化されたもの Modelled on role models
文脈から切り離されている Decontextualised	社会的背景の中にある　Within a social context
実践　working practices	
記述　Description	理解　Understanding
疾患や障害に焦点　Focus on the disorder	人に焦点　Focus on the person
病気に重点　Illness-based	長所・強みに重点　Strengths-based
有害事象を減らすことを基調とする Based on reducing adverse events	希望や夢に基づく Based on hopes and dreams
個人がプログラムに合わせる Individual adapts to the programme	提供者が個人に合わせる Provider adapts to the individual
受け身で従順であることをよしとする Rewards passivity and compliance	エンパワメントを促す Fosters empowerment
ケアコーディネートのエキスパート Expert care co-ordinators	自己管理　Self-management
サービスの目標　Goals of the service	
反疾患的（病気にならないように） Anti-disease	健康へと向かう　Pro-health
制御する　Bringing under control	自己コントロール　Self-control
遵守　Compliance	選択　Choice
普通に戻る　return to normal	変化・変容する　Transformation

出典：Mike Slade 著「本人のリカバリーの 100 の支え方　精神保健従事者のためのガイド」第 2 版．p 9（2017）．http://npsy.umin.jp/pdf/Japanese Version of 100 Ways To Support Recovery.pdf　2021/5/7

が求められている。そのためには、「リカバリーの可能性を信じ」「将来の成果が定かでないことに耐え」「本人のためによりよい結果を出そうとする動機を高く持ち」、そして「希望を喚起する資源を豊富に持っている」(Russinova 1999)[8)]といったことが重要になる。

日本でも、リカバリーを志向した支援は、それぞれの支援者が働く場で様々な形で展開されてきている。また、リカバリー志向のサービスやプログラムとして、包括型地域生活支援プログラム（Assertive Community Treatment：ACT）[3]やリカバリーに基づく疾病管理（Illness Management and Recovery：IMR）[4]、元気回復行動プラン（Wellness Recovery Action Plan：WRAP）[5]、個別的就労支援プログラム（Individual Placement and Support：IPS）[6]、リカバリーカレッジ[7]なども実施されている。

次節では、リカバリーにおいて重要とされる仲間とのつながりに焦点を当て、ピアサポート活動の原点ともいえるセルフヘルプグループを支援した実際について取り上げる。

(3) セルフヘルプグループ活動の支援

1）セルフヘルプグループとリカバリー

セルフヘルプグループ（以下、SHG）は、共通の悩みや課題をもつ

---

[3] 医師、看護師、精神保健福祉士、作業療法士など様々な職種がチームとなり、重い精神障害者のある人を在宅での地域生活を支える。

[4] 精神障害のある人が病気を知って、自分の病気を管理する方法を学べるようパッケージ化された心理社会的介入プログラム。

[5] 精神障害のある人が自分で作る、自分のための行動プラン。毎日元気で生きること、気分が落ち込むような時はいつかといった状況への気づきと高め、自分の対処法を決めておく。メアリー・エレン・コープランド氏ら当事者の人々のグループによって考案された。

[6] 就労の準備ができるできていないなどの判断はせず、本人の好みや長所に注目した求職活動と同伴的な支援をする就労支援モデル。

[7] リカバリーについて講座や対話を通して障害の有無に関係なく参加する誰もが共に創り学ぶ場。イギリスで始まった。

人々が集まり、その課題に対処していくことを目的とするグループで、自助グループや当事者グループと呼ばれることもある。SHG は、仲間との対等な関係性、専門職の支援からの独立、自主的に運営されているといった特徴がある。

ピアとは経験を共有しあえる仲間であり、そのつながりや生きる姿は、何よりも回復の希望をもたらすものである。しかし、個々人のリカバリーを目的とした精神障害者の SHG はまだ地域にそれほど多くないというのが現状である。事例では、精神科クリニックがプログラムとして行っていた機関内グループ（以下、機関 G）から SHG を新たに創り出したメンバーとソーシャルワーカー（精神保健福祉士）とのかかわりのプロセス、そしてグループとメンバーの変化をリカバリーの視点から説明する。

2）機関 G の概要と精神保健福祉士（PSW）のかかわり

筆者は精神科クリニックで統合失調症やそれに関連した病気のある患者のグループミーティングを月 1 回実施していた。このグループは、それぞれのメンバーが仲間のなかで自らの体験や思いを語ることをとおし、自分の病気を受け入れ、回復していくことを目的としていた。

グループ開始後しばらくは PSW が主導となり会を進行していたが、よりメンバー主体のミーティングへと発展させるため、進行をメンバーに託し、PSW はオブザーバーとして参加するようになった。グループは徐々に参加者も増え、生活や就労についての困りごとや人間関係の悩みなどを皆で分かち合い、意見やアドバイスしあう活気ある場となり、メンバーも元気になっていった。しかし、次第にメンバー間で「教える－教わる」という一方向的な関係性や議論に始終するといったことが増え、それにともない病気の体験や思いが語られにくい場になっていた。

PSWはミーティングをSHGで用いられている「言いっぱなし聞きっぱなし」のスタイルに変更することを提案したが、メンバーは意見が言い合え「励ますこと、悩みの相談に乗ることがミーティングの良さだ」と提案を却下し、メンバー同士でルールを再度確認しあい、従来の形でミーティングは継続されることとなった。しかし、その後も、話題の分散化、メンバー同士の葛藤が続き、メンバーも行き詰まりを感じるようになっていた。この様な展開のなかで、メンバーがさらにそれぞれの回復を進めるには、医療の枠を超えて自分の生き方を仲間のなかで創造していくAA[8]のようなSHGの場が必要ではないかというPSWの思いが強くなり、SHG創設に向けて支援をすることにした。

3）SHG創出へのPSWとメンバーのかかわり

SHGの創出過程を3時期にわけてPSWとメンバーとの相互作用を示す。表は、PSWの支援、メンバーの考えと行動、メンバーの本音を時系列に整理したものである。

[8] Alcoholics Anonymous：アルコールをやめたいと願う人々のSHGで、SHGの始まりといわれている。世界中でミーティングが開催されており、「12のステップ」という回復の指針と「12の伝統」という運営の指針が特徴である。

＜SHG 活動決定までの時期＞では、SHG 立ち上げの動機付を高めようと PSW がメンバーに SHG の情報提供を行った。PSW が主導で、メンバーは受け身の状態であった。

SHG 活動決定までの支援とメンバーの状況

PSW の支援	機関 G で情報提供を行う。地域で活動している当事者団体や「べてるの家」の活動の紹介、SHG や AA についてのレクチャーなどを PSW や医師が実施する。 ＜意図＞ SHG の魅力と重要性をメンバーに伝え、動機を高めようとした。	・PSW がモデルと考えた SHG への調査訪問にメンバーを誘う。 ・訪問調査で共に一週間行動。 ・後はどうするかメンバーに任す。 ＜意図＞ 「百聞は一見に如かず」で、SHG 立ち上げのきっかけになれば。
	⇩	⇩　⇧
メンバーの考えと行動	・SHG の必要性は感じられない。 ・自分たちだけで運営する必要がある SHG には大きな不安を感じていた。	・2 名のメンバーが誘いを受け SHG を訪問した。 ・SHG の立ち上げを決意し、機関 G の他のメンバーに協力を求めた。
メンバーの本音	・「病気で苦労しているのにこれ以上自分たちが苦労を追わされるのは困る」「機関 G がクリニックにとって邪魔になったので追い出すための体のいい理由なのではないか」とメンバー間では話されていた。 ・「SHG が創られることは先生や PSW の夢やからねぇ・・」と支援者側に気を遣い、レクチャーにつきあった。	・SHG 訪問への誘いは、観光気分で SHG 云々というよりは物見遊山で話の種になるかなぁという感覚であった。 ・実際に参加した SHG で自分たちの機関 G との「深さのちがい」に衝撃を受ける。

＊PSW がモデルと考えた SHG は北海道の浦川「べてるの家」で始まったＳ　Ａ（スキゾフレニックス・アノニマス）である。SA は AA をモデルとしてつくられた。

＜SHG活動準備期＞では、メンバーが主体的に行動しだし、PSWがそれに応える形で準備が進んだ。PSWが考えるSHGの形態や運営のあり方は提案するが、どのようにするかはメンバーが１つ１つ話し合い、自分たちで決めていった。

SHG活動準備期の支援とメンバーの状況

PSW	依頼を受け、「運営ミーティング」の実施とそこにPSWがサポーターとして参加することを提案した。 ＜意図＞ 主体はメンバーであることの線引きと、SHGの場をつくるまでのサポートは必要。	機関内で行われていたAAのメッセージへの参加を提案した。 ＜意図＞ メンバーに「言いっぱなし聞きっぱなし」のミーティングを体験してもらい、イメージを持ってもらう。	「いずれはクリニックを出ての活動を」と伝え、クリニックの一室を会場として、また事務局住所（問合わせ連絡先）として貸す。 ＜意図＞ SHGの性質上、特定の医療機関が関与する是非を考えたが、グループの立ち上げには必要な支援と判断した。
メンバー	・PSWにSHG立ち上げの協力依頼をする。 ・メンバー各々ができることで役割を分担し、ミーティングの開始準備を進めた。	AAのメッセージに参加した。	事務局住所・問合せ先・会場としてクリニックを借りられるよう機関に願い出る。
メンバーの本音			

＜SHG開始～活動促進期＞では、メンバーは自立し、PSWは活動を見守る状態になった。グループが安定した頃を見計らい、PSWはメンバーにSHGの継続発展につながると考えられるイベントの開催を提案したが、それを受けたメンバーはすべてを仕切ってイベントをやり遂げた。

SHG 開始（ミーティング開始）～活動促進期の支援とメンバーの状況

PSW	「運営ミーティング」に参加し、SA のリカバリーの考え方や情報、「体験を語り聞くこと」の重要性を伝えることに徹した。 ＜意図＞ メンバーによる話し合いですべてが決定されるようできるだけ意見は控える。 ⇩	ミーティング開始1年半後にオープンスピーカーズ・ミーティング（OSM）の開催を提案をした。 ＜意図＞ 活動を地域に知ってもらい、仲間が増えれば。 ⇩　⇧	AA の OSM への参加を提案し、メンバーとともに参加した。 ＜意図＞ メンバーがOSMの具体的なイメージをもてるように。 ⇩　⇧	OSM 当日、メンバーより依頼された受付係を担当した。 ＜意図＞ メンバーの人員からすると助っ人が必要と判断。 ⇧　⇩
メンバー	・ミーティングにPSW がいないことへの不安を反映し参加ルールに関する細かい要望が多く出た。 ・実際ミーティングを重ねると、最終的には「参加メンバーを信頼している、PSWなしでも問題ない」との発言がでた。 ・ミーティングが問題なくやっていけそうだとメンバーが判断し、開始半年で運営ミーティングの終了を決めた。	・提案を受け、OSM実行委員会を立ち上げた。 ・PSW に実行委員会への参加依頼をした。	地域で開催された AA の OSM に PSW とともに参加する。	・「しあわせになろう、みんなと。」をテーマに掲げOSM を開催した。 ・会場、宣伝活動などすべての段取り、準備、当日の運営を行い、当事者・家族・関係者が多数参加する催しをやり遂げた。
メンバーの本音		・「またしんどくさいこと言い出したぞ」と思った。 ・「PSW の提案やからむげにもできんしなぁ」という思いだった。		終わった後に、「自信になった」「やってよかった」と感じられた。

＊OSM（オープンスピーカーズミーティング）――メンバーが、飲酒にまつる経験、どのようにしてAAにきたのか、そしてどのように自分の人生が変わったのかなどの体験をスピーチする場。当事者以外も参加して話を聞ける。

4）メンバーの変化と PSW の姿勢

イベント開催後に、参加メンバーに行ったインタビューから得られたメンバーの変化は以下のようなものであった。

・PSW が存在する機関 G では、自分たちは「お客さん感覚」であったが、SHG では問題が起こるとそれぞれが自分の問題として受けとめる必要が出てきたので、「各々が自分のこと（発言も含め）にちゃんと責任を持っている」という根本的な姿勢になった。

・機関 G では、近況報告や仕事の話が中心の座談会・親睦会的なものとなっていたが、SHG に変わって、病気についての自分の深い内面的な話ができるようになった。まだ十分でないかもしれないが、自分の病気や障害を認めるようになって自分のこころが整ってきた。

・仲間の話をじっくり聞くことで、一人ひとりの生き方が機関 G の時よりも見えてきて、自分が謙虚にもなれる。みんなそれぞれ自分で自分の人生を生きていく、問題解決してやっていく力があるということに気づいた。

・メンバー一人ひとりがグループのよりよいあり方を求め、グループとしてこれから何が必要か、自分が何ができるのかを考えている。全体として、自分とグループがよりよい方向に変化していくことへの期待がある。

メンバーは SHG に「われわれ」のグループという意識と姿勢を明確にもち、それぞれの立場で責任をもつ個人としてグループにコミットするようになっていた。そして、ミーティングでは、各々が自分を語り他者の語りに耳を傾けることで、自己理解を深めるとともに、仲間も自分の人生を生きている一人の人として尊重しあい、エンパワメントされていった。

医療機関での専門職―患者関係は構造的には非対称性である。そのため、常に権力関係の生じる可能性があり、また、同時に依存関係も生まれやすい。事例ではPSWが何をどこまでサポートするかに自覚的であること、つまり手を放すことが、SHGとメンバー自身の主体性と自立につながった。一方で、PSWがメンバーに伝え続けた「SHGの場」や「体験を語り聞くこと」がリカバリーに重要であるという知識は、SHGの活動やミーティングの体験を重ねていくことで、メンバーには実感として理解されていった。メンバーの本音からは、メンバーがPSWや医師の思いを汲みとり、SHGの立ち上げやOSMの開催を決めたことが窺(うかが)えたが、これは支援関係を越えた「人と人としてのつながり」の関係が支援者とメンバー間にあったともいえる。

「SHGができることがメンバーのリカバリーにつながる」とPSWが信じ、専門職主導で始まったSHGの立ち上げであったが、それぞれのメンバーがもつ力や仲間の力を信じてかかわり続けたことがメンバーをエンパワメントし、結果として彼らが主体的に自らの回復の場であるSHGを立ち上げることにつながったのかもしれない。

その後、SHGはクリニックから地域の公民館に場所を移し活動を続けている。

(4) まとめ

本章では、精神保健福祉領域の実践において必要とされる、リカバリーについてその概念や支援のあり方について説明した。医学モデル偏重であった精神障害者支援は、今や地域のなかで当たり前にその人が望むその人らしい生活を送ることをサポートする包括的な支援へと発展し展開されている。リカバリーは、病気そのもの以上からの回復である。ソーシャルワーカーは、その人の体験の意味や価値観が重視され、その人が自分の人生を責任をもって生きるということ（選択する、自己決定する、失敗する）ができる環境を整え、その人のリカバリーを信じて支援していくことが求められる。

引用文献

[1] 厚生労働省「精神障害者の地域包括ケアシステムについて」https://www.mhlw.go.jp/stf/seisakunitsuite/bunya/chiikihoukatsu.html　2020/12/20

[2] マーク・レーガン，前田　ケイ監訳（2005)『ビレッジから学ぶ　リカバリーへの道』金剛出版.

[3] 野中　猛（2005)「リカバリー概念の意義」『精神医学』47(9)、952－961.

[4] Deegan, P. E. (1988) Recovery：The lived experience of rehabilitation. Psychosocial Rehabilitation Journal, 11(4), 15.

[5] マーク・レーガン，前田　ケイ監訳（2002）　前掲書.

[6] 野中　猛（2005）前掲書.

[7] Slade M. (2013) 100 ways to support recovery：A guide for mental health professionals. Rethink.（本人のリカバリーの100の支え方　精神保健従事者のためのガイド　第２版）plaza.umin.ac.jp/heart/archives/100 ways.shtml.2021.5.3.

[8] Russinova Z (1999) Providers 'Hope-Inspiring Competence as a factor optimizing psychiatric rehabilitation outcomes. Journal of Rehabilitation 16(4), 50－57.

参考文献

カタナ・ブラウン編，坂本　明子監訳（2012）『リカバリー　希望をもたらすエンパワーメントモデル』金剛出版.
マーク・レーガン，前田　ケイ監訳（2005）『ビレッジから学ぶ　リカバリーへの道』金剛出版.
久保　紘章・石川　到覚編（1998）『セルフヘルプグループの理論と展開』中央法規
チャールズ・A・ラップ&リチャード・J・ゴスチャ，田中　英樹監訳（2014）『ストレングスモデル　精神障害者のためのケースマネージメント　第3版』金剛出版.

学習課題

① リカバリーとは何か自分の言葉で説明してみよう。
② リカバリーを促進する要因と阻害する要因について整理してみよう。
③ リカバリー志向の支援において支援者に求められる視点や態度を考えてみよう。
④ セルフヘルプグループの特徴や機能について調べてみよう。
⑤ 自分の地域にある精神保健福祉分野のピアサポート活動を調べてみよう。

コラム 「フットサルとリカバリー」

近年、ソーシャルフットボールと称して全国各地で精神障害者のフットサル活動が盛んに行われています。筆者も地域でこの活動にサポーターとして参加し、一緒にフットサルをしていましたが、そこでスポーツをとおしたメンバーのリカバリーを目の当たりにしました。

一緒にボールを蹴っていても伝わってきた、彼らのフットサルをしたい、うまくなりたい、試合で勝ちたい、そして楽しい！という思いは、彼らを変えていきました。フットサルをするためには、自分のコンディションを整えなければならず、試合に勝つには仲間とのコミュニケーションが欠かせません。生活リズムを整え、服薬も自己管理の１つと理解する、プレイ中は仲間と声をかけあい、しんどい時には励まし合い、戦略を考えるときは意見を主張し合う。メンバー一人ひとりがみるみる変化していきました。以前は、勝敗を競ったり体力のいるスポーツは本人への負荷が高く、精神症状を悪化させるリスクがあるとして敬遠され、スポーツはあくまでレクリエーションの一環として実施されることがほとんどでした。しかし、勝ち負けにこだわる競技志向においてこそ、チャレンジと成長の機会があったのです。フットサルで一歩を踏み出した多くのメンバーは、進学や就労へと自分の新たな目標に向かいチャレンジを始めていきました。

リカバリーの道は人それぞれですが、スポーツは本人にとっても、周囲にとっても「一人の人である」という当たり前のことが目に見えやすいものかもしれません。現在、ソーシャルフットボールは全国大会や世界大会も開催され、活動するメンバーの夢を広げています。

サッカー好きの筆者としては、ゲーム形式の練習で支援者も当事者もなくゴールを目指して一緒にボールを追いかけることが、ただただ純粋に楽しいものでした。

8 病気を抱えた人への支援 ～「患者の最善の利益」に向けた意思決定支援～

横山登志子

《学習のポイント》 病気やそれによる障害をもった人への社会福祉実践の現状と課題を理解し、具体例を用いて社会福祉実践の展開を理解する。最初に医療政策の動向を理解したうえで、医療ソーシャルワーカーに求められる役割を検討する。そして、医療ソーシャルワーカーの任務や業務についてみたうえで、近年増加傾向にある複合的な困難を抱える単身高齢者の事例を取り上げて支援を考える。
《キーワード》 医療、利用者の最善の利益、医療ソーシャルワーカー、意思決定支援

---

(1) 近年の医療政策の動向

1) 疾病（しっぺい）構造及び「健康」概念の変化

病気を抱えた人への社会福祉実践は、社会福祉士等の医療ソーシャルワーカーが大きな役割を担っており、医療機関や保健・福祉機関に雇用されてソーシャルワークを行っている[1]。そして、その医療機関の実践枠組みは我が国の疾病構造や「健康」概念の変化、それにともなう保健医療サービスのあり方に大きな影響を受けている。

したがって、最初にわが国の疾病構造及び「健康」概念の変化から医療の動向をとらえていく。疾病構造とは、人々の罹患（りかん）した病気や受けた医療、死亡理由などの統計資料から国民全体の疾病状況やその変化のことである。また、「健康」概念の変化とは、病気がない状態を「健康」

---

[1] 精神科や神経科の医療機関に雇用されるソーシャルワーカーをメンタルヘルス・ソーシャルワーカー（国家資格は精神保健福祉士）といい、精神科以外の一般科のソーシャルワーカーを医療ソーシャルワーカー（国家資格は社会福祉士）という区別を用いることがある。

と理解するのではなく、世界保健機関（WHO）によると「肉体的、精神的及び社会的に完全に良好な状態であり、単に疾病又は病弱の存在しないことではない」[2]という理解のうえで「健康」をとらえていくもので、近年はこのような生の質が重視されている。

田中千枝子（2017：33－35）は、第二次世界大戦後から現在までを3つの相に区分して疾病構造や「健康」概念を説明し、そこでの医療ソーシャルワーカーの役割を述べている[1)]。ここでは、この時代区分を参照しつつ説明を加えていく。

第1相は、第二次世界大戦後の「感染症」(結核など）が主要テーマとなった時代で、公衆衛生施策がそれに対応し、地域の開業医が中心的にサービスを提供した。病院には主に長期療養者が入院しており、医療ソーシャルワーカーは一部の医療機関において療養上の問題解決のために心理社会的な視点から個別支援を行った。関与するシステムレベルは、主にミクロ（個人・家族・関係者）であった。

第2相は、「慢性疾患」が主要テーマになった時代である。昭和30年代に入って感染症の治療法が確立していくなかで、増加した脳血管障害や精神疾患などの慢性疾患やそれに由来する障害に対応した。医療保険制度が整備されるとともに病院が増加し、病院中心の医療が展開されていった。診療科ごとに専門分化し、多様な医療関連職によるチーム医療が重視された時代である。また、退院後の生活を支えるためのサービスや支援、関係機関との連携が行われるようになり、医療ソーシャルワーカーは利用者主体の観点からチームのコーディネーターとしての役割を担っていった。関与するシステムレベルはミクロを中心に、メゾ（院内でのチーム医療、関係機関との連携）へと拡大した。

第3相は、「老人退行性疾患」が主要なテーマの時代である。高齢化

[2] WHO憲章。1946（昭和21）年7月にニューヨークで作成され、1948（昭和23）年4月7日に効力が発生し、わが国では1951（昭和26）年6月26日に条約第1号として公布された。詳細は『平成26年度　厚生労働白書』第1部「健康長寿社会の実現に向けて～健康・予防元年～」＜2020年11月30日アクセス＞https://www.mhlw.go.jp/wp/hakusyo/kousei/14/dl/1-00.pdf

が進み、生活習慣病や老化にともなう疾患が増え、治療のみならず介護や福祉のサービスが並行して必要になり「メディカルケア」から「ヘルスケア」へと医療概念が拡大した。医療機関は、高度急性期・急性期・回復期・慢性期という機能によって病床を分化する「病床・医療の機能分化」[3]の政策が進められた。また地域では、「健康増進や予防、治療、リハビリテーション、生活、介護、看取りまでをも含む包括的な形で」(田中千枝子 2017：35)[2)]支援が行われる「地域包括ケア」[4]が進められた。対応するシステムは、医療と福祉を統合した独立システムで、医療ソーシャルワーカーが関与するシステムレベルは、ミクロを基本にメゾ(チーム医療、地域における面としてのネットワーク)の重要性が増している。さらには、ミクロやメゾの問題・課題から、マクロ(制度や規範・意識)のレベルに向けた社会資源開発やソーシャル・アクションなどの必要性も指摘されている。

このように、疾病構造が変化し、それにともなって医療ソーシャルワーカーの業務・活動範囲も変化してきた。

2) 医療・介護の総合的な対策

わが国では他国に例をみない速度で少子高齢化が進み、高齢者の医療ニーズが高まっていることに加え、医療技術の進歩による高度な治療・薬剤の高額化などの理由から、国民医療費が増大している。他方で、介

[3] 効率的かつ質の高い医療提供体制をつくるため1990年代以降、医療法や診療報酬制度の改正において進められてきた、病床機能の分化あるいは医療機能の分化のこと。近年では地域包括ケアを支える在宅医療としてかかりつけ医や地域の連携病院も制度化されている。

[4] 2005(平成17)年の介護保険法改正で「地域包括ケアシステム」の用語が登場し、地域での介護・医療に関する体制づくりの必要性が指摘され、2011(平成23)年の同法改正で各自治体が地域包括ケアシステム推進の義務を担うと明記され、以後、法改正をともない推進されている。地域包括ケアとは、介護が必要な状態になっても住み慣れた地域で自分らしいLife(生活・人生)を送ることができるように、おおむね30分以内に必要なサービスが提供される日常生活圏域(中学校区)を単位とした、住まい・医療・介護・予防・生活支援が一体的に提供されるシステムのことである。

護においても要介護高齢者の増加や介護期間の長期化、高齢者世帯や単独世帯の増加によって介護ニーズが増大している。

このような背景から政府は持続可能で質の高い医療・介護を実現するために様々な医療・介護の政策を展開してきた。2014（平成26）年には、医療介護総合確保推進法が公布・施行され、団塊世代（だんかいせだい）が後期高齢者となる2025（令和7）年に向けて医療・介護の総合的な確保に関連する法律改正が行われた。

医療介護総合確保推進法とは、地域における医療及び介護の総合的な確保を推進するため、①効率的かつ質の高い医療提供体制を構築するとともに、②地域包括ケアシステムを構築する、という２点をもって医療法、介護保険法等の関係法律の整備を行うことを目的としている。

このような医療・介護の政策動向に基づく現状には、まだ多くの課題がみられている。例えば、地域による資源・体制の偏りや、医療・介護サービスの未整備、関係機関のネットワーク化などである。

これらの医療・介護の政策動向を背景に、医療ソーシャルワーカーに求められていることは、自らが所属する医療機関の機能に応じた患者・家族支援の質を上げていくことや、地域包括ケアを前提とした医療・介護関係者とのネットワーク化や権利擁護に向けた活動である。

これに加えて、ソーシャルワークの価値である人権と社会正義の観点から、いかにクライエント主体の支援を展開できるかが重要な課題であることは変わらない。

ここからは、述べてきた医療政策の動向が患者・家族にどのような影響を与えるのかをみていくことにする。

３）医療・介護の政策動向と患者・家族の経験

一人ひとりの患者・家族にとって前述の医療政策動向はどのような経

験をもたらすのだろうか。もちろん、持続可能な医療・介護の提供体制のもと、質の高いサービスを受けられることは患者からしてもメリットといえる。しかし、以下の問題も指摘できる。

1つ目は、治療や介護の必要性に応じて療養・生活の場が次々と移っていくことに由来する問題である。例えば、脳血管疾患を発症した高齢者が、救急搬送された病院で急性期治療を受けたあと早々に退院・転院の調整がなされ、リハビリテーション目的で回復期の専門病院に転院し、さらには数か月後、家族の介護のもと自宅に戻るか施設への入所を検討するかの選択を迫られるという経過の事例はめずらしくない。適切で高度な支援を受けることは本人にとって良いことだが、療養や生活の場が移ることによる否定的な影響にも着目する必要がある。

このように、療養・生活の場が移ることによって人に否定的な影響が生じることを「リロケーションダメージ」といい、全人的なダメージを与えることがわかっている。特に、高齢者はその影響が大きい。ダメージの内容は、身体的側面、精神的側面、社会的側面にわたっており相互に関連する（赤星成子・田場由紀・山口初代・砂川ゆかり 2018：52）[3)]。

2つ目は、多様な治療方法や医療機関情報、各種の介護サービスの内容や介護事業所等の情報など、様々な知識・情報をふまえた意思決定が患者・家族にとって容易ではないことである。病気が発症して大変な状況のなかで、医療や介護等について何が最善の選択なのかを次々と迫られることになる。インターネット上の各種情報サイト等は充実しているが、患者や家族が自身の状況にてらし合わせて理解し、判断するためには個別支援が必要となることが多い。

3つ目は、身寄りのない患者や、複合的な困難を抱える患者にとって上記した「リロケーションダメージ」と「複雑な制度のなかでの意思決定の難しさ」はよりいっそう困難さを増すことである。権利侵害の懸念も生じうる。

これらの問題は、医療や介護に携わる関係者の個々の対応にかかわる課題でもあるが、それ以上に問題を見越した体制づくりが重要となる。例えば、各関係機関における丁寧な「説明と同意」の実施体制や患者・家族の相談体制の整備、また、地域の医療・介護のシステム全体としてのネットワークの質の向上、医療と介護の相互乗り入れによる切れ目のない支援体制づくり、権利擁護のための活動である。

医療ソーシャルワーカーは、チーム医療や地域ネットワークの一員として、上記の問題・課題に対して所属組織や地域において存在意義を発揮することが求められている。

以下では、医療ソーシャルワーカーの役割や存在意義、業務について概観したうえで、実践事例「単身高齢患者の意思決定支援」について検討する。

(2) 医療ソーシャルワーカーの役割・存在意義・業務

1）医療ソーシャルワーカーとは

医療機関で患者の福祉支援を行う職員が最初に採用されたのは1895（明治28）年で、イギリスのロイヤル・フリー・ホスピタル（王立施療病院）に慈善組織協会[5]の職員であったメアリー・スチュアート（M. Stewart）が活動を始めたことにある。また、アメリカでは医療改革で知られる医師のキャボット（R.C.Cabot）が、1905（明治38）年にマサチューセッツ総合病院で最初の医療ソーシャルワーカーを雇用した（堀越由紀子 2009：93）[4)]。

このような動向はわが国にも影響を与え、1919（大正8）年に三井財閥が東京の泉橋慈善病院に「病人相談所」を設置して相談員を置いたほ

[5] 慈善組織協会（Charity Organization Society）はイギリスの産業革命を背景に噴出した貧困や失業、犯罪や非行、劣悪な生活状況による病気などの社会問題を改善するために乱立した慈善活動の組織化、スクリーニング、友愛訪問等を行う組織で1869年にロンドンで設立され各地に拡大した活動のこと。

か、1926（大正 15）年には医師の生江孝之が済生会病院創立時に相談員を配置し、1929（昭和 4）年には聖路加病院にアメリカで医療ソーシャルワークを学んだ浅賀ふさが着任した。また、第二次世界大戦後にはGHQ（連合軍最高司令官総司令部）のもと 1947（昭和 22）年に保健所に医療社会事業員を置くこととなり、1958（昭和 33）年に「保健所における医療社会事業の業務指針」が策定された（pp. 94）[5]。この業務指針は 1989（平成元）年に「医療ソーシャルワーカー業務指針」となり、2002（平成 14）年に改定されて現在に至っている。

医療ソーシャルワーカーの基礎的な国家資格は、社会福祉学を学問基盤とする社会福祉士（1987 年国家資格化）及び精神保健福祉士（1997 年国家資格化）であり、少子高齢化や自立支援等にともなって必要とされる相談援助のマンパワー確保として国家資格化された。

これらの経過を経て、病院を中心に医療ソーシャルワーカーが認知されて雇用されるようになり、前述の疾病構造の変化にともなってさらに拡大していった。

現在の医療ソーシャルワーカーが置かれている状況について、堀越由紀子（2009：94）は「社会福祉士・精神保健福祉士の患者へのサービス提供が診療報酬として算定されるようになり、特に退院支援に関与した際の診療報酬加算や地域連携の促進に対する評価など、地域包括ケアを推進する政策に合致する方向で病院ソーシャルワーカーの配置が進んでいる」とする一方で、「病院機能ごとに特化され、集約的、限定的となり、任務と業務の乖離によるジレンマが増大している」と述べている[6]。

病床・医療の機能分化によって生じる早期の退院・転院支援や、地域包括ケアシステムの構築のための連絡調整など、制度が求める業務に対して、医療ソーシャルワーカーがジレンマを感じる任務とは何なのだろうか。

前述の「医療ソーシャルワーカー業務指針」では、医療ソーシャルワーカーは「病院等の保健医療の場において、社会福祉の立場から患者の抱える経済的、心理的・社会的問題の解決、調整を援助し、社会復帰の促進を図る」(下線は筆者）と書かれている[7]。また、ソーシャルワーカーの倫理綱領には、人間の尊厳、人権、社会正義、集団的責任、多様性の尊重、全人的存在の観点から、クライエントに対する倫理責任として「クライエントの利益の最優先」をあげている[8]。つまり、医療ソーシャルワーカーの任務とは、社会福祉の立場から「クライエントの利益の最優先」(利用者の最善の利益）を最も重視してクライエントとまわりの人にかかわることだといえる。

上記のジレンマはこの立脚点からの業務上の葛藤（かっとう）とみることができる。

２）医療ソーシャルワーカーの業務

医療ソーシャルワーカーの業務範囲は、厚生労働省健康局長通知「医療ソーシャルワーカー業務指針」によると、６つに分類されている[9]。①療養中の心理的・社会的問題の解決、調整援助、②退院援助、③社会復帰援助、④受診・受療援助、⑤経済的問題の解決、調整援助、⑥地域活動である。

業務の方法等について同指針では、①個別援助に係る業務の具体的展開、②患者の主体性の尊重、③プライバシーの保護、④他の保健医療スタッフ及び地域の関係機関との連携、⑤受診・受療援助と医師の指示、⑥問題の予測と計画的対応、⑦記録の作成等について留意点や進め方が記載されている。また、これとは別に医療ソーシャルワークが機能するための環境整備についても記載がある。

このように、治療やリハビリ、療養が必要な人や家族に対して、生活状況を把握したうえで患者・家族の意思を最大限反映できるようにチーム医療の一員として調整を行ったり、治療後の生活を支える社会資源（制度・サービス、関係者、機関など）の紹介や利用支援、そして地域での患者・家族の生活支援を行うのが医療ソーシャルワーカーの主な支援内容である。そして、支援を支える価値は「クライエント主体」及び「クライエントの最善の利益」を追求する視点である。

3）任務と業務のジレンマ

ここまでみてきたことから、前述した「任務と業務の乖離（かいり）によるジレンマ」についてあらためて考えてみると、このジレンマとは診療報酬制度等に影響を受けて実施される退院支援や転院調整などに追われる業務のなかで、様々な問題・課題を抱える患者や家族に対して「クライエント主体」及び「クライエントの最善の利益」に向けた支援が十分にできているのか、という葛藤だと理解できる。

次は、そのような支援事例[6]を取り上げて医療ソーシャルワーカーの支援について考えていこう。

(3) 支援事例の検討－単身高齢患者の意思決定支援

1）事例の概要

患者は78歳女性で公営住宅の2階で一人暮らしをしていた方である。新聞が何日も取り込まれていないことに気づいた近所の友人が管理事務所に連絡し、管理事務所の担当者が警察と一緒に部屋を確認したところ、意識がもうろうとして倒れている本人を確認し、すぐに救急搬送されて病院に入院となった。

検査結果は脳梗塞であり、左半身まひ、明確な発語は困難な状況であ

[6] 本事例は、実際の複数の支援事例を加工して作成した事例である。

る。理解力もかなり低下しており複雑な状況理解には限界がある。投薬治療が終了したあと回復期リハビリテーション病棟に転棟し、ベッドから車いすへの移乗や立ち上がり動作、杖歩行にむけたリハビリを行っている。

この女性は単身で、配偶者とはずいぶん前に死別しており子どもはいない。住宅の管理事務所をとおして姉に連絡がついたが、姉も高齢で持病があり支援は難しい状況で、そのほかの親族支援は得られない。また、近所の友人は心配しているものの親族ではないためできることが限られている。姉や友人によると、生活費は老齢年金で賄われてきたが十分ではなく、体調が悪くても金銭的な理由で受診を控えていたとのことで、入院医療費については支払いが難しいのではないかということであった。

そのため、入院直後から医療ソーシャルワーカーが支援を開始している。まず、本人と姉の同意を得て医事課職員と自宅訪問し、保険証等の重要書類や貴重品、最低限必要な生活物品を取りに行った。そして、生活保護申請（医療扶助）を進めた。また、訪問の際に自宅までの階段が急なことや、杖歩行になっても屋内の段差や入浴等の問題があることから自宅退院が難しいことが想定された。

2）支援のポイント

医療ソーシャルワーカーは、この方の療養上の問題として医療費などの経済的問題の解決にむけて、本人にわかりやすく口頭説明し同意を得る働きかけから始め、姉や関係者と連携を取りながら制度利用を進めていった。そして、カンファレンスで治療やリハビリの経過を定期的に情報共有し（主治医・看護師・リハビリスタッフら）、本人との接触を増やして援助関係をつくっていった。

当初から懸念された退院後の生活については、リハビリ経過をふまえて各スタッフから自宅退院は難しいことが指摘され、療養病床への転院あるいは施設入所等が想定された。

問題は、本人の意思決定能力が脳梗塞の後遺症のためかなり低下していることから、金銭管理や財産管理、退院後の生活についての相談や意思確認が困難で、わかりやすく説明してもほとんど反応がないことである。また、キーパーソンとなる姉は治療やリハビリの同意等については協力が得られたものの、実質的な支援が困難で退院後の生活については病院にまかせたいとの意向であった。

つまり、退院後の生活について本人の意思決定能力が乏しく「クライエントの最善の利益」を判断することが容易ではないことにどう対処するかが検討課題であった。加えて、この病棟は回復期リハビリテーション病棟[7]のため診療報酬上一定の入院期間設定があり、この方の退院期限が迫っていた。

3）退院後をみすえた支援展開

当初から支援ニーズの高い事例だと理解していた医療ソーシャルワーカーは、医療やリハビリの方針については姉の同意を得ること、金銭管理は医療ソーシャルワーカー部門が医事課と連携して複数体制で行うこと、入院中の私物管理は病棟看護師が担うなどの確認作業を行った。また、退院後の生活場所についてはいくつかの選択肢を、本人に写真や図などを示しながらシンプルな言葉で説明して確認を行うことに加え、姉や生活保護担当者、院内スタッフ間でも話し合うこととした[8]。また、

---

[7] 回復期リハビリテーション病棟とは、病気やけがの発症早期から日常生活動作の向上と社会復帰を目的とした集中的なリハビリを行う病棟である。

[8] ソーシャルワーカーの倫理綱領では、クライエントの意思決定への対応として、「ソーシャルワーカーは、意思決定が困難なクライエントに対して、常に最善の方法を用いて利益と権利を擁護する」と記載されている。

日常的に付き合いがあり面会に来ている友人にも意見をもらうこととした。

最終的には、自宅を引き払うまで入院期間を少し延長してリハビリを続け、そのあとは本人が暮らす地域の老人保健施設へ入所してリハビリを継続し、特別養護老人ホームの入所を待つこととなった。

医療ソーシャルワーカーのジレンマは、可能なかぎり本人に接触して意思確認をする努力を行い、それを補佐する体制として関係者の共同意思決定を導いたとはいえ、「クライエント主体」及び「クライエントの最善の利益」を判断できたのか、常に考えさせられた点である。加えて、実質的に身元保証機能がないということで転院・施設入所の調整がうまく進まない現状にも直面し、「身元保証なし」の患者の権利侵害につながっていることに直面したことであった。

４）身寄りがない方への支援

上記の事例のように身寄りがない方あるいは実質的にその状態にある方は少なくない。今後、少子高齢化、未婚率上昇、世帯の縮小、単身世帯の増加、家族機能の縮小や地域の関係性の希薄化などが加速すると、そのような状況にある方は増えていくものと想定される。

また、保証人不在で身元保証が得られないために入院・入所拒否となることもあり、病気や障害を抱える人の療養生活を一層きびしいものにしている。

このような社会的排除や権利侵害につながりかねない社会問題に対して、日本医療社会福祉協会では『身元保証がない方の入退院支援ガイドブック』(2018年)(以下、ガイドブックとする）を作成し、啓発活動を行うと同時に支援の方向性を示唆している[10)]。

ガイドブックでは、身元保証として病院等が保証人に求める役割として以下の6点をあげている。①医的侵襲（しんしゅう）行為への同意、②入院・入所費用の未集金に対する責任、③身の回り支援（日用品購入など）、④転院・転所先の確保、⑤葬儀や遺留金品処理、埋葬といった死後対応、⑥緊急連絡先である[11)]。そして、「身元保証がない人でも安心して入退院できる社会」のために、行政レベル・職能団体レベル・病院レベルの先進的な支援実践を紹介しており、それをふまえて支援の方向性を3点述べている。

1つ目は、「身元保証は本当に必要なのか」を実質的に検討するという点であり、保証人がいるかどうかで結論を出すよりも、なぜ保証人が必要か、いない場合にはどう組織として対応するかを検討する重要性である。2つ目は、「自らそして地域に問い、社会的支援につなげよう」という点で、医療ソーシャルワーカーが関与することで解決できる部分もあることから、院内での働きかけや市町村、社会福祉協議会等と連携して支援体制をつくっていく方向性である。3つ目は、「後見制度等の法律・社会制度の改革を進め支えて、不利益を被る人をなくそう」である。現在、地域包括ケアの推進のために成年後見制度利用促進基本計画[9]が進行中で、制度・運営の改善や権利擁護支援の地域連携ネットワークづくり、不正防止の徹底と利用しやすさの調和が目指されており、医療ソーシャルワーカーも積極的に関与することが求められている。

(4) 医療ソーシャルワーカーに求められていること

ソーシャルワークは、グローバル定義にあるように、社会正義、人権、集団的責任、及び多様性尊重の諸原理から、問題や課題を抱えた個人や家族、集団を支援すると同時に、社会的包摂に基づく組織、地域、社会をつくるためのアクションを行う。

---

[9] 2016（平成28）年4月15日に公布され同年5月13日に施行。本法律は、基本理念を定めて国の責務等を明らかにし、基本方針のもと成年後見制度の利用促進に関する施策を総合的かつ計画的に推進していくものである。2017（平成29）年3月24日に成年後見制度利用促進基本計画が閣議決定され、2018（平成30）年4月より厚生労働省が成年後見制度利用促進室を設置し推進している。

事例でみてきたように、複合的困難を抱えて権利侵害されやすい人への支援では、本人や家族・友人、関係者や医療スタッフと協議しながら、「クライエントの最善の利益」を模索し支援を進めている。しかしそれだけにとどまらず、同じ状況にある入院患者に組織的に対応できるよう、権利侵害が生じないための院内ルールを文書作成し、各部署と共有するなど組織レベルのアクションを行うことも重要である。さらには、地域の関係機関との協議の場において、身寄りのない方の支援事例の経験を共有し、学習会や支援ガイドラインを作成する動きの一端を担うなど、地域レベルでのアクションがとられている実践もある。

このようなミクロ・メゾ・マクロへの支援レベルの広がりがソーシャルワーカーの支援の特徴である。しかし、これらの実践はひとりではできない。ソーシャルワーカーが院内外、地域の様々な関係者とつながりながら、あきらめず・あせらず進めていくことが求められている。そして、その支援やアクションのプロセスをとおして、ソーシャルワーカーが「Social」(社会）へのコミットを行うことになる。同時に、そのプロセスはソーシャルワーカー自身にも大きな学びや成長が得られるはずである。なぜなら、利用者や家族に起こっている問題は「わたしたちに起こっている問題」への連帯でもあるからである。

個別支援のジレンマは、このように同僚や関係者とつながるアクションの原動力にもなりうるものである。

(5) まとめ

本章では、病気やそれによる障害を持った人への社会福祉実践として医療ソーシャルワーカーによる実践をみてきた。

最初に、医療や福祉の動向として「病床・医療の機能分化」と、「地域包括ケアシステム構築」の医療政策動向をとらえ、そこで医療ソーシャルワーカーに求められている役割をみてきた。また、近年の医療・福祉の動向を、患者・家族の立場から経験する際の３つの問題（①リロケーションダメージ、②複雑な制度のなかでの意思決定の難しさ、③身寄りがない患者や複合的困難を抱える患者にはよりいっそう困難を増すこと）を理解し、医療ソーシャルワーカーの立脚点とジレンマを確認した。単身高齢患者の意思決定支援の支援事例では、支援の展開やポイントから今後の課題をみてきた。

解決が容易ではない支援事例においては、前述のソーシャルワーカーの任務と価値（倫理綱領）を羅針盤として、チームやネットワークの一員としてミクロ・メゾ・マクロへの支援やアクションをとっていくことが求められる。そして、その繰り返しが地域や社会を変えていくことになる。

引用文献

[1] 田中　千枝子（2017）「医療連携・チーム医療の推進と社会福祉士・精神保健福祉士」社会福祉士養成講座編集委員会編集『新・社会福祉士養成講座　保健医療サービス　第5版』中央法規、33－35.

[2] 同掲

[3] 赤星　成子・田場　由紀・山口　初代・砂川　ゆかり（2018）「国内文献にみる高齢者のリロケーションに関する研究の現状と課題―リロケーションの理由とリロケーションダメージに着目して―」『沖縄県立看護大学紀要』19、47－54.

[4] 堀越　由紀子（2017）「医療ソーシャルワーカーの歴史と業務の枠組み」社会福祉士養成講座編集委員会編集『新・社会福祉士養成講座　保健医療サービス　第5版』中央法規、92－102.

[5] 同掲

[6] 同掲

[7] 「医療ソーシャルワーカー業務指針」（厚生労働省健康局長通知平成14年11月29日健康発第1129001号）2002年改定版＜2021年2月1日アクセス＞
http://www.jaswhs.or.jp/upload/Img_PDF/183_Img_PDF.pdf

[8] 日本医療社会福祉協会「ソーシャルワーカーの倫理綱領」2020年5月15日最終提案＜2021年2月1日アクセス＞
https://www.jaswhs.or.jp/upload/Img_PDF/506_Img_PDF.pdf

[9] 7)と同じ

[10] 日本医療社会福祉協会・社会貢献部身元保証担当チーム編「身元保証がない方の入退院支援ガイドブック」2018年＜2020年11月30日アクセス＞
https://www.jaswhs.or.jp/upload/Img_PDF/338_Img_PDF.pdf

[11] 林　祐介（2011）「病院・施設が求める保証人に関する一考察」『医療と福祉』45(1)、42－27.

[12] 田村　里子「緩和医療における臨床倫理とソーシャルワーク」日本医療社会福祉協会・日本社会福祉士会編集『保健医療ソーシャルワーク―アドバンスト実践のために―』中央法規、134－149.（コラムにて引用）

参考文献

一般社団法人　日本ソーシャルワーク教育学校連盟編集　最新社会福祉士養成講座『保健医療と福祉』中央法規,2021 年.

日本医療社会福祉協会編集、『保健医療ソーシャルワークの基礎―実践力の構築』相川書房、2015 年.

日本医療社会福祉協会、日本社会福祉士会編集『保健医療ソーシャルワーク―アドバンスト実践のために―』中央法規、2017 年.

学習課題

① 「医療ソーシャルワーカーの業務指針」と「ソーシャルワーカーの倫理綱領」の文書にアクセスして実際の文書を読み、理解を深めよう。

② 単身高齢患者の意思決定支援の事例について、自分が支援担当者ならどのように支援するか、そこでの課題や問題は何かについて具体的に検討してみよう。

③ 「身元保証がない方の入退院支援ガイドブック」にアクセスして実際の文書を読み、実際にどのような先行的な実践があるのかについて理解を深めよう。

コラム 「意思決定支援」

本章で取り上げた事例のように、医療の現場で患者・家族の意思決定に関して、本人の意思が読み取れない状況や、身寄りがない、あるいは家族がいても疎遠な関係などの場合のほか、本人や家族が判断に悩み、結論がなかなか得られない場合もあります。

基本的に、意思決定支援を構成する枠組みとして以下の 4 点が必要だと指摘されています（田村里子 2017：136－8）[12]。①過不足のない情報提供（そのためのコミュニケーションのサポートとアドボカシー）、②パターナリズムの陥穽（かんせい）への警戒、③限られた時間のなかで熟考と納得を追及する、④代理意思決定者となった家族への支援です。

また、特に人生の最終段階にある人の治療やケアに関してはより一層、慎重な判断が必要です。そのため、厚生労働省は「人生の最終段階における医療の決定プロセスに関するガイドライン（平成19年５月、改訂平成27年３月）」※をとりまとめて、判断の基準やプロセスを示しています。それによると、人生の最終段階の医療において①患者の意思の確認ができる場合と、②患者の意思の確認ができない場合にわけ、後者の場合には、次の３点を手順とした医療・ケアチームでの慎重な判断を基本的対応としています。

１つ目は、家族が患者の意思を推定できる場合には、その推定意思を尊重し、患者にとっての最善の治療方法をとることを基本とすること、２つ目には、家族が患者の意思を推定できない場合には、患者にとって何が最善であるかについて家族と十分に話し合い、患者にとっての最善の治療方針をとることを基本とすること、最後に家族がいない場合及び家族が判断を医療・ケアチームに委ねる場合には、患者にとっての最善の方針をとることを基本とすることです。

そして、医療・ケアチームでの判断が困難な場合や、患者や家族、医療従事者との話し合いで合意が得られない場合などは、複数の専門家からなる委員会を設置して検討及び助言を行うことの必要性も書かれています。

ただ、この文書で示されている「家族」とは「患者が信頼を寄せ、人生の最終段階の患者を支える存在であるという趣旨」とされ、法的な親族関係よりも広い範囲の人を含むとされている点は心に留めておきたいと思います。本章の事例に登場する「友人」も、本人との親交が日常的に継続しており親密だったとすれば、大切な関係者だといえます。

※厚生労働省「人生の最終段階における医療の決定プロセスに関するガイドライン」解説編＜2021年２月１日アクセス＞https://www.mhlw.go.jp/file/04-Houdouhappyou-10802000-Iseikyoku-Shidouka/0000079907.pdf

9 高齢者への地域生活支援 ～人生を支える包括的支援～

川島ゆり子

《学習のポイント》　高齢者を地域で支えていくうえで、ケアの二重の意味について理解をする。また、地域包括ケアシステムが政策的にすすめられるなかで、地域を基盤として支援を行うことの意義を理解する。高齢者への地域生活支援において課題となる家族関係、セルフネグレクトの状況について事例に基づきながらポイントをおさえ、メゾ・マクロ支援への展開を意識する。
《キーワード》　Life、地域包括ケアシステム、地域ケア会議、セルフネグレクト、ファミリーソーシャルワーク

---

(1) 高齢者を地域で支えることの意義

1）高齢者の Life の視点

第5章ソーシャルワークの固有性のなかでもふれているが、もう一度ソーシャルワークの“Life”の視点において、高齢者の特性について考えてみたい。

Life には、「命」「暮らし」「人生」の3つの意味があり、ソーシャルワークはその3つの Life を包括的に支えていく。どの世代であっても Life の重要性は普遍的であるが、高齢者には固有の特性がある。

まず「命」という側面については、高齢者になると心身の機能が衰えてくることは避けることができず、心身の機能の変化が命の危機に直結することも、ほかの年代に比べて起こりやすい。命には限りがありやがて誰にも訪れる最期の瞬間が、高齢者にはより身近な現実として迫って

くる。だからこそ、高齢者を支えるソーシャルワークは、命ということに本人とともに向き合い支えていく必要がある。

「暮らし」という側面について、心身の衰えにともない食事、入浴、外出など様々な暮らしの場面で他者からの支えが必要になることが多くなってくる。また、一人ひとりの暮らしはその人のもつ価値観や生活リズムなど多彩であり個別性が高いことから、高齢者を支えるソーシャルワークは、「その人らしい暮らしのあり方」を、本人を主体としてともに考え、実現していくことが求められる。

「人生」という側面については、最も高齢者としての特性が現れる。高齢期にある一人の人は、今、ここにある姿の背景にそれまでの何十年にわたる長い人生の歴史があり、積み重ねがある。楽しく輝いていた瞬間があり、苦しく歯を食いしばる思いで乗り越えてきた道のりがあり、その人生には１つとして同じ道のりはない。高齢者を支えるソーシャルワークは、今ある課題に目を向けるだけではなく、その人の人生の歴史に対する尊重の姿勢を忘れてはならない。

２）地域でのライフサイクル

高齢者を支える場としては、医療施設や介護施設というケアを目的とする施設と、住み慣れた自宅を想定することができる。かつては在宅か施設かという、相対する２つの極のようにとらえられていたが、現在は地域で生活をしながら必要に応じて入所（入院）をし、また地域生活に戻る場合もあるし、施設に入所をしながら、地域に出かけていき地域とのつながりを保つこともある。このように施設と在宅の境界線はあいまいになり双方をうまく組み合わせていくことが求められている。

本章では、こうした施設—在宅間の往来の可能性もふまえながらも、近年すすめられている地域包括支援体制の構築を視野に入れながら、地域生活支援に焦点化するものとする。

高齢者を支えるソーシャルワークを考えていくうえで、なぜ地域に注目していく必要があるのか。このことについて、広井良典の提唱する定常型社会の考え方を参考にしてみたい。

経済学者である広井良典は高齢者を支える支援（ケア）について「ケアする者―ケアされる者」といういわば、一対一の関係性がある意味でその原型にあることは確かであるが、ケアにおいて最終的に重要なことは、その人が様々な人とかかわりをもち社会的な関係性のなかで生活を送れるようになることであり、個別のケア関係のなかに依存することではないとする（広井良典 2018）[1)]。

介護が必要な状況になり、例えば、家事を行うことが難しくなってきた高齢者に対して、ホームヘルパーが入浴を介助し、食事づくりを支援することがあるだろう。しかし、そうしたサービス提供を行うということだけで高齢者のケアは完結しない。

人のライフサイクルを考えると、稼働年代である現役世代は地域とかかわる機会が少なく、地域を「寝るための場所」「休日を過ごす場所」と認識していることも多い。しかし、子どもと高齢者は、現役世代に比べて圧倒的に地域で過ごす時間が多く、高齢化率が高まる現代は自ずと地域に関心を寄せる群が着実かつ急速に増えていく時代であると広井は指摘する。

高度経済成長期が地域からの離陸の時代だったとすれば、これからの人口減少・高齢化時代とはいわば“地域への着陸”の時代であり、新たな視点で地域コミュニティや都市・まちづくりのありかた、そしてそこでの医療・福祉関連施設の意味や役割を考えていく時代であると思われると広井は述べている（広井良典 2018）。

かつて高度経済成長を支えた年代がいま、高齢期を迎えている。地域から離陸していた世代が地域に再び着陸し、地域のなかで社会的な関係性を紡ぎ直しながら生活することをどのように支えることができるか、これからのソーシャルワークの支援に求められているのである。

3）国が推進する地域包括ケアシステムとケアの意味

地域包括ケアシステムが政策的に推進されているが、その経緯について概要を確認してみる。

2000（平成12）年より施行された介護保険法は、2006（平成18）年の改正により「地域包括ケアシステム」の必要性が議論されるようになった。2009（平成21）年の『地域包括ケア研究会報告書』において地域包括ケアシステムを「ニーズに応じた住宅が提供されることを基本としたうえで、生活上の安全・安心・健康を確保するために、医療や介護のみならず、福祉サービスを含めた様々な生活支援サービスが日常生活の場（日常生活圏域）で適切に提供できるような地域での体制」と定義することを提案し、地域包括ケア圏域については、「おおむね30分以内に駆けつけられる圏域」を理想的な圏域と想定した。2014（平成26）年「医療介護総合確保推進法」が成立し、その第二条において「地域の実情に応じて、高齢者が、可能な限り、住み慣れた地域でその有する能力に応じ自立した日常生活を営むことができるよう、医療、介護、介護予防、住まい及び自立した日常生活の支援が包括的に確保される体制」と定義された。

このようにみていくと、高齢者を地域で支えることを目指す地域包括ケアシステムにおいて、高齢者の日常生活を支えるソーシャルワークは、医療・介護・介護予防・住居の支援と一体的に提供されることが求められている。医療的治療としてのcure（キュア）のみではなく、その人を支えるcare（ケア）を切れ目なく日常圏域において届けることが、高齢者が安心して住み慣れた地域に住み続けることを実現させていく。

ここで、careの2面性について考えてみたい。三省堂ウィズダム英和辞典（第3版）によると、careの意味として①世話、介護、保護、管理、監督、②手入れ、扱い、③注意、用心、心遣い、④心配、気苦労、懸念、悲しみが挙げられ、【行為】としてのケア①②と【感情】としてのケア③④に大別されることが示されている。

介護保険制度により、careが運営管理の対象としてとらえられるようになり、【行為】としてのケアであるサービスをいかに効率よく提供するかということに着目されがちになる。しかし、ソーシャルワークとしてcareのもう1つの意味である、その人を気遣う【感情】としてのケアの重要性を忘れてはならない。年齢を重ね、心身機能の衰え、様々な生活課題に悩むその人をほかの誰でもない、一人の人として尊重し、その人が自分自身の意図や意思に基づき、「このようにありたい」という姿を実現していくための力をもつ人であるととらえ、その権利をもつ主体として支えるというソーシャルワークの価値を、高齢者への地域生活支援においても基盤としなければならない。

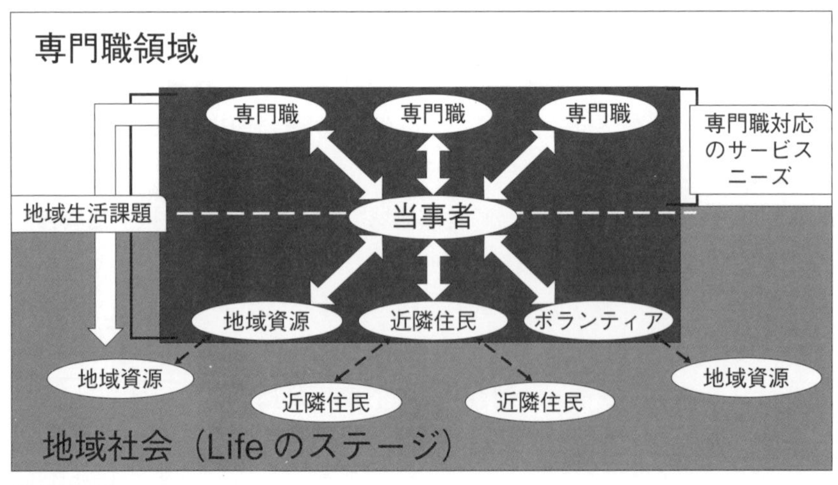

（筆者作成）

図 9－1　専門職領域と地域社会

それでは、高齢者の生活を支えるうえで、地域とはどのような意味をもつのだろうか。

図９−１は、海に浮かぶ氷山をイメージすると理解しやすいかもしれない。当事者である高齢者が地域で生活をするうえで、様々な困難（地域生活課題）を抱えているとする。相談援助を担う専門職が、その人のニーズを的確にアセスメントし、多様な専門職が連携を取りながら医療、介護、介護予防、住宅などのサービスを必要に応じて提供していくことになるだろう。

しかし、当事者の地域生活課題は専門職のサービス提供のみで対応できるものばかりではない。妻に先立たれ寂しさで外出する気力を失ってしまった高齢者に「近隣の桜がきれいに咲いているから一緒に見に行きませんか」と声をかける気遣い。工作の得意な高齢者が子どもたちに昔のおもちゃの遊び方を教えることにより、生きがいを見出すことを支える多世代交流の場。これらは専門職による制度的なサービス提供では実現しえない、地域住民同士の気遣い、支え合いという、【感情】としての care によるものである。

専門職からは見えていない水中にも地域生活課題は広がっており、地域社会において、その地域生活課題を当事者との関係性によって解決していくのは近隣住民、ボランティア、あるいは地域に存在する多様な制度によらないインフォーマルな社会資源である。

命をつなぎ、日常生活を送り、そして人生を刻むその人にとっての Life のステージである地域社会は、その人の地域生活課題の発生の場所でもあり、また解決の場所でもある。また、同時にその人の人生の歴史が刻まれているステージでもある。サービス提供のみに焦点化し、その人自身がもつ地域社会との関係性から引きはがしてしまうことになると、地域からはその人の存在が見えなくなってしまう。結果として水中に広がっている地域生活課題は未解決のまま置き去りにされてしまうことになるのである。

だからこそ、専門職は専門的なサービス提供を多職種連携により一体的に提供するとともに、その人の生きてきた人生の歴史が刻まれている地域社会をしっかりみつめ、その人と地域の関係性をつなぎ、また、その人の生活課題について気づいていない、あるいは無関心な層にも働きかけていくことが求められるのである。

高齢者の地域生活を支える包括的ケアシステムのケアには、このように【行為】としてのケアと【感情】としてのケアという二重のケアが含意されていなければならず、そのためにも水面から出ている専門職領域のサービス提供にとどまるのではなく、生活課題の全体像をつかみ、地域に根差したソーシャルワークを展開していく必要がある。

(2) 高齢者の現状

では、ここで近年の高齢者の暮らしの実態をつかむために、人口動態について推計値も含めて確認をしていく。

1) 高齢化率の上昇

内閣府（高齢社会白書令和 2 年版）[2)]によると 65 歳以上人口は、「団塊の世代」が 65 歳以上となった 2015（平成 27）年に 3,387 万人となり、「団塊の世代」が 75 歳以上となる 2025（令和 7）年には 3,677 万人に達すると見込まれている。

2036（令和 18）年、高齢化率は 33.3% となり 3 人に 1 人が高齢者となる。2042（令和 24）年以降は 65 歳以上人口が減少に転じても高齢化率は上昇を続け、2065（令和 47）年には高齢化率は 38.4% に達して、国民の約 2.6 人に 1 人が高齢者となる社会が到来すると推計されてお

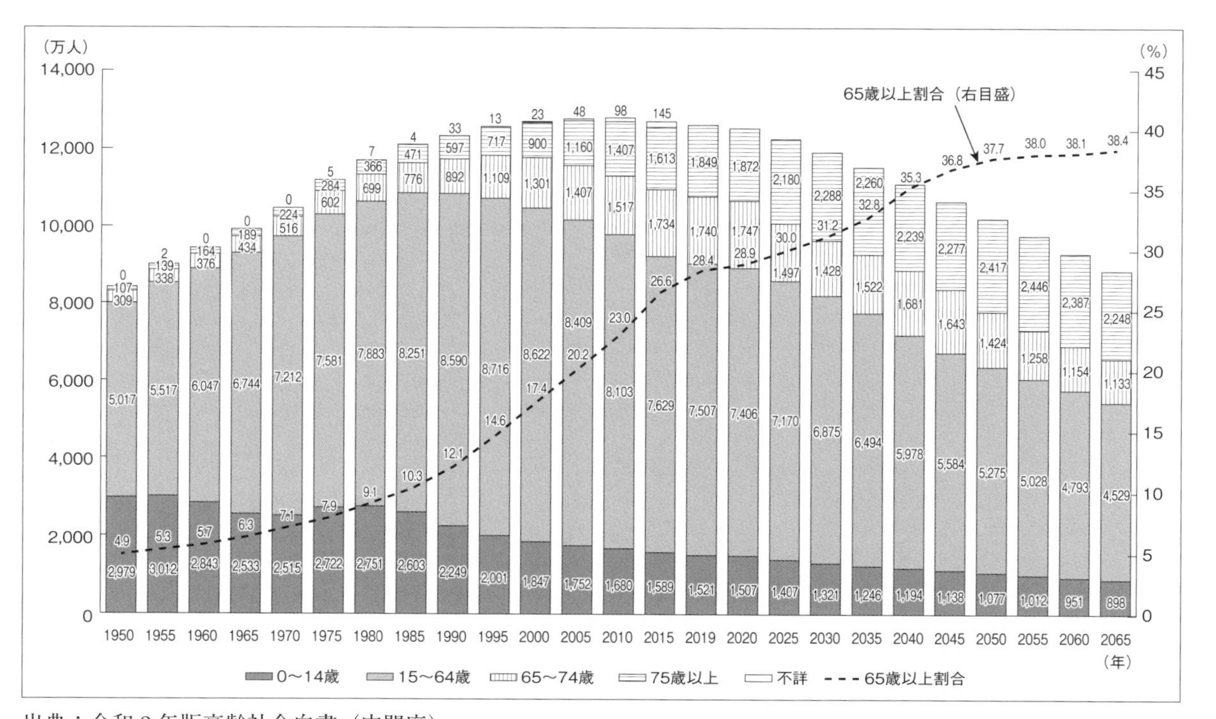

出典：令和 2 年版高齢社会白書（内閣府）

図 9－2　高齢化の推移と将来推計

り、世界でも類をみないほどのスピードで超高齢社会に向けて突き進んでいる状況となっている（内閣府 2020）。

2）単身世帯の増加

65 歳以上の高齢者世帯のうち、単身世帯の割合も増加している。2020（令和 2）年、65 歳以上人口に占める単身世帯の割合は、男性 15.5% 女性 22.4% で合計すると 37.9% であった。2035（令和 17）年の推計値ではさらに単身世帯の割合が増加し、65 歳以上の世帯に占める割合は男性 19.7%、女性 24.3% となり、高齢者世帯の 4 割強が単身世帯ということになる（内閣府 2020）。

今後 30 年にわたり日本は人口縮減の道を進み、それにともない高齢化率は上昇を続けることになる。長期的な視点にたち、今後高齢者を支える基盤としての地域をどのようにつくっていくのか、そのなかで高齢者一人ひとりの人権をどのように護っていくのか、まさに個人と社会の双方に働きかけるソーシャルワークのあり方が問われているといえるだろう。

(3) 高齢者への地域生活支援の現状と課題

本節では、実践の具体的な事例をベースに高齢者への地域生活支援における課題を考える。

1）介護者と本人の関係性に起こる葛藤（かっとう）

介護が必要な高齢者を支える介護者として、家族の存在は重要な意味をもつ。高齢者にとって最も身近な存在であり、高齢者が今まで歩んできた人生の歴史についても理解したうえで、本人が望む生活を実現していく大きな力となる。

しかしながら、高齢者とその介護を担う家族との関係性は、支援的な関係にもなりうるが、その表裏一体として、介護負担の重さが介護家族の葛藤や疲弊（ひへい）を引き起こす可能性もある。

2017（平成 29）年に改正された社会福祉法第４条２において、

地域住民等は、地域福祉の推進に当たっては、福祉サービスを必要とする地域住民及びその世帯が抱える福祉、介護、介護予防（要介護状態若しくは要支援状態となることの予防又は要介護状態若しくは要支援状態の軽減若しくは悪化の防止をいう。）、保健医療、住まい、就労及び教育に関する課題、福祉サービスを必要とする地域住民の地域社会からの孤立その他の福祉サービスを必要とする地域住民が日常生活を営み、あらゆる分野の活動に参加する機会が確保されるうえでの各般の課題（以下、「地域生活課題」という）を把握し、地域生活課題の解決に資する支援を行う関係機関（以下、「支援関係機関」という）との連携等によりその解決を図るよう特に留意するものとする。

とされており、「世帯」を視野に入れたソーシャルワーク：ファミリーソーシャルワークの視点が求められている。

ファミリーソーシャルワークの視点では、家族のなかの高齢者を含むすべての家族メンバーは相互作用しているととらえる。家族が直面する問題は、家族の相互作用と影響し合い、また家族外の環境も家族に影響していると考える。今まで元気だった配偶者が介護が必要となったときに、その介護の負担が介護家族に影響を及ぼし、家族関係にも影響を及ぼしていく。ソーシャルワーカーは、家族を１つのシステムとしてとらえながら家族メンバー間の相互作用に着目し、関係性の不調和に介入をしていく。さらに、その家族システムに影響を及ぼす環境としての地域社会にも働きかけて援助することの必要性があるとされている。家族システムが閉じられ、介護を抱え込む状況となっている場合、その家族と地域社会とのつながりをつなぎ直すこともソーシャルワークとして重要な支援となる。

【事例】認知症高齢者鉄道事故の事例

2007（平成 19）年 12 月、当時 91 歳の A さんは、JR 東海の駅構内の線路に立ち入り、電車にはねられて亡くなった。A さんは認知症が進行しており同居する妻（当時 85 歳、要介護 1）が介護を担っていたが、その日、妻が介護に疲れうたた寝をしていたすきに起こってしまった事故だった。JR 東海は列車の運休・遅れなどの損害賠償として A さんの家族に 720 万円を請求した。

この訴訟は最高裁において最終的に、A さんの妻と長男の責任を否定し、JR 東海の請求を退ける判決がいい渡された。

認知症高齢者の介護が家族という閉じられたシステムのなかで抱え込み、すべての責任を負わなければならないという社会の認識に一石を投じる判決がなされたのであり、介護者である家族自身が声を上げソーシャルアクションにつながったという意味は大きい。

こうした事例がある一方で、介護者による高齢者虐待や介護殺人の事例も後を絶たない。いずれの事例でも、家族という閉じられた関係性のなかで介護を抱え込み、家族と社会をつなぐ関係性が断ち切られていくと、高齢者の地域生活支援の継続は難しいということがいえるだろう。

だからこそ、高齢者の地域生活支援を担うソーシャルワークは世帯全体を支えるファミリーソーシャルワークの視点により家族間の相互作用、及び家族と社会の関係性に着目し、それらの関係性をつなぎ直していく支援を進めていくことが求められている。

2）セルフネグレクト状況の単身高齢者への支援

単身世帯の高齢者数が増加傾向にあるということを、先に示した。もちろん、一人で暮らしているということ自体が課題ということではない。
「おひとり様」ということばもよく聞かれるようになり、少人数用のお惣菜パックの販売がコンビニで展開されるなど、単身者向けのサービスも拡充してきている。課題となるのは、困ったとき、悩んだときに誰にも相談することができずに抱え込んでしまう「社会的孤立」という状況である。人は人との関係性のなかで生きる存在であり、人を支えることもあり人に支えられることもあり、支え合いのなかで暮らしている。そうした支える、支えられるという人の関係性から排除されている状況のなかで、自分自身に失望し、よりよく生きることをあきらめてしまう状況を「セルフネグレクト」といい、総合相談支援を地域で実践するコミュニティソーシャルワークの実践現場でも課題となっている。

【事例】生活に困窮（こんきゅう）するゴミ屋敷に住む独居高齢者の事例
Ｃさん（60代後半、男性）は持ち家に一人で暮らしていた。要介護認定は受けておらず無職で無年金状況にある。現在は空き缶収集で１日500円前後の収入で何とか暮らしている。自宅は屋内外にゴミがあふれ、庭木が隣家にまで伸び、害虫被害が発生していた。
近隣の住民がたびたび苦情を申し入れても「うるさい」と怒鳴って追い返すため、地域から孤立している状況だった。
こうした情報を得た地域包括支援センターのソーシャルワーカーが訪問し、生活保護の説明をしても、本人は生活保護の申請を受け入れようとしない。しかし、地域包括支援センターが訪問することについては同意が得られたため、定期的な訪問を行うことになった。ゴミの処分についてはなかなか同意を得ることが出来なかったが、ある日「庭の木を切ってほしい」という話がＣさん本人からあった。これをきっかけに自治会長や地区のボランティア、民生委員がＣさんの支援を話し合い、庭木の伐採とゴミの片づけが始まった。片づけの初日は片づけにもあまり参加せず、地域住民の声かけにも返答はなかったＣさんだったが、回数を重ねるごとに地域住民の声かけに返答したり、一緒に片づけをするようになった。

地域包括支援センターのソーシャルワーカーもＣさんとの関係が深まるごとに、Ｃさんが一人で寂しいという思いを抱えながら生活してきたことがわかってきた。その後、Ｃさんから生活保護を受ける気になったと申し出があり、生活保護につなぐことができた。

庭木の剪定が終わった後も、Ｃさんが孤立してしまわないように、地域住民がゴミの仕分けをＣさんと一緒に行うなど、Ｃさんを見守る体制が構築されている（出典：伊丹市社会福祉協議会　課題調整会議実践報告書＜一部改正＞）[3]。

ゴミ屋敷はあくまで事象であり、その背後にある本人がゴミを溜めざるを得なかった状況や、本人の辛さや寂しさといった思いに丁寧に向き合っていくことが求められる。本人にとってゴミを片づけるということが、一番に求めていた主訴ではないことも多い。この事例の場合「庭の木を切ってほしい」という本人の声をまずはしっかりと受けとめ、そのことをきっかけとして近隣の関係性のなかでつなぎ直していくことにより、本人とのかかわりの輪が広がり、本人も自ら生活保護につながることを決意している。

高齢者への地域生活支援を考えるうえで、孤立する本人と地域との関係をどのようにつなぎ直していくかということは重要な課題となる。

(4) 高齢者の地域生活支援を実現するメゾ・マクロ領域のソーシャルワーク

高齢者への地域生活支援を実践していくうえで、個別支援としての、高齢者本人とその世帯を支えるソーシャルワークの実践に加えて、メゾ・マクロソーシャルワークとしてどのような実践が考えられるだろうか。

１）協議の場の形成

地域包括ケアを実現するためには、先に紹介した地域包括ケアシステムの定義にもあるように、次の５つの視点での取り組みが包括的かつ継続的に行われることが求められている。①医療との連携強化、②介護サービスの充実強化、③予防の推進、④見守り、配食、買い物など、多様な生活支援サービスの確保や権利擁護など、⑤高齢期になっても住み続けることのできる高齢者住まいの整備。

高齢者の地域生活をサポートすることを考えると、専門職領域だけでも多様な主体がかかわることになる。また、本章の冒頭で示した氷山の図（図９−１）にあるように、専門職領域だけで高齢者の地域生活を支えることはできず、多様なインフォーマルな主体との協働も必要となる。そうしたサポートの主体の間で共通の目的を確認し、情報を共有し、役割分担等を行う協議の場を形成していくことがソーシャルワークのメゾ領域では求められる。

介護保険にも規定されている地域ケア会議の役割は、長寿社会開発センター（2013）地域ケア会議マニュアルによると「個別ケースの支援内容の検討による課題解決を出発点として、介護支援専門員による自立支援に資するケアマネジメントの支援や地域包括支援ネットワークの構築などを行うことによって、高齢者個人に対する支援の充実を実現するとともに、地域課題を抽出し、その地域課題を地域づくり・社会資源の開発や施策等の充実によって解決していくことで、高齢者への支援の土台となる社会基盤の整備を図っていきます」とされている[4)]。地域によっては地域ケア会議とはちがう独自の名称で会議が行われている場合もあるが、地域の既存の会議等を活用しながら、個別支援とともに、高齢者を支える基盤の地域づくりを目指す協議の場が今後も地域で展開していくことが求められており、さらに最も重要なことは、その協議の場において本人の思いを不在にした話し合いにしてはならないということである（図 9－3)。谷口郁美は「手段と目的を間違えてはならない『誰のために何のため取り組むのか、そしてそれを誰と一緒にやるのか』この順番が大事なのだ。順番を間違えると求める成果も間違ってしまう（谷口郁美 2020：173)」と指摘する[5)]。高齢者本人やその家族の思いを反映させることを意識し、本人・家族の参加の機会を設定したり、本人の思いを代弁するソーシャルワークが求められている。

2）福祉文化の醸成

地域の支え合いに対して無関心層が広がる状況を危惧し、このような危機的な状況に対して１つの手がかりは「福祉思想」というものが重要であると広井は述べている。そして福祉思想とは、家族や集団を越えた他者との支え合いや、社会のなかで自分が生きていくにあたっての拠りどころになるような世界観、哲学のようなものを指しているとする（広井良典 2018)。

地域のなかで起こる様々な生きづらさが表出するようなケースについて、専門職や地域住民が協議の場で当事者の思いを聞き、一緒に悩み、意見を出し合い、解決に向けて力と知恵を出し合っていく。このような経験の積み重ねのなかで、当事者・地域住民・専門職が互いに出会い、学び合いながら福祉思想、福祉文化が地域のなかに醸成されていくこと(図 9－3）が、求められている。

知らないということが無関心につながる。例えば、かつて痴呆と呼ばれていた認知症は、認知症サポーター養成講座の推進や、認知症当事者の発信等により、啓発がずいぶん進んできている。しかしそれでもなお

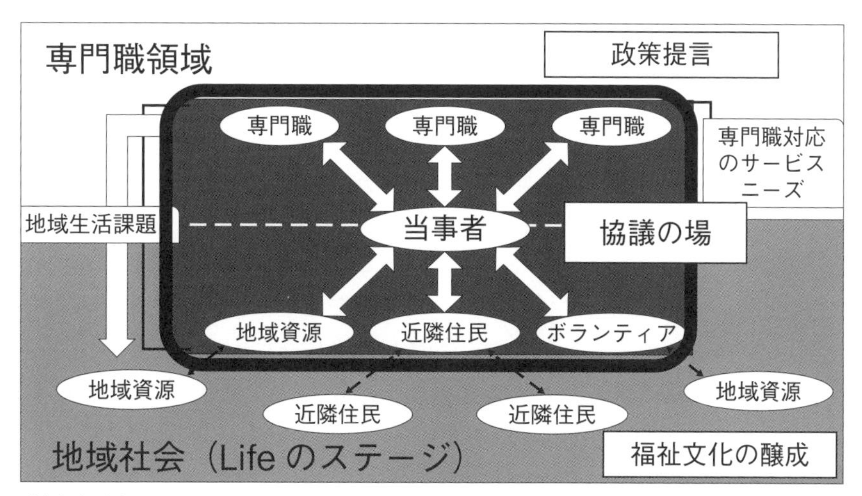

（筆者作成）

図９－３　高齢者の地域生活支援を実現するメゾ・マクロ領域のソーシャルワーク

差別や偏見の声は根強くある。だからこそ、一朝一夕（いっちょういっせき）では変わらない地域への長い視点での働きかけが必要となるのである。

3）政策への提言

協議の場のなかで見出された地域課題について、制度そのものを変えていくことも求められる。

ある市町村では、ゴミの個別収集は行わず、ゴミの集積場にまとめられたものだけを収集するというルールがあった。ところがエレベータがない公営住宅で足腰が弱くなり、ゴミを収集場まで持ってくることができない高齢者のケースが増加しているということを、地域の話し合いの場で地域課題として取り上げ、その対応について粘り強く行政と交渉した結果、申請をした高齢者の住居は個別収集が行われることになった。

このように、地域課題を政策提言へと結びつけていくことも今後ますます重要なソーシャルワークの実践となるだろう（図9－3）。

誰しも、年齢を重ね心身の機能が衰えていく。高齢化は誰にとっても他人事ではないはずである。

高齢者が安心して暮らし続けられる社会は、誰にとっても暮らしやすい社会といえるのではないだろうか。一人ひとりの高齢者の尊厳を守り必要なサービスを提供する体制を整えるとともに、高齢者が地域の関係性のなかにつながり、地域社会の一員として支え、支えることが可能となる地域社会づくりは、目の前にある超高齢社会に向けて、まさに今すぐに取りかからなければならない課題となる。

引用文献

1) 広井 良典（2018）『持続可能な医療－超高齢化時代の科学・公共性・死生観』筑摩書房.

2) 内閣府（2020）『令和2年版高齢社会白書』https://www8.cao.go.jp/kourei/whitepaper/w2020/html/zenbun/s1_1_1.html

3) 伊丹市社会福祉協議会（2016）『課題調整会議実践報告書』

4) 長寿社会開発センター（2013）『地域ケア会議運営マニュアル』

5) 谷口 郁美（2020）「社会福祉法人としての社会福祉協議会・施設の可能性」上野谷 加代子編著『共生社会創造におけるソーシャルワークの役割』ミネルヴァ書房、p163－177.

参考文献

越智 和子（2019）『地域で最期まで支える－琴平社協の覚悟－』全国社会福祉協議会.

学習課題

①地域ケア会議の意義について考えてみよう。

②地域の中で、住民のボランティア活動による高齢者への地域生活支援の実践事例について、調べてみよう。

③学習者が居住する地域の認知症サポーター養成講座の開催状況について調べてみよう。また、機会があれば受講してみよう。

コラム　在宅での「看取り」

ある高齢者の方とお話をしているときに、「年齢を重ねていくということは、自分が今までできていたことを、一つひとつ手放していく作業なんだ」ということをお聞きしました。少し寂しそうに、でも静かに微笑んでおられる姿がとても印象に残っています。人生の歩みの中で高齢期を迎えるということは、いつかその歩みが終わるときがやってくるということは避けることができません。

今、医学の進歩などにより、日本人の平均寿命は世界的に見ても高い状況で「人生100年時代」とも言われています。このことは、高齢期という期間が、その人の一生の時間の中で占める割合がますます大きくなっていくということも意味します。高齢期における人生の質をどう守るのか、そして尊厳ある最期の時をどのように支えるのかも、ソーシャルワークの重要な課題となってきています。

地域の中で高齢者のくらしを支える活動として、いくつかの社会福祉協議会では高齢者のエンディングノートづくりの支援に取り組んでいるということをお聞きします。元気なうちは地域で生活をしていても、病気になり医療が必要な状況になると、施設や病院に入所入院し、そこで最期を迎えるということが一般的でした。しかし、これからは、高齢者の増加・施設数の不足ということからも在宅での「看取り」が増加してくることが予想されています。

香川県の琴平町社会福祉協議会では、葬儀供養の相談をお元気なうちに高齢者自身から受け、ご本人と一緒に考えていくという事業をされています。「安心して最期までこの地域に暮らし続ける」ということを支えていくということは、まさに命、暮らし、人生というLifeを支えることなのだと、この実践から学ぶことができます。

10　社会的に排除されがちな人々への支援 ～ミクロ－マクロのつながりを意識した実践～

宮﨑　理

《学習のポイント》「社会的排除」とは、もともと政策領域で用いられてきた概念である。しかし、社会福祉実践において社会的排除概念を用いることによって、いままでみえてこなかった問題がみえてくる。本章では、社会的排除概念の特徴を理解したうえで、日本にはどのような社会的排除の問題があるのか確認する。さらに、昨今社会福祉実践において焦点が当てられている、社会的に排除されがちな人々の現状と支援の課題を概観する。そして、社会的排除を克服する実践には、何が必要であるのか考察する。
《キーワード》 社会的排除、ソーシャルワーク、社会変革、セクシュアル・マイノリティ、トランスナショナルな問題

---

(1) 社会的排除とは何か

1）社会的排除概念

① 社会的排除概念の沿革

社会的排除（social exclusion）とは、岩田正美（2008：12）の定義によるならば、「主要な社会関係から特定の人々を閉め出す構造から生み出された現代の社会問題を説明し、これを阻止して『社会的包摂』を実現しようとする政策の新しい言葉」のことである[1)]。この概念は、20世紀後半以降、ヨーロッパの社会政策を基礎づけ、日本にも影響を及ぼしてきた。例えば、欧州委員会（European Commission：EC）は、1992年に、『連帯の欧州を目指して：社会的排除に対する闘いを強め統合を

促す』という文書を発表し、社会的排除を克服して社会的包摂（Social inclusion）を達成することを、ヨーロッパ全体の政策課題として掲げている。

ヨーロッパにおいて、社会的排除概念が注目されるようになったのは、フランスの社会問題担当閣外大臣だったルネ・ルノワール（1974）が、『排除された人びと：フランス人の10人に1人』(Les Exclus：un Français sur dix）という著作のなかでその言葉を用いてからである。当時、社会的排除は「経済成長と福祉国家の恩恵が届かない人びと」の問題として語られていた[2)]。

ルノワールが、「社会的に排除された人びと」として挙げたのは、精神障害者や身体障害者、自殺願望の人々、高齢の病人たち、虐待を受けた子どもたち、薬物依存症の人々、罪を犯した人々、ひとり親たち、複数の問題を抱える世帯、社会の周縁に置かれがちな人々と、非社交的な人々、そして、他の「社会的不適合者たち」であった。彼は、そうした人々はフランス国民の10％に上ると指摘した[3)]。

② 福祉国家の危機と社会的排除

社会的排除が、現在のような意味で用いられるようになったのは、1980年代以降である。その当時、「福祉国家の危機」(The Welfare State in Crisis）が論じられつつあったが、その背景には、グローバル化[1]の進行とポスト工業社会[2]への移行という大規模な社会的・経済的な変容があった。

グローバル化が進むことによって、企業の経済活動は一国内部では完結しなくなり、厳しい国際競争にさらされるようになった。その結果、安い労働力が必要とされるようになったのである。また、ポスト工業社会への移行は、大きな雇用変動をもたらした。専門的・高技能職が優遇

[1] グローバル化とは「多くの社会関係が地理的な領土から相対的に切り離されて、人びとの生活がますます一つの場所であるような世界で営まれるようになるプロセス」のことである[4)]。

[2] ポスト工業社会とは、工業社会がさらに発展し、情報・知識・サービスなどを扱う第三次産業の占める割合が高まった社会のことである。

される一方で、非熟練低技能職は非正規的で不安定な状況に置かれるようになった。その結果、中核労働と周辺労働という二極分化が促されたとエスピン・アンデルセン（＝2003：12）は指摘している[5)]。

このような変化は、「フォーディズムからポスト・フォーディズムへの移行」として説明される。それは、「工場労働者にみられるような安定した長期的雇用を特徴とする経済から、フレキシブルで移動性が高く不安定な労働関係を特徴とする経済への移行」である[6)] (Hardt and Negri＝2005：上巻190)。ジョック・ヤング（＝2007：30）は、これを「同化と統合」を基調とする包摂社会から、「分離と排除」を基調とする排除型社会への移行であると指摘している[7)]。完全雇用の崩壊は、「雇用されていること」を前提として設計されていた年金保険、医療保険などの福祉国家の制度から、こぼれ落ちる人々を生み出した。こうした、新たに生じた社会問題を語るものとして、社会的排除という言葉は発達していった[7)]。

しだいに、社会的排除の意味は、社会的紐帯（ちゅうたい）の不安定性の増大を問題化するものとして拡大され始めた。なぜならば、完全雇用の崩壊が長期的な失業を生み出すだけでなく、家庭の不安定性、単身者世帯の増加、社会的孤立、労働組合・労働市場・労働者階級の近隣集団・社会的ネットワークに基盤をもつ階級的連帯の衰退なども生み出したからである。このように、社会的排除概念は、経済的問題を超えて人々の社会生活からの排除の問題として取り上げられるようになったのである。

③ 社会的排除概念の広がり

昨今では、社会的排除概念は、より広い意味を含むようになっている。例えば、フランスでは、外国人嫌悪や移民たちの権利を制限すること、彼／彼女らの権利へのあからさまな政治的攻撃の高まりなども含むようになっているとジュリアン・オットマン（2010：25）は指摘している[8)]。

こうした概念の広がりの背景には、グローバル化のさらなる深化により新たな社会問題が生じている現実がある。グローバル化が進むことによって、人々の国境を超えた移動はこれまで以上に盛んになっている。それにともなって、「国民」であることを前提としていた福祉国家の制度から排除されてしまう人々がつくり出されてしまったのである。また、人々が越境するということは、文化や価値観も越境するということである。情報通信技術（ICT）の発達により、人々の越境がなくても文化や価値観が越境するという現象も起こっている。多様性が増すことは社会の豊かさにつながる。しかし、一方で、文化や価値観が対立したり、主流社会で「あたりまえ」とされているものとは異なる文化が攻撃されてしまうこともある。

2）社会的排除概念を用いることの意義

もともと政策領域で用いられてきた社会的排除の概念であるが、社会福祉実践で用いることの意義として、以下の点が挙げられる。

①　関係性にかかわる「新しい社会問題」を顕在化させることができる

従来の社会福祉は、「貧困」を主たる対象としてきた。貧困は、第一義的には経済的な問題である。経済的な困難を克服するための支援は、今日においても重要な課題であることに変わりはない。しかし、現代では、経済的な側面を中心とした支援だけでは克服できない様々な問題が複合的に生じている。社会的な関係性に注目する社会的排除概念を用いることによって、それらを把握することが可能となる。

②　社会のあり方を再考する

イギリスの社会福祉学者であるマーティン・オブライエンとスー・ペンナ（2008）は、社会的排除は“institution”によって生じていると主張している[9]。“institution”には、「制度」という日本語訳が当てられることが多い。その語感からは、例えば、「介護保険制度」や「育児休暇制度」のように、法律などによって明文化された仕組みを思い浮かべるかもしれない。

しかし、ここでいう“institution”は、社会学的な概念である。アメリカ合衆国の社会学者であるピーター・L・バーガー（＝1979：82）は、“institution”を「規範のパターン、すなわち、社会が個人の行動に押し付けるプログラム」と定義している[10]。つまり、法律などによって明文化されたものだけでなく、社会のなかで人々が「あたりまえ」であるかのように共有している価値観や相応しいと思われている言動も含む概念である。換言するならば、「目に見えない決まり」のようなもののことである。これが、特定の人々の排除を生み出すのである。

誰が排除され、誰が包摂されるのかは、主流社会の価値観に左右される。例えば、日本では、男性中心主義、異性愛中心主義、健常者中心主義などの価値観が、いまだに強い力をもっている。これらの価値観は、社会福祉の制度・政策といった「目に見える決まり」だけでなく、日常的なふるまいや言説などの「目に見えない決まり」としても現れている。社会的排除に注目して社会福祉実践に取り組むことによって、個々のケースから社会全体のあり方を問う道筋をつくることができる。

③　社会福祉実践そのもののあり方を問う

社会的排除の問題を克服するためには、明文化された制度・政策の次元に働きかけるというマクロレベルの実践が求められる。しかし、社会的排除を生み出す要因として、社会学的な概念としての“institution”に焦点を当てるならば、それだけでは問題が克服しないことがみえてくる。

社会のなかで「あたりまえ」と思われている物事を問う視点が、社会福祉実践には求められる。「あたりまえ」は、人々の排除の問題を克服するために提供されるソーシャルワークにおいてもみられる場合がある。例えば、外国人に対して偏見のある社会では、ソーシャルワーカーも利用者が外国人であるケースでは、ステレオタイプな見方をしてしまうかもしれない。あるいは、男女の性別役割分業意識が強い社会では、ソーシャルワーカーは家族を支援する際に、女性が介護や家事を担うことを期待し、男性には賃金労働に就くことを期待してしまうかもしれない。

ソーシャルワーカーの「善意」であったとしても、社会のなかで「あたりまえ」とされていることを適用することが、社会的に排除されがちな人々を苦しめたり、場合によっては社会的排除の要因になってしまうことがある。社会的排除概念を用いることによって、そのことに自覚的になり、社会福祉実践そのもののあり方を問う契機をつくることができる。

(2) 社会的排除の実際

1）日本における社会的排除

日本の政策領域のなかに社会的排除という言葉が登場したのは、2000年代に入ってからのことである。厚生省（当時）社会・援護局の「社会的な援護を要する人々に対する社会福祉のあり方に関する検討会」が2000年7月に提出した報告書のなかに、その言葉が見られる[3]。

同報告書では、社会が経済的に豊かになった一方で、都市化と核家族化の進展や、産業化、国際化のなかで人々の「つながり」が弱くなってきたことが問題視された。そして、社会福祉の制度が充実してきたにもかかわらず、社会や社会福祉の手が社会的援護を要する人々に届いていない事例が散見されるようになっていることが指摘されている。

[3] 旧厚生省ホームページ審議会議事録等 https://www.mhlw.go.jp/www1/shingi/s0012/s1208-2_16.html（2021年2月21日閲覧）

その具体的なものが、図10－1に挙げられた諸問題である。これらの問題は、制度論からではなく、実態論からアプローチを行うことによって浮かび上がってきたものである。検討会では、既存の制度の枠組みに現実を当てはめるのではなく、実際に生起（せいき）している問題の実態をふまえ、個別具体的な克服の方法を考え、それらを総合化していくという検討方法が採用された。

同報告書では、従来の社会福祉が主たる対象としてきた貧困とは異なる、次のような問題が重複・複合化して生じており、これらの新しい座標軸を合わせて検討することが必要であると述べられている。

- 「心身の障害・不安」(社会的ストレス問題、アルコール依存など)
- 「社会的排除や摩擦」(路上死、中国残留孤児、外国人の排除や摩擦など)
- 「社会的孤立や孤独」(孤独死、自殺、家庭内の虐待・暴力など)

これらのうち、社会的排除や摩擦、社会的孤立や孤独の現象は、いわば今日の社会が直面している社会の支え合う力の欠如や対立・摩擦、あるいは無関心といったものを示唆しているとされ、具体的な諸問題の関連が、次のように列記されている。

- 急激な経済社会の変化に伴って、社会不安やストレス、ひきこもりや虐待など社会関係上の障害、あるいは虚無感などが増大する。
- 貧困や低所得など最低生活をめぐる問題が、リストラによる失業、倒産、多重債務などとかかわりながら再び出現している。
- 貧困や失業問題は外国人労働者やホームレス、中国残留孤児などのように、社会的排除や文化的摩擦を伴う問題としても現れている。

・上記のいくつかの問題を抱えた人々が社会から孤立し、自殺や孤独死に至るケースもある。
・低所得の単身世帯、ひとり親世帯、障害者世帯の孤立や、わずかに残されたスラム地区が、地区ごと孤立化することもある。
・若年層などでも、困窮しているのにその意識すらなく社会からの孤立化を深めている場合もある。これらは通常「見えにくい」問題であることが少なくない。

同報告書がまとめられてから20年以上が経過し、社会はさらなる変化を遂げてきた。上述の諸問題だけでなく、グローバル化の深化や社会の不安定化の増大によって、より一層複雑かつ深刻な社会的排除の問題が生じている。

しかし、社会的排除が「新たな問題」として指摘されているということは、単に社会状況が悪化しているということだけを意味するわけではない。問題が顕在化したことの背景には、それらを克服するための社会福祉実践や当事者による社会運動が取り組まれているという現実もある。すなわち、社会的排除には、社会の変化によって新たに生じている問題だけでなく、これまでも存在したがなかなか顕在化されてこなかった問題もある。

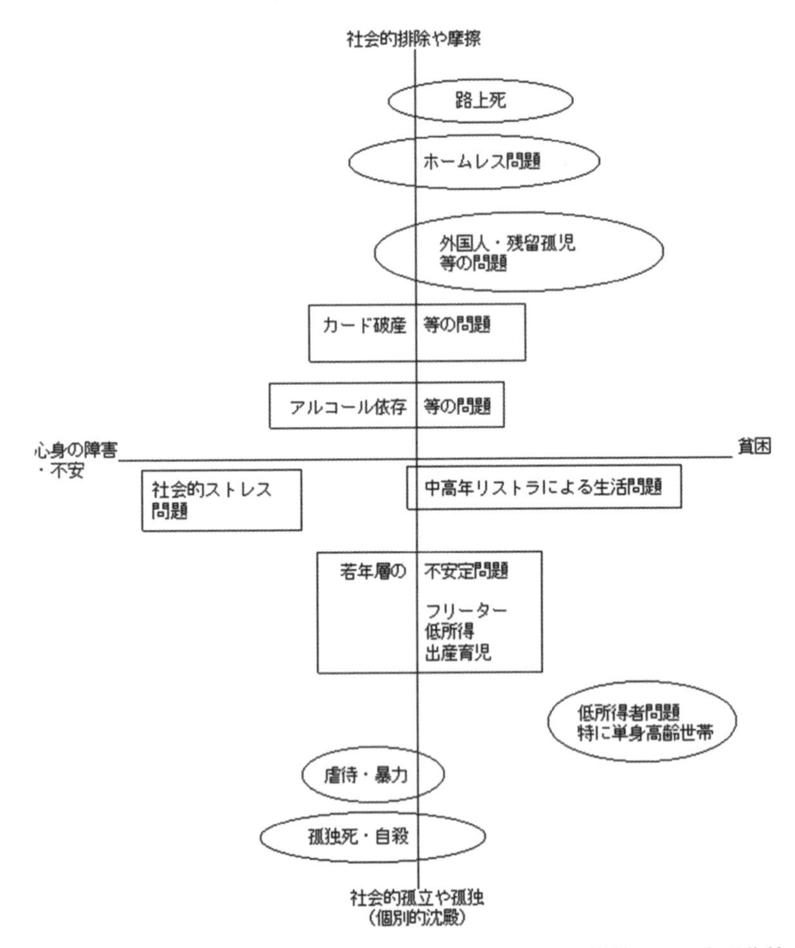

※横軸は貧困と、心身の障害・不安に基づく問題を示すが、縦軸はこれを現代社会との関連で見た問題性を示したもの。
※各問題は、相互に関連しあっている。
※社会的排除や孤立の強いものほど制度からも漏れやすく、福祉的支援が緊急に必要。
出典：「社会的な援護を要する人々に対する社会福祉のあり方に関する検討会」報告書【別紙】

図 10−1　現代社会の社会福祉の諸問題

2）社会福祉実践における焦点と課題

社会福祉実践が取り組むべき社会的排除の問題には、様々なものがある。ここでは、近年のソーシャルワークにおいて焦点が当てられている代表的なものを確認していく。以下は、上述の「報告書」のなかでは明示されていなかったものである。

①　セクシュアル・マイノリティの人々への支援

セクシュアル・マイノリティとは、社会が想定する「あたりまえ」の「女性」や「男性」からは排除されてしまうような性のありようの人々のことである。マスメディアなどでも見聞きするようになった“LGBT”は、レズビアン（Lesbian：同性愛の女性）、ゲイ（Gay：同性愛の男性）、バイセクシュアル（Bisexual：両性愛の人々）、トランスジェンダー（Transgender：社会的にあてがわれたのとは異なる性別を生きようとする人々）の頭文字を取った言葉であり、セクシュアル・マイノリティのうちの一部を表す総称である。

多様性を尊重しようという国際的な流れや、国内外の当事者運動の高まりによって、日本においても性の多様性に関する事柄が、人権にかかわる課題として論じられるようになった。ソーシャルワーク領域においては、「ソーシャルワーク専門職のグローバル定義」が採択された2014年前後から盛んに論じられるようになった。

規範的な性のありようが想定されている社会のなかから、セクシュアル・マイノリティの人々は排除されがちである。例えば、「LGBT法連合会」が作成した「性的指向および性自認を理由とするわたしたちが社会で直面する困難のリスト（第3版）」には、次のような例が挙げられている。

表10－1に挙げた例は、セクシュアル・マイノリティの人々の社会的排除が、あらゆる領域に関係する問題であることを示している。それゆ

表 10－1　セクシュアル・マイノリティの人々の社会的排除につながる困難の例

領域	困難の例
子ども・教育	・学校で「男のくせに」「気持ち悪い」「ホモ」「おかま」「レズ」などと侮蔑的な言葉を投げかけられ、自尊心が深く傷つけられた。 ・学校で性的指向や性自認に伴う悩みを相談しようとしても、相談できる場所がなく、支援が受けられなかった。メンタルヘルスが悪化したり、自殺未遂に追い込まれた。
医療	・トランスジェンダー男性のための的確な医療情報やネットワークが充実しておらず、ホルモン注射などで受診できる医療機関を見つけるのが困難であった。 ・病院でパートナーが死亡したが、診療経過や死亡原因等の診療情報を提供してもらうことができなかった。
福祉	・高齢者向けの施設において、男女分けで施設が運営されているため、性別違和をかかえる当事者の意向を伝えても考慮されず、戸籍の性で分類され、精神的負担が大きかった。 ・福祉施設利用を始めたが利用者も職員も LGBT への理解がまったくなく、ホモネタで笑ったり、異性愛や結婚のプレッシャーをかけてきたりして、カミングアウトができなかった。そのことにより、自己主張せず、友達も作らず、なるべく会話を避けるようになってしまい状況が悪化した。
公共サービス・社会保障	・同性パートナーと公営住宅へ入居を申し込もうとしたが、同居親族に当たらないことを理由に拒否された。 ・同性パートナーを会社の健康保険の被扶養者として加入させようとしたが、配偶者ではないことを理由に拒否された。

出典：LGBT 法連合会「性的指向および性自認を理由とするわたしたちが社会で直面する困難のリスト（第 3 版）」より一部抜粋
http://lgbtetc.jp/wp/wp-content/uploads/2019/03/困難リスト第3版(20190304).pdf（2021 年 2 月 21 日閲覧）

えに、問題を克服するための取り組みも特別なものとしてではなく、既存の社会福祉実践の領域のなかで何が必要であるのかという観点から模索することも必要である。

②　移民的背景をもつ人々への支援

移民的背景をもつ人々も、社会的に排除されがちである。他国にルーツをもつ人々の現状は、「報告書」が提出された当時と現在では大きく変化している。2000年に約177万8千人だった在留外国人の数は、2020年には288万5千人にまで増加している。国連の定義によるならば、移民とは「通常の居住地以外の国に移動し、少なくとも12ヶ月間当該国に居住する人」のことである。そのなかの「外国人労働者」の数は、2020年には約172万4千人となった。

日本には、在日朝鮮人、日系ブラジル人、中国、ベトナム、フィリピン、ネパール、タイ、インドネシアなど、様々な国にルーツをもつ人々が暮らしている。彼／彼女らは、地域でともに暮らす生活者である。移住の経緯や在留資格の違いなどもあるので一括りにすることはできないが、それらのなかには、不安定定住の状態の人々が少なくない。

例えば、日系ブラジル人の多くは、日本の労働力不足を補うために、1989年の「出入国管理及び難民改正法」改定によって、日系人に付与された就労制限のない在留資格である「定住者」である。彼／彼女らの多くは非正規雇用という不安定就労である。不安定就労は不安定定住に直結する。朝倉美江（2020：35）は、日系ブラジル人の多くは「有期雇用で、低所得であり、社会保障制度（医療・雇用・年金・介護など）からも排除され、相談や情報提供も不十分であり、コミュニティの社会参加、政治参加からも排除された存在となっている」と述べている[11)]。

現在、生活課題を抱えた他国にルーツをもつ人々への社会福祉実践が十分に展開されているとは言い難い状況である。石河久美子（2020：5）は、「外国人の生活問題対応の大半は、日本語教育支援者、外国人支援ボランティア、通訳といった外国人の身近にいる人たちの献身的活動によって支えられている」と指摘している[12)]。

③　人身取引の被害者への支援

人身取引の背景には社会的排除があると同時に、被害に遭ったあとに救出されたとしても、家族やコミュニティから排除されがちであるという問題がある。人身取引とは、人が物のように取引され、その結果低賃金長時間労働や強制労働などの経済的搾取、売春などの性的搾取の犠牲となることである。2000 年の国連総会で採択された「国際組織犯罪防止条約の補足議定書」（パレルモ議定書）では、「人身取引とは、搾取の目的で、権力の濫用若しくは脆弱な立場に乗ずること又は他の者を支配下に置く者の同意を得る目的で行われる金銭若しくは利益の授受の手段を用いて、人を獲得し、輸送し、引渡し、蔵匿（ぞうとく）し、又は収受することをいう」とされている。

人身取引の問題を一国の枠組みだけで克服することは非常に困難であり、国際的なアプローチが必要である。なぜならば、人身取引が生じる背景には、送り出し国側の要因と受け入れ国側の要因が存在するからである。平田美智子（2016：46）は、送り出し国の要因としては「貧困、失業と家族の借金、児童・女性の人権に対する軽視、安易に外国へ働きに出す家族や風習とそれを助けるブローカーの存在」などが、受け入れ国側の要因として「安価な労働力、売春婦、嫁不足などを求める需要」などがあると指摘している[13)]。このように、国家の枠組みを超えて取り組みが必要な問題のことを、「トランスナショナルな問題」と呼ぶ。

人身取引の問題は日本とはあまり関係ないと思われがちだが、日本は性的搾取を中心とした人身取引の主要な受け入れ国の１つである。しかし、人身取引の被害者への支援や被害防止のための社会福祉実践は、十分に展開されているとは言い難い。彼／彼女らへの支援の多くは、民間シェルターや国際 NGO の活動家、ボランティア、弁護士などによって担われているのが現状である。人身取引は国際的な組織的犯罪であり、政府の積極的な関与なしには、予防と被害者の救出・権利回復のための支援を展開することは困難である。

(3) 社会的排除を克服する実践に必要なこと

ここからは、社会的排除を克服する実践には、どのような視点や姿勢が必要であるのか考察してみよう。

①　問題を問題として捉えることができるか否か

社会的に排除されがちな人々の姿は、社会のなかでみえにくくなってしまっていることが多い。それは、社会的排除として問題化されない構造があるからである。例えば、セクシュアル・マイノリティの人々の困難として、「学校で『男のくせに』『気持ち悪い』『ホモ』『おかま』『レズ』などと侮蔑的な言葉を投げかけられ、自尊心が深く傷つけられた」という例を先に挙げた。これを単なる「からかい」とみるか、社会的排除につながる問題として捉えるかには大きな違いがある。

この例は、投げかけられた言葉の問題だけでなく、この経験によって自尊心が傷つき、学校に行くことができなくなってしまうということも考えられる。学校に行けないことは教育の機会からの排除や、友人関係をつくれなくなるなど、複合的な問題につながってくる。

社会のなかで「あたりまえ」とされているものの見方を基準にするのではなく、ある事柄が社会的に排除されがちな人々にとって何を意味するのかを考える必要がある。そして、直接的な問題だけでなく、それが長期的にみてどのような影響を及ぼすのかを想定しなければならない。

②　ミクロ－マクロのつながりを意識する

社会的排除の問題を克服するためには、個人を対象とした個別支援とあわせて、地域社会やより広範な社会といったマクロの次元に働きかける実践が必要である。例えば、人身取引の被害者への支援は、直接的には具体的な個人を対象として展開されるとしても、彼／彼女たちの生活が守られるようにするには、法律の改正や行政機関からより一層の協力が得られるような制度づくりなどの社会変革が必要である。ミクロレベルの具体的なケースの背景にある構造的な要因を探り、それらを取り除くためにはどのようなマクロレベルの実践が必要であるのかということに意識的にならなければならない。

③ 多様な人々との連携を基盤とする

社会的排除の問題は、既存の制度の枠組みにとらわれた実践だけでは克服が困難であることが多い。社会的に排除されがちな人々への支援は、いずれも制度の枠組みの外で始まったり、もともとは非専門職の人々が主要な担い手であったりしたものが少なくない。社会福祉実践を進めていくうえで、他のソーシャルワーカーとの連携はもとより、多様な社会福祉実践の担い手との連携が必要である。

例えば、移民的背景をもつ人々への支援は、在留資格をめぐる問題など法律に関する知識が必要なものが少なくない。そのような場合には、弁護士との連携は支援を展開するうえで有用であろう。また、多様な人々が生活しやすい社会をつくるためには、地域住民との連携も必要である。専門職、非専門職を問わず、様々な人々と協働して社会福祉実践を展開することが求められる。

④ 社会正義と人権の価値に立ち返る

「社会的排除の克服を目指した実践」として改まって表現するならば、何か特別なもののような印象を受けるかもしれない。しかし、そこで貫かれるべき価値は、他のソーシャルワーク実践と何ら変わるものではない。社会的排除の問題では、そもそも提供できる社会福祉のサービスが存在しなかったり、活用できる社会資源が乏しかったりすることが少なくない。なぜならば、社会的に排除されているということは、その人が社会の成員としてみなされていない（あるいは不十分にしかみなされていない）ということだからである。その状況は、社会正義が損なわれ、人権が侵害されている状況である。

ソーシャルワークとは、既存の制度の枠組みのなかで人々をサービスにつなげること（だけ）ではない。実践をとおしてソーシャルワークの価値が具現化されるにはどのようにするべきかという、シンプルかつ根本的な問いが投げかけられていることに意識的になる必要がある。

(4) まとめ

本章では、ヨーロッパの社会政策の領域で用いられてきた社会的排除概念の特徴を理解したうえで、日本にはどのような社会的排除の問題があるのか確認してきた。そして、社会的に排除されがちな人々の現状と支援の課題のいくつかを概観し、社会的排除を克服する実践には、何が必要であるのか考察した。

社会的排除の問題とは、換言するならば、誰が社会の成員とみなされるのか／みなされないのか、誰が福祉国家の枠組みに含まれるのか／含まれないのかの問題である。その「線引き」は「あたりまえ」のものではないことに留意する必要がある。

「あたりまえ」ではないということは、変革が可能であるということでもある。既存の制度の枠組みでは克服することが困難なのであれば、それを越えて実践することができる。問題が国境を越えて生じているのならば、ソーシャルワーカーも国境を超えて連帯することによって問題を克服するために尽力することができる。ミクロの次元だけでは克服できない問題は、マクロの次元につなげて実践することで克服の道が開かれる。社会的排除を克服するための社会福祉実践とは、いまとは異なる現実をつくることに他ならないのである。

引用文献

1) 岩田　正美（2008）『社会的排除：参加の欠如・不確かな帰属』有斐閣.

2) 福原　宏幸（2007）「社会的排除／包摂論の現在と展望」福原宏幸編著『社会的排除／包摂と福祉政策』法律文化社、11－39.

3) Silver, Hilary（1994）Social Exclusion and Social Solidarity：Three paradigms, *International Labour Review*, 133, 531－578.

4) Baylis, J. and S. Smith eds（2001）*The Globalization of World Politics : An Introduction to International Relations*, second ed., Oxford University Press.

5) G・エスピン・アンデルセン編著、埋橋　孝文監訳（2003）『転換期の福祉国家：グローバル経済下の適応戦略』早稲田大学出版部.

6) アントニオ・ネグリ、マイケル・ハート著、幾島　幸子訳（2005）『マルチチュード（上）〈帝国〉時代の戦争と民主主義』NHK 出版.

7) ジョック・ヤング著、青木　秀男ほか訳（2007）『排除型社会：後期近代における犯罪・雇用・差異』洛北出版.

8) Ottmann, Juliane（2010）Social Exclusion in the Welfare State：The Implications of Welfare Reforms for Social Solidarity and Social Citizenship, *Distinktion : Scandinavian Journal of Social Theory*, 11(1), 23－37.

9) O'Brien, Martin and Penna, Sue（2008）Social Exclusion in Europe：Some Conceptual Issues, *International Journal of Social Welfare*, 17(1), 84－92.

10) ピーター・L・バーガー著、安江　孝司（1972）『バーガー社会学』学研プラス.

11) 朝倉　美江（2020）「移民問題と多文化福祉コミュニティ」三本松　政之　朝倉　美江編著『多文化福祉コミュニティ：外国人の人権をめぐる新たな地域福祉の課題』誠信書房、19－50.

12) 石川　久美子（2020）「変容する外国人の現状と多文化ソーシャルワーク」『ソーシャルワーク研究』46(1)、5－16.

13) 平田　美智子（2015）「アジアの児童・女性の人権とソーシャルワーク：児童労働と人身取引に対する挑戦」『ソーシャルワーク研究』41(3)、46－55.

参考文献

好井　裕明編著（2016）『排除と差別の社会学（新版）』有斐閣.
石田　仁（2019）『はじめて学ぶLGBT：基礎からトレンドまで』ナツメ社.
石河　久美子（2012）『多文化ソーシャルワークの理論と実践：外国人支援者に求められるスキルと役割』明石書店.
朝倉　美江（2017）『多文化共生地域福祉への展望：多文化共生コミュニティと日系ブラジル人』高菅出版.
大久保　史郎編著（2007）『人間の安全保障とヒューマントラフィッキング』日本評論社.

学習課題

① 社会的排除という概念によって説明される問題は、時代とともにどのように変化してきたのか説明してみよう。
② 現在の日本において、本章で取り上げたもの以外にどのような社会的排除の問題があるのか調べてみよう。
③ ②で調べた問題を克服するために、誰によってどのような社会福祉実践が展開されているのか、具体的に調べてみよう。

コラム「気候変動とソーシャルワーク」

2018年7月4日から7日にかけて、「ソーシャルワーク・教育・社会開発合同会議」(Joint World Conference on Social Work, Education and Social Development；SWSD）が、アイルランドの首都ダブリンで開催されました。SWSDは、「国際ソーシャルワーカー連盟」(International Federations of Social Workers；IFSW）と「国際ソーシャルワーク教育学校連盟」(International Associations of Schools of Social Work；IASSW)、「国際社会福祉協議会」(International Council on Social Welfare；ICSW）が合同で2年に一度開催しています。これは、社会福祉に関する世界最大規模の学術会議です。

ダブリン会議のテーマは、「環境とコミュニティの持続可能性：進化する社会における人間の解決」(Environmental and Community Sustainability：Human Solutions in an Evolving Society）でした。会議の基調講演者の一人として、メアリー・ロビンソンが登壇しました。ロビンソンは、アイルランドで初めて大統領を務めた女性です。

ロビンソンが行った基調講演は、気候変動に関するものでした。講演のなかで、ロビンソンは、気候変動防止のための国際協定（パリ協定）の重要性を述べました。そして、気候変動の影響によって移住を強いられている人々がいることを問題視しました。気候変動の要因は、先進国の経済活動だと考えられています。しかし、被害を被っているのは、多くが発展途上国の人々です。ロビンソンは、これは不公正であり、根源的な自己決定が保障されていない問題であると指摘しました。また、気候変動の影響を受ける地域では、女性が政治的・社会的決定から排除されており、彼女たちの社会的権利を保障することが必要であると主張しました。

気候変動の話は、一見するとソーシャルワークとは関係ないように思われるかもしれません。しかし、人々の生活や人権にかかわるという点で、ソーシャルワークと大いに関係するテーマです。

もちろん、日本の社会福祉施設・機関で実践しているソーシャルワーカーに、直接的に関係するテーマではないでしょう。しかし、日本のような先進国の経済活動が他国の人々の生活に影響を与えていることを考えるならば、私たちは無関係であるとは言い難いです。また、問題の解決のためには、国際的な連帯が必要であるという点でも関係しています。

ソーシャルワークは国際的なものでもあります。例えば、日本は地震が多い国ですが、大震災の時には他国の専門職団体のサポートがあったり、直接的なサポートがなかったとしても、他国の先進的な実践が頼りになることもあります。気候変動の問題は、国家の枠組みを越えて取り組みが必要な重要な課題の１つです。非常に大きな次元の話のようですが、その下には一人ひとりの具体的な顔をもった人間がいることを想起するならば、もっと身近な問題としてとらえられるのではないでしょうか。

11　学校を拠点に実践を行うスクールソーシャルワーカー ～子どもの教育保障に向けたソーシャルワーク～

奥村賢一

《学習のポイント》　近年、わが国では学校を拠点にソーシャルワーク実践を行うスクールソーシャルワーカーの存在が注目されている。国内では学校は新しいソーシャルワークの領域であるが、その起源であるアメリカでは100年以上の歴史を有する。スクールソーシャルワーカーは他のソーシャルワーク専門職と同様にグローバル定義に則(のっと)り支援活動を行う。その最たる特徴は子どもの教育保障を行っていくことにある。学校現場でスクールソーシャルワーカーが専門性を発揮していくためには、その役割や機能を適切に理解したうえで、「チーム学校」の一員として活動する実践力が求められる。一方で、全国的には自治体間で活用の濃淡が存在しており、活動形態、人材育成・養成、身分保障などの関連課題も含め、開拓的に実践を行うスクールソーシャルワーカーについて学ぶ。

《キーワード》　スクールソーシャルワーカー、教育保障、専門的役割、専門的機能

---

(1) スクールソーシャルワーカーの発展史

1）スクールソーシャルワーカーの起源

1906年から1907年にかけてアメリカ東海岸にあるニューヨーク、ボストン、ハートフォードで展開された「訪問教師（Visiting teacher）」の活動にスクールソーシャルワーカーの起源はある。ニューヨークでは、1906年にスラム化したコロニーの貧困児童を対象に家庭と学校が

協力をして子どもの教育を保障するための取り組みが行われ、1907年にはボストンで教育に関心を寄せる女性教育協会が学校と家庭の連携により子どもの学業を改善するとともに、学級担任の支援や地域との連携役を担った。また、同年にはハートフォードでも子ども対象の心理研究所が推進するかたちで取り組みが行われた。その後、訪問教師のシステムはアメリカ全土で広がりをみせ、1919年には全米訪問教師協会が結成されるまでになった。訪問教師は家庭事情に起因する不就学及び欠席児童の家庭や地域との深い交流のなかで、学校に行くことができない要因を多元的に理解したうえで、問題解決のための外部の社会資源を用いて子どもの教育が有益なものとなるよう個々の生活状況を調整する機能を担い、最終的には学校・家庭・地域をつなぐ役割を担った。その一連の活動はまさにアウトリーチであり、訪問教師は学校に子どもの家庭状況を理解してもらうとともに、教員に対して子どもの情報について提供を行った。他方、親に対しては学校や子どものニーズを理解してもらうなど、子どもの教育保障に向けた学校と家庭の仲介役としての役割を担った。この訪問教師の活躍による事業拡大をへて、1940年代からは現在のスクールソーシャルワーカーという名称での活動が開始されるに至った。

2）日本のスクールソーシャルワーカーの変遷

わが国におけるスクールソーシャルワーカーの歴史は浅く、1989年に埼玉県所沢市教育委員会で家庭訪問を中心に行う訪問教育相談員がスクールソーシャルワーカーと名乗り活動を行ったことが始まりとされている。その後、兵庫県、香川県、千葉県、大阪府など自治体単位でスクールソーシャルワーカーの配置が進められたが、それぞれが独自の取り組みとして行っていたこともあり、活用形態等が標準化されることはなかった（金澤ますみ 2007）。

2007 年度には文部科学省の「問題を抱える子ども等の自立支援事業」により、全国 11 都府県でスクールソーシャルワーカーが配置された。さらに、翌 2008 年度には「スクールソーシャルワーカー活用事業」が開始され、全国 46 都道府県 171 地域に 944 名のスクールソーシャルワーカーが誕生した。その後は各自治体の実状に応じた事業展開が行われ、スクールソーシャルワーカーの配置人数は着実に増加していった。

2015 年の中央教育審議会による「チームとしての学校の在り方と今後の改善方策について（答申）」等をふまえ、2016 年には学校教育法の施行規則においてスクールソーシャルワーカーが学校の教職員として位置づけられるとともに、「スクールソーシャルワーカー活用事業実施要領」では、その選考にあたって「社会福祉士や精神保健福祉士等の福祉に関する専門的な資格を有する者から、実施主体が選考し、スクールソーシャルワーカーとして認めた者とする」ことが明記された。さらに、文部科学省は学校の多職種協働化を目指した「チームとしての学校（以下、チーム学校）」を掲げて 2019 年度までにスクールソーシャルワーカーをすべての中学校区に 1 名を配置することを目標に全国で 1 万人まで増員する方針を示している。また、近年では義務養育の公立小中学校に止まらず、高等学校や大学[1]、私立の小中学校及び高等学校にも配置が広がるなど、学校現場のソーシャルワーク専門職であるスクールソーシャルワーカーに対する社会的要請が高まりをみせている。

(2) スクールソーシャルワーカーの専門的役割

1）グローバル定義

スクールソーシャルワーカーは学校を拠点にソーシャルワークを行う

---

[1] 義務教育の小中学校及び高等学校では「スクールソーシャルワーカー」の名称が使用されているが、大学では「キャンパスソーシャルワーカー」と呼ばれている。

専門職であり、その目的は「種々の要因によって、子どもたちが等しく教育を受ける機会や権利が侵害された状況にある場合、速やかにその状況を改善し、教育を保障していくこと」である（門田光司2010：129）[1]。その基本的な価値基盤は他のソーシャルワーク専門職と同様、2014年に国際ソーシャルワーカー連盟（IFSW）及び国際ソーシャルワーク学校連盟（IASSW）のメルボルン総会において採択された「ソーシャルワーク専門職のグローバル定義（以下、グローバル定義）」で示された「社会正義」、「人権」、「集団的責任」、「多様性尊重」の諸原理が中核をなす。加えて、学校現場で実践を行うスクールソーシャルワーカーには、子どもの「教育保障」という固有の使命がある（奥村賢一2021：41）[2]。

2）人権と社会正義

子どもを主たる支援対象とするスクールソーシャルワーカーが保障していく「人権」とは、「生きる権利」、「育つ権利」、「守られる権利」、「参加する権利」から構成される「児童の権利に関する条約」が実践の基盤である（門田光司2010：128）。なお、スクールソーシャルワーカーの使命である子どもの教育保障は、「育つ権利」のなかで教育を受ける権利として含まれている。また、「守られる権利」のなかには、子どもが自らに関係のある事柄について自由に意見を表すこと（意見表明権）等が記されている。

「社会正義」では、「教育基本法」の「教育の機会均等」において「すべての国民は、ひとしく、その能力に応ずる教育を受ける機会を与えられなければならないものであって、人権、信条、性別．社会的身分、経済的地位又は門地によって、教育上差別されない」ことが示されるとおり、一人ひとりに応じた公平な教育機会を確保していく。学校における不登校やいじめなどの教育課題や家庭における虐待や貧困などの生活課題は、子どもの教育を受ける権利や機会を脅かす社会不正義（不公平）な状況であり、スクールソーシャルワーカーは学校を拠点にこれらの改善または解消に向けたソーシャルワークを展開していく。

3）集団的責任と多様性尊重

学校現場でスクールソーシャルワーカーがチームアプローチを展開するうえで留意すべきことは、子どもの教育課題を「集団的責任」として学校（教職員）が主体的にとらえるように働きかけを行っていくことである。教職員は学校での対応に行き詰まると、教育課題の要因を子ども自身や家庭における保護者の養育上の問題であるととらえる傾向がある（文部科学省 2020）。慎重かつ丁寧なアセスメントなくしてこのような評価を行うことは子どもの登校意欲の低下につながるパワーの減退だけでなく、保護者の学校に対する不信感を生むことにもつながる。

この「集団的責任」を実践するうえでの課題は学校文化や組織にも含まれており、小学校では児童[2]の対応全般について学級担任が行うことを基本とする文化が根強いため、問題の早期発見や未然防止が遅れ学級担任の負担や孤立を招くことも少なくない。他方、中学校では教科担任制を採用していることもあり、小学校に比べ生徒指導などにおいても分業で対応することに慣れてはいるものの、役職よりは教職員個々の力量に委ねる部分も強く、チームとしての組織的な対応については中学校間で濃淡があるのが実状である。スクールソーシャルワーカーは「集団的責任」の価値基盤を学校に浸透させることで特定個人の問題として責任を追及するのではなく、子どもの教育保障のために関与する大人一人ひとりが自らの責任を果たしていくことで協働的な支援チーム体制の構築に寄与しなければならない。

---

[2] 児童とは児童福祉法において18歳未満の子どもを対象とするが、学校現場では小学生を「児童」、中学生を「生徒」と呼ぶ。したがって、スクールソーシャルワーカーは福祉と教育の各分野において異なる意味を有する専門用語を理解することが求められる。

学校で取り組むべき「多様性尊重」の一例としては、昨今の特別支援教育やLGBTQなどのセクシュアル・マイノリティに対する学校の対応などが挙げられる。前者については、学校生活において集団不適応や問題行動が顕著な場合に発達障害の疑いがあるとしてスクールソーシャルワーカーに相談が寄せられる事例が少なくない。学校側からは特別支援学級や特別支援学校への移籍を想定した医療受診などの依頼が多く寄せられるが、これらの評価や判断が不十分な場合には学校（学級）から排除されたとして子どもや保護者を傷つけるだけでなく、学校（教職員）に対する反発や対立を生むきっかけとなることが少なくない。

後者では、性的指向及び性自認を理由とする差別や偏見により、子どもが学校生活に支障をきたす事例が増加している。ここ数年でLGBTQなどのセクシュアル・マイノリティに対する理解が進み、自治体によっては制服を選択できる仕様に変更するところも出てきているが、これらのことを取り上げた人権教育を推進していくことなどについては、まだまだ諸外国と比べ対応が遅れているのが現状である。当事者の多くは学齢期にLGBTQに不寛容な仕組みに苛まれ、他者の無理解な言動や居場所がないことなどから、学校生活において様々な困難を抱えており、このことが否定的な自己イメージにつながっている（寺田千栄子 2020：34）[3)]。双方に共通する課題は当事者である子どもの意思が十分に反映された環境が存在しない点にある。すべての子どもたちが差別や偏見から解放された安全・安心な環境のもと、学校生活を送ることができるために「多様性尊重」の実現に向けて取り組むことはスクールソーシャルワーカーに求められる専門的役割の１つである。

(3) スクールソーシャルワーカーの専門的機能

学校現場で活動を行うスクールソーシャルワーカーに求められる専門

的機能は、その勤務日数、活動形態、担当学校数、担当児童生徒数等の諸条件等により多少異なる現状にあるが、基本的な内容を以下の６点にまとめることができる。

1）アウトリーチ

支援が必要でありながら、その必要性を認識しない、あるいは支援を求めない子どもや家族に対して訪問支援を行い、クライエントのニーズを充足するために種々の社会資源を効果的に活用して支援につなげていく。その際、スクールソーシャルワーカーはクライエントの生活空間に足を運ぶため、プライベートスペースでの立ち振る舞いには細心の注意を払う必要がある。学校（教職員）と家庭（保護者）の関係性が良好ではない状況もあることから、そのような場合には事前に丁寧な情報収集を行い、人、場所、時間、内容など綿密な準備と計画を立てて臨まなければならない。

スクールソーシャルワーカーがアウトリーチとして行う訪問支援の特徴は、その訪問先が家庭だけでなく広義には学校における校内巡回なども含まれることにある。登下校時や授業中の様子、休み時間の過ごし方など学校での様々な生活場面における子どもあるいは教職員(大人)との人間関係、学習能力や態度、学用品等の準備状況等、教職員とは異なる視点で子どもの日々の行動観察を行いながら、支援を必要とする子どもの早期発見と迅速な初期対応を行う。学校という教育活動の場において一任職として活動するスクールソーシャルワーカーだからこそ、その立場や専門性を活かして積極的なアウトリーチを行うことが求められる。

2）カウンセリング

「カウンセリング」について広辞苑（新村出 2018：498）[4]では、「個人のもつ悩みや問題を解決するため、助言を与えること」と定義されており、「精神医学・臨床心理学等の立場から行うときは、心理カウンセリングと呼ぶことがある」としている。本来、counselingとは「相談」や「助言」として訳されるものである。心理に限らず、福祉、医療、保育など様々な専門分野・専門職においても用いられているが、スクールソーシャルワーカーが行うカウンセリングは、臨床心理士などのスクールカウンセラーが行う心理カウンセリングとは異なり、ソーシャルワークの観点からクライエントを生活者としてとらえ、その意思や主張に寄り添うとともに日常生活における種々の困り感の抽出から協働的に支援を展開していく。スクールソーシャルワーカーの主たるクライエントは子どもであるが、その教育保障においては間接的支援として保護者、教職員などもカウンセリングの対象となることがある。

3）アドボカシー

子どもの教育保障を実現するために、スクールソーシャルワーカーはすべての子どもの教育を受ける権利及び一人ひとりに応じた教育機会の保障を行うためのソーシャルワークを実践する。その際に行うアドボカシー活動は、スクールソーシャルワーカーの重要な専門的機能の１つに位置づけられる。主として子どもの声及び声なき声を拾い上げ、それらを周囲に代弁していく。アドボカシー活動のなかでスクールソーシャルワーカーが積極的に行うのは、「ケースアドボカシー」と「クラスアドボカシー」である。「ケースアドボカシー」では支援対象となる子どもの意思・願望・感情を周囲の対象者（保護者・教員・その他関係者）に代弁していく。その際に留意すべきはクライエントの最善の利益を守ることにある。代弁をすることによりクライエントである子どもに不利益がもたらされてはならない。そのためにスクールソーシャルワーカーには、ネゴシエーション（交渉）に関する高い専門性が求められる。一方、「クラスアドボカシー」では特定個人ではなくクライエント集団のアドボカシー活動を行っていく。教室に居場所をなくして保健室登校を行っている複数の児童生徒がいた場合、その思いを集約して教職員に代弁していくことなどは一例であるが、一定の層が抱える声を周囲に届けていくことで、該当する子どもたちの教育保障を行っていく。

4）ケースマネジメント

学校現場のソーシャルワークでは、ケースマネジメントの手法を用いて計画的な支援を組織的に展開していく。わが国では高齢者や障害者を対象とした社会福祉実践においてケアマネジメントが手法として用いられている。それぞれ介護保険制度や障害者総合支援法に基づいて“ケア”のサービス利用計画等を行っていく。一方、学校現場においては子どもだけに限らず、必要に応じて対象が家族に及ぶこともあり、学校という教育分野を中心としながらも、福祉・医療・保健など様々な関連分野と協働した支援を行うため「ケースマジメント」として取り扱う。なお、「ケース（＝case)」には、人や状況という意味が含まれており、実際のケースマネジメントではソーシャルワークの人と環境の交互作用の視点に立ちクライエントの支援を計画的に実行していく具体的方略である。その内容は、インテーク（初回面接）⇒アセスメント（情報収集・状況分析）⇒プランニング（支援計画策定）⇒モニタリング（経過観察）⇒ターミネーション（終結）の展開過程より構成されており、チームアプローチを行う際はケース会議をとおして対象となる子どもの個別支援計画が策定されることになる。

5）コーディネート

文部科学省（2008）が定めるスクールソーシャルワーカーの職務内容に「関係機関等とのネットワークの構築、連携・調整」[5]とあるように、コーディネートはスクールソーシャルワーカーの代名詞ともいえる業務である。スクールソーシャルワーカーが連携やサービス調整などを行う対象の多くは児童相談所、福祉事務所、市町村子ども家庭福祉担当課、教育委員会、教育支援センターなど福祉や教育を中心とした公的機関が多い。しかし、子どもや家庭を取り巻く状況改善に向けたアプローチを展開していく際、公的な制度やサービスだけではそのニーズを充足することができないことがある。そのようなとき、スクールソーシャルワーカーはクライエントである子どものニーズに即した創造的な働きかけを行い、必要な支援をつくり出していく力量も求められる。つまり、スクールソーシャルワーカーが行うコーディネートはフォーマルだけでなく、インフォーマルなネットワークも活用していくところに大きな強みがある。学校現場には生徒指導主事、特別支援教育コーディネーター、養護教諭など、学校の体制等により担当者は異なるが、コーディネート業務を担う教職員が存在するため、スクールソーシャルワーカーはソーシャルワーク専門職としてのコーディネートの特徴を十分に理解したうえで、これらの教職員とも協働的に実践を行っていかなければならない。

6）コンサルテーション

スクールソーシャルワーカーの業務は子どもに対する直接的支援だけではない。ときには同じ学校現場でともに従事する教職員に対して専門的立場から必要な情報等を指導助言するコンサルテーションを行うことも少なくない。コンサルテーションはクライエントである子どもと対面をしない間接的な援助技術であるため、コンサルティの状態や力量も加味したうえで適切なコンサルテーションを行わなければならず、スクールソーシャルワーカーには高度な専門性が求められる。学校現場においてスクールソーシャルワーカーが行うコンサルテーションは、教職員が子どもの状況改善に向けて直接的に支援を行うための「ケース・コンサルテーション」、学級運営など集団を対象とした支援に活かす「クラス・コンサルテーション」、学校運営など組織全体に係る活動に反映させていく「学校運営・コンサルテーション」などがある。なお、日頃は教育委員会に所属をして担当する小中学校から派遣要請を受けて出向く「派遣型」のスクールソーシャルワーカーは、管理職や特定の教職員に対するコンサルテーションを求められる機会が多い。

(4) スクールソーシャルワーカー事業の充実に向けた課題

1）効果的な活動形態

日本ではスクールソーシャルワーカーの配置形態は大きく3つに分けられる。1つ目は、教育委員会や教育支援センターなど学校以外の教育機関から、派遣要請のあった小中学校に出向く「学校派遣型（以下、派遣型）」。2つ目は、特定の学校を指定して、そこにスクールソーシャルワーカーを配置する「指定校配置型（以下、配置型）」。3つ目は、特定の中学校区内にある小中学校を担当する「中学校区拠点巡回型（以下、拠点巡回型）」から成る（表11－1）。2011年に日本学校ソーシャルワーク学会が発刊した『スクールソーシャルワーカー配置に関する全国自治体調査報告書』では、派遣型を採用している自治体が全体の66.7％を占めており最も多かった。さらに、同学会が2016年に発刊した『全国におけるスクールソーシャルワーカー事業の実態に関する調査報告』で

表 11−1　スクールソーシャルワーカーの主な活動形態

	活動の特徴	利　点	欠　点
学校派遣型	□普段は教育委員会等で勤務を行い、対象となる小中学校からの派遣要請に応じて学校訪問等を行う。 □教職員に対するコンサルテーション、ケース会議でのケースマネジメント、関係機関とのサービス調整等の間接的支援を担う。 □特定の学校に常勤していないため、直接的に児童生徒と接触する機会は少ない。	□多くの小中学校がスクールソーシャルワーカーを活用することができる。 □支援の大半は学校教職員が担うため、効果的な活用をすることができた場合には教職員個々の資質向上にもつながる。 □学校が問題意識を持ってスクールソーシャルワーカーの派遣申請を行うため、教職員の意欲が高い。	□外部機関の専門家としての印象が強いため、学校の一員としてチームアプローチを行い難い。 □担当する小中学校が多いため、全体的に広く浅く関わらざるを得ない。 □問題を抱える児童生徒の事後対応が中心となるため、早期発見・未然防止に向けた支援活動を行うことが難しい。
指定校配置型	□教育委員会等により指定された小学校や中学校に配属され、その学校の一員として支援活動を行う。 □あらかじめ設定された勤務日に常駐して、児童生徒や保護者、教員などに対して直接的支援を行う。 □学校・家庭・関係機関との連携を直接的に行うことができる。	□学校での活動が可能になるため、児童生徒や保護者、教職員と密接な関わりをすることができる。 □学校の一員として活動することができることから、スクールソーシャルワーカーの仕事内容についても理解してもらいやすい。 □勤務日であれば、児童生徒・保護者・教職員がいつでも相談することができる。	□配置校以外の学校は活用することができないため、小中連携などの動きは取り難い。 □スクールソーシャルワーカーの専門性に対する理解を誤れば、教職員が支援を丸投げすることがある。 □すべての小中学校に配置するには有資格者の人材確保が難しく、人件費も膨らむため、事業の拡大が進まない。
中学校区拠点巡回型	□教育委員会等により選定された中学校区に配置され、その校区内に拠点校を定めて小中学校での支援活動を行う。 □あらかじめ設定された勤務日に常駐して、児童生徒や保護者、教員などに対して直接的支援を行う。 □学校・家庭・関係機関との連携を直接的に行うことができる。	□小中連携による支援活動が可能になるほか、就学前の保育園や幼稚園、中学校卒業後の高校との連携も可能になる。 □すべての小中学校に配置するよりは、人材確保や人件費の負担が少ない。 □中学校区内での小中学校の交互作用を活かした活動を展開することができる。 □その他は指定校配置型の利点と同じ。	□担当する中学校区以外の小中学校はスクールソーシャルワーカーを活用することができない。 □複数の小中学校を担当するため、同じ学校で常時勤務することができない。 □他校の児童生徒に関する情報の管理等が難しい。 □その他は指定校配置型と同じ。

門田光司・奥村賢一（2009）『スクールソーシャルワーカーのしごと―学校ソーシャルワーク実践ガイド』を基に筆者作成

も、派遣型が68.7％とさらに増えている。「派遣型」は限られた人数で多くの学校を担当することが可能であり、派遣要請を受けて学校に出向くことから、訪問先となる小中学校の活用意欲は高いという利点がある。しかしながら、相談者である教職員が対応困難となった段階で派遣依頼が入ることが多いことから、スクールソーシャルワーカーが関与する時点で既に状況は複雑化・深刻化していることが少なくないため、対症療法とならざるを得ず子どもの負担は大きくなる。

一方、文部科学省は「チーム学校」に向けた方針のなかで2019年度までにスクールソーシャルワーカーをすべての中学校区に1名を配置することを目標に掲げており、2016年に学校教育法施行規則でスクールソーシャルワーカーを学校の教職員として位置づけたことからも、スクールソーシャルワーカーを必要に応じて活用する「派遣型」ではなく、日ごろから学校現場で教職員の一員として子どもたちの支援に関与することができる「配置型」への移行を示唆する。なお、海外ではスクールソーシャルワーカーは学校に配置されて実務を行う専門職として定着している。「派遣型」を「配置型」に移行するためには、予算や人材の確保等が必要となるため、それを実現するには多くの課題が存在するが、子どもの教育保障のためにスクールソーシャルワーカーの専門性が最も効果的に発揮することのできる活動形態を選択していかなければならない。

2）人材育成と人材養成

2008年度に文部科学省が「スクールソーシャルワーカー活用事業」を開始した際、944名のスクールソーシャルワーカーが誕生したが、その殆（ほとん）どがスクールソーシャルワーカーとして養成された者ではなく、高齢、障害、児童、地域、医療など様々な福祉分野で実践を行ってきたソーシャルワーカーであった。文部科学省の調査によれば、2008年度はスクールソーシャルワーカーに占める社会福祉士は19.4%、精神保健福祉士は9.3%であった。その後、2015年度には社会福祉士が50.0%、精神保健福祉士が28.2%とどちらも大幅に増加しているが、いまだに全国的には教員免許や心理に関する資格など他の専門性を有する人材を採用している自治体が存在する実態がある。

スクールソーシャルワーカーの人材育成という部分では、社会福祉士や精神保健福祉士の有資格者を採用していくことはもとより、スクールソーシャルワーカーが学校現場を中心に行う実践をサポートしていくためのスーパービジョン体制の拡充が求められる。スーパービジョンは学校の一任職として従事するスクールソーシャルワーカーの専門性を担保していくうえでも重要な取り組みである。スーパービジョンはスクールソーシャルワーカーが専門職倫理に則り、その職責を果たしているかと確認することや、雇用契約内容に照らし合わせて適切に業務を行うことができる労働環境が保障されているか等を管理する「管理的機能」、スクールソーシャルワーカーとして求められる一定の専門性をともなった知識、技術、価値・倫理を教育する「教育的機能」、日々の業務内容に関して適切な評価を受けて専門的取り組みを維持・継続していくための「支持的機能」から構成されている。スーパーバイザーの多くは学識経験者が務めるが、スクールソーシャルワーカーからもスーパーバイザーが輩出されるよう人材養成に力を入れていく必要がある。未だにスーパービジョンの予算や体制を確保していない自治体もあることから、その必要性や有効性については実践と研究の両側面から訴えていかなければならない。

一方、スクールソーシャルワーカーの人材養成については、2009年度に一般社団法人日本社会福祉養成校協会（現・一般社団法人日本ソーシャルワーク教育学校連盟）が「スクール（学校）ソーシャルワーク教育課程認定事業（以下、課程）」を開始した。この課程は社会福祉士もしくは精神保健福祉士に上乗せする修了資格であり、規程に定められた専門科目等を履修して必要な単位を得たうえで、2つの国家資格のいずれかを取得して所定の申請をすることにより修了証が交付される。現在、課程を設置が認定された養成校は全国で63校（2020年4月現在）となっている。この10年以上の取り組みにより養成校の数も増加傾向にあるが、人材養成においては実習が必須となるため、実習先となる学校や教育委員会の理解と協力が欠かせない。何より実習指導を担当することができるスクールソーシャルワーカーの確保も絶対的な条件となってくる。これからスクールソーシャルワーカー事業をさらに充実していくためには、スクールソーシャルワーカーとして養成された人材を多く輩出並びに採用することができる環境を整備していかなければならない。

3）安定した身分保障

全国的にスクールソーシャルワーカーとして活動している者の大半は、会計年度任用職員という非常勤職員としての雇用となっている。2017年に「学校教育法施行規則の一部を改正する省令」が公布され、施行規則第65条の3に「スクールソーシャルワーカーは、小学校における児童の福祉に関する支援に従事する」という文言が追加されて以後、スクールソーシャルワーカーを正規職員として雇用する自治体が少しずつ増え始めているが、多くが市や町などの自治体職員としての採用である。そのため、一定年限で他部署への異動が生じたり、ソーシャルワーク業務以外の事務作業等を任されたりするなど、身分は安定しても専門職としての仕事に専念することが難しいという課題が生じている。

このような状況のなか、2019年度に福岡市教育委員会は全国で初となる教職員定数の枠組みを活用した形で、7名のスクールソーシャルワーカーを正規職員として採用した。スクールソーシャルワーカーとしての安定した身分保障が実現することは、優秀な人材の確保はもとより、子どもたちに対する質の高い安定した支援を提供していくうえでも非常に重要である。今後、福岡市のようにスクールソーシャルワーカーとしての身分が正規職員となっても確実に保障される雇用形態が全国的に広がっていくことは、子どもの教育保障に向けた手厚い支援が可能となるだけでなく、事業の安定化にもつながる重要な課題の1つである。

(5) まとめ

不登校、いじめ、非行、暴力行為など教職員が対応する教育課題の背景には、学校・家庭・地域の様々な人間関係や生活環境が影響しており、それらが子どもの教育を受ける権利や機会を侵害する状況をつくり出している。近年では学校現場も他の専門分野と同様に多職種協働にむけた取り組みを進めており、スクールソーシャルワーカーは社会福祉学を学問基盤とするソーシャルワーク専門職として重要な役割を担っていかなければならない。子どもの教育保障に向けた支援を学校教職員と協働して取り組んでいくためには、さらなる専門性の向上と安定した支援活動が可能となる環境整備に向けて絶え間なく進化していくことが求められる。

引用文献

[1] 門田 光司（2010）『学校ソーシャルワーク実践―国際動向とわが国での展開』ミネルヴァ書房.

[2] 奥村 賢一（2021）「スクールソーシャルワーカーが行うアウトリーチの現状と課題―不登校に対する理解と対応を中心に―」『ソーシャルワーク研究』46(4)、40－46.

[3] 寺田 千栄子（2020）「エンパワメント視点に基づくLGBTQ児童生徒への学校ソーシャルワーク実践モデル」『学校ソーシャルワーク研究』15、33－47.

[4] 新村 出（2018）『広辞苑第七版』岩波書店、498.

[5] 文部科学省（2008）「スクールソーシャルワーカー活用事業」(http://www.mext.go.jp/b_menu/shingi/chousa/shotou/046/shiryo/08032502/003/010.htm, 2020.12.30).

参考文献

池田 敏（2019）「学校ソーシャルワーク実践において求められるアウトリーチに関する1考察―中学校区・拠点巡回型スクールソーシャルワーカーの相談事例の分析から―」『学校ソーシャルワーク研究』14、64－76.

金澤 ますみ（2007）「わが国のスクールソーシャルワークにおける課題―『学校』と『ソーシャルワーク―』『カウンセリング』の関係史から」『社会福祉学』48(3)、66－77.

日本学校ソーシャルワーク学会（2016）「全国におけるスクールソーシャルワーカー事業の実態に関する調査報告」『学校ソーシャルワーク研究（報告書）』.

日本ソーシャルワーク教育学校連盟（2020）「スクール（学校）ソーシャルワーク教育課程認定事業 認定課程設置校一覧」20200727_SSW_School_list.pdf, 2020.12.10.

文部科学省（2020）『令和元年度児童生徒の問題行動・不登校等生徒指導上の諸課題に関する調査結果について』(https://www.mext.go.jp/content/20201015-mext_jidou 02-100002753_01.pdf, 2020.10.26).

奥村 賢一（2016）「スクールソーシャルワーカーが相談対応する児童虐待の実態と

実践課題：配置型と派遣型の活動形態に焦点化して」『福岡県立大学人間社会学部紀要』24(2)、41－60.
山下　英三郎監修（2016)『子どもにえらばれるためのスクールソーシャルワーク』学苑社.

学習課題

① 日本のスクールソーシャルワーカー事業が拡大してきた変遷について説明してみよう。
② グローバル定義を用いてスクールソーシャルワーカーの専門的役割を説明してみよう。
③ スクールソーシャルワーカーの6つの専門的機能の概要を説明してみよう。
④ 今後のスクールソーシャルワーカー事業の充実に向けた課題を説明してみよう。

コラム　「SSWはスクールソーシャルワーカー」

ソーシャルワーカーは様々な分野で活躍する専門職です。わが国でも福祉、医療、地域など、対象範囲は拡大傾向にあります。そのなかで学校という教育分野は比較的歴史が浅く、新しい職域としての開拓が期待されています。これらの現場では、ソーシャルワーカーを略称で用いることがあります。例えば、医療ソーシャルワーカーであればMedical Social Workerの頭文字を取ってMSWのように、精神科病院ではPSW（Psychiatric Social Worker)、社会福祉協議会ではCSW（Community Social Worker）と呼称します。

私は、2008年度に国が全国事業を開始する以前より、学校現場でスクールソーシャルワーカー、いわゆるSSWとして活動をしていました。

当時、幼稚園に通っていた息子は幼いながらに父親の仕事がスクールソーシャルワーカーであることを理解していたというエピソードを紹介します。

それは6月某日のこと、担任の先生から自宅に電話があり、妻が対応した時の出来事です。幼稚園での近況報告として、父の日のプレゼントに息子が私の似顔絵を描いたことを先生が教えてくれました。加えて、「お父さんのお仕事は音楽関係なんですね」と言われ、妻は一瞬「何のこと？」と思ったそうなんですが、よくよく話を聞くと似顔絵の下に息子が“SSW”と書き加えていたようで、それを先生は“シンガー・ソング・ライター（Singer Song Writer）”と思ったそうです。本来ならば、「先生、違うんですよ。それはスクールソーシャルワーカーといって…」と説明してくれたら良いものの、突然のことで妻も何を返して良いかわからなかったらしく、思わず「そんな感じです」と答えたそうです。

息子がどこでSSWを覚えたのかは定かでありませんが、それから私は幼稚園の行事に行くたびに先生の視線が気になり、いつ一曲歌ってくださいと言われかと戦々恐々でした。一方で、世間ではSSWは「シンガー・ソング・ライター」なんだなということを痛感し、いつかSSWといえば「スクールソーシャルワーカー」とイメージしてもらえるまで頑張らなければと誓ったものでした。あれから15年ほどの歳月が流れました。SSWは果たしてスクールソーシャルワーカーの略称として定着したでしょうか？　まだまだ努力の日々は続きます。

12 地域実践における専門性の越境 ～狭間(はざま)を協働により架橋するソーシャルワーク実践～

川島ゆり子

《学習のポイント》 専門性を越境することがなぜ必要なのか、ソーシャルワークの価値に基づき理解する。また、連携は単なる役割分担とは違い、互いの専門性を越境し自らの専門性に揺らぎが生じながら、新しい実践を生み出していくということを確認する。そのうえで、連携をコーディネートする人材養成をめざすIPEについて学ぶ。
《キーワード》 地域生活課題、連携、専門性の越境、IPE

---

(1) ソーシャルワークにおける連携の視点

1) 包括的なソーシャルワークの視点

今までの学習のなかでも、多様な課題が絡まり合い、支援につなげることが難しい事例が取り上げられ、ソーシャルワークの必要性が示されてきた。支援を必要とする人を支援の「対象」ではなく、その人の人生の「主体」ととらえ、「ふだんのくらし」の安心・安全を実現することを難しくさせる課題（地域生活課題）の解決を当事者とともにめざしていく必要がある。

岡村重夫は『社会福祉原論』において、人が社会生活を送るうえでの基本的欲求として以下の7つの欲求があるとし、それぞれに対応する社会制度との関係性に社会福祉は介入するとしている（第2章を参照)。

1 経済的安定の欲求　　　　　　2 職業の機会の確保

3 健康の維持　　　　　　　4 社会的協働への要求
5 家族関係の安定　　　　　6 教育機会の確保
7 文化・娯楽に対する参加の要求

社会制度の側からの視点では、例えば、医療制度は医療が必要な人に対して治療を行うことが、医療専門職としての役割となる。しかし、本人の主体的な側面から「ふだんのくらし」の安心・安全を実現することを難しくさせる課題を見つめれば、病気になっているということだけがその人の暮らしの悩みとは限らない。経済的困窮や家族関係の葛藤、健康面の不調が重なり、その結果引きこもりがちになり、地域とのつながりが切れてしまうというような課題の絡まり合いが起こることもある。暮らしの悩みの全体像に、本人とともにていねいに向き合いそれぞれの課題を解決していくためには、制度側がばらばらに分野別の対応をするのではなく、連携を取らなければならない。

副田あけみは、高齢者の医療介護ニーズの増大にともない多機関協働が求められてきた背景として、以下の2点について注目する。1つは、医療・介護ニーズをもつ高齢者が地域に増えてきていることにより、利用者の意向に沿って、種々の医療サービスと介護サービスが切れ目なく、一体的に提供されるように、多機関の多職種が協働を図っていくことが求められるようになってきたことである。

もう1つは、分野横断的なニーズをもつ「厄介な課題（wicked problems）」が増えてきたということである。厄介な課題とは「ベストな対応方法は誰もわからないが、1つの機関によるアプローチでは解決できないとわかっている、複雑で分野横断的な対応を要する問題」を指す。そして、このような分野横断的ニーズをもつ事例は、家族の構造および機能の縮小化、親族や地域の相互扶助機能の衰退、貧困や経済的格差の拡大、サービス不足とサービスの分断化のまま展開される地域ケア政策などの社会的要因によって、今後も増え続けるおそれがあるとしている（副田あけみ 2018）[1]。

本テキストの第9章「高齢者への地域生活支援」で紹介したセルフネグレクトの高齢者のケースでは、ゴミ屋敷状態の住居で暮らし、支援を拒否する高齢者と地域住民が出会う機会が意図的につくられ、その人の今までの暮らしのなかでの寂しさや辛さに地域住民が共感し、ゴミの片付けが終わったあとも見守り支援が継続されていったプロセスが描かれていた。社会的協同の欲求＜誰かとつながりたい、ともに活動をしたいという思い＞や文化・娯楽に対する参加の欲求＜文化・娯楽を楽しむ機会・仲間に自分も加わりたいという思い＞を含め、生活課題を部分的ではなく、全体的に解決していくためには、専門職だけでなく、専門職と地域住民をはじめインフォーマルな支援者との連携が求められる。

かかわる支援者の多様性が広がるということは、支援を展開するうえでは当然のことながら、支援をコーディネートする時間と手間がかかることになる。しかし、複雑に絡まり合い支援がなかなか進まないような事例が増加している今日だからこそ、このように多様な主体による支援の連携が求められているのである。

2）包括的なソーシャルワークの機能

課題が絡まり合うようなケースを受けとめ解決をめざす、地域を基盤とした包括的な相談支援体制は全国的に整備が進められており、例えば、大阪府は2004（平成16）年より「コミュニティソーシャルワーカー配置促進事業」を開始し、先駆的な実践が知られている。

筆者は、地域を基盤としたソーシャルワークを「個別の課題の解決をめざして支援を実施し、それと同時に個別の課題に内在する地域の課題を見出し、地域住民とともにその課題に向き合い、地域のあり方をともに考え、働きかけていくソーシャルワーク実践」(川島ゆり子 2018) と定義している[2)]。分野横断的な課題に対応し、個別の支援にとどまらず地域支援を展開してくような守備範囲の広いソーシャルワーク機能は、単独の機関では担いきることができず、だからこそ多様な主体をつなぐ連携が求められる。

3) 連携が求められた経緯

上述したように、専門職同士、あるいは専門職と地域住民の協働ソーシャルワークにとって欠かすことのできない連携実践であるが、その必要性が問われるようになった経緯を確認してみたい。

社会福祉の実践において専門職連携の必要性が、特に、保健・医療・福祉にかかわる分野で強調されるようになったのは、1980 年代の半ば頃からといわれている。この時期、高齢化率の急速な上昇が社会課題として大きく取り上げられた。社会保障費の急激な増大の対応に迫られ、また、家族による介護の限界が指摘されるなか、在宅介護を支える社会的な仕組みの整備が重要な課題とされたのである。その後、高齢者だけではなく障害、児童、生活困窮者等の分野別の社会福祉制度でも、連携、ネットワークの構築が提言され、今日、分野の縦割りを越え横断的・包括的な支援体制の構築が進められている。では、社会福祉研究の分野において「連携」とはどのように定義されてきたのだろう。

(2) ソーシャルワークにおける連携の定義

松岡千代は連携を「主体性をもった多様な専門職間にネットワークが存在し、相互作用性、資源交換性を期待して、専門職が共通の目標達成をめざして展開するプロセス」と定義している (松岡千代 2000)[3)]。山中京子は「援助において、異なった分野、領域、職種に属する複数の援助者（専門職や非専門的な援助者を含む）が、単独では達成できない、共有された目標を達成するために、相互促進的な協力関係を通じて、行為や活動を展開するプロセス」と定義している（山中京子 2003）[4]。

連携の概念は、当初は保健・医療・福祉の専門職のつながりに対する概念に限定的で使用されていたものが、その後専門職連携の範囲を広げ、さらに非専門職を含めながら、多様な主体によるつながりのプロセスとして定義されている。

連携の定義は、おおよそ以下の4つの要素が大切であるとされている。

①　知識や資源を共有する

②　2人または2つ以上の組織の協働

③　単独では解決できないようなゴールをめざす

④　相互の違いを認め合う

ここで注目したいのは、①と④が同時に成立するということの意義と難しさである。それぞれに専門分野をもち、その分野の固有の知識や資源をもっているからこそ、その分野ならではの支援を行うことができる。

しかし、分野ごとの固有の知識や資源があるということは、それぞれの役割や考え方は同一ではないということを意味する。固有の特性があり、かつ互いにその特性を「認め合う」ことは実は簡単ではない。

しかし、③の「単独では解決できないようなゴールをめざす」ことが、違いを乗り越え【越境する】動機となる。

目の前にいる当事者のふだんの暮らしの安心・安全を、当事者とともに実現していきたいと願いながら、自らの知識と資源だけでは実現できないと自分自身の限界を知るとき、今まで踏み出さなかった境界を一歩踏み出し、自分とは違う知識や資源をもつ相手と手を組んでいく必要性をソーシャルワーカーは自覚する。また、相手も同様に目の前にいる当事者を支えるために、自分自身の限界を知り一歩踏み出す。

(3) 連携による専門性の揺らぎ

このように考えると、連携をとる、協働するということは、単純な役割分担ではないことがわかる。生きづらさを抱えながら地域で暮らす人は、地域のなかでまったく孤立し「点」として存在しているのではなく、社会との関係性のなかで生きている。その人の地域で暮らすうえでの課題は、地域の関係性のなかで生まれ、語られ、形づくられたものである。ソーシャルワーク実践が人の生活や人生にかかわる実践であるならば、唯一無二の解決方法がいつも用意されているわけではない。尾崎新は、ソーシャルワーカーを迷い悩み葛藤する存在であるとし「さまざまな『揺らぎ』とていねいに向き合うことによって、生活・人生を構造化している社会の仕組みを描き出すことができる」(尾崎 1999：8) とする。揺らぐソーシャルワーカー自身をまず認めることが必要であり、重要なことは援助者や当事者・住民のそれぞれが福祉に関する葛藤（ゆらぎ）を対話することによって福祉の創造性を高め内実を実らせるよう努力することであると尾崎は指摘している（尾崎新 1999：321)[5]。

【事例】

総合相談支援を担うコミュニティソーシャルワーカーとして社会福祉協議会に勤務することになったAさんは、前職は介護事業所でケアマネジャーとして働いており、今まで多くの高齢者の相談支援にあたってきた。

ある日、高齢男性が団地のなかで外出をほとんどせず心配だという地域住民の相談を受けて、Bさんという80代の男性の家を訪問するようになった。足腰が弱くなり団地の階段の昇り降りに不安があるということがわかり、介護認定につなぎデイサービスの利用を開始した。しかし、Bさんの表情がすぐれない。団地のなかには古くからの知り合いがいるが、デイサービスには誰も知り合いがおらず寂しいということだった。

このことを、社会福祉協議会の同僚で、地域担当のコミュニティワーカーであるCさんに相談することにした。Cさんは自分自身の担当地域に所在するこの団地で高齢化が進んでいることを心配しており、民生委員とも協力しながら、居場所づくりができないかと考えていた。

そこで、2人は一緒にBさんのお宅を訪問することにした。コミュニティワーカーであるCさんは、個別支援のケースは担当していなかったため、この機会にBさんのふだんの暮らしについていろいろ話を聞かせてもらい、Bさんの寂しさを肌身で感じることができた。

一方、Aさんは、今までこの団地を訪問しても、Bさん宅にすぐに向かっていたが、Cさんと一緒に歩きながら団地の庭で手入れされている花壇の花の名前や、ゴミステーションの当番の仕組み、ボランティア活動の様子などを聞くことができ、Bさんが暮らす地域を見る視点が広がっていった。

AさんCさんはその後、何度かこの団地を一緒に訪問し、民生委員、福祉委員と話し合い、Bさんに意見を聞きながら団地のなかで地域住民の居場所づくりをすすめている。

当初、個別支援の視点が強かったAさんは、Cさんと連携することにより、自分自身のソーシャルワーカーとしての立ち位置が揺らぎ、個別支援から地域支援に視点が越境していく。今まで、特に気に留めることもなく足早にBさんの家に訪問する途中で通り過ぎていた花壇の花は、この団地に住む誰かが、地域のことを思いながら手入れをしているものである。今まで当事者の暮らしの背景としかとらえていなかった地域の主体性をAさんは意識するようになった。Cさんは地域支援の視点が強く、個々のケースにかかわる機会があまりなかったが、Aさんと連携しBさんと出会うことにより自分自身のソーシャルワーカーとしての立ち位置が揺らぎ、地域支援から個別支援に視点が越境していく。地域の行事を継続することを目的として地域福祉活動を支えてきたが、「だれのために」「何のために」地域福祉活動を行うのか、Bさんの語りを傾聴するなかで、改めて当事者のニーズは何かと考えるようになった。地域住民の居場所がBさんにとってどのような意味をもつべきかを考えながら、地域住民とBさんとの橋渡し役を担うようになっている。

それぞれの専門職には独自の役割がある。しかし、単独ではなし得ないことがあり、支援の限界を感じながら揺らぐ存在でもある。そのなかで自分とは違う役割や視点をもつ相手と出会い、語り合い、互いに自分の専門性の境界を越境し合うことにより、新たな支援の展開が可能となるのである。

(4) 越境する連携を可能にするコーディネート

1）連携範囲の拡大

ここまで見てきたように日本において専門職連携は、1980年代から高齢化の進行、社会保障費の増大にともなう在宅ケアの必要性から、高齢者介護を中心とした保健・医療・福祉の連携としてまず推進されてきた。さらに、複合多問題ケースの増大や生活困窮者の地域での孤立など地域での生活を包括的、総合的に支えていく仕組みの必要性が高まるにつれて、連携の範囲が、保健・医療・福祉から、産業、教育、住宅等、生活にかかわる関連他分野に広がり、さらに地域における多様なインフォーマル支援との連携も課題となっている。

連携、共同、協働、ネットワークなど、支援主体のつながりは、総じてそれらをつくることが「目的化」してしまうと、つながりをつくることで満足してしまい、その後、そのつながりが機能しなくなり形骸化していく傾向にある。連携は構築することが目的ではなく、それを維持発展し、機能させ、ソーシャルワーカーの目の前にいる当事者の地域生活課題を解決につなぎ、また、地域生活課題の解決を支える地域の基盤づくりを実際に進めることが求められる。

2）コーディネートの重層性

地域実践における専門性の越境は、ミクロの個別支援の領域だけではなく、地域のなかで住民と協働して行うプログラムづくりや資源開発というメゾ領域、基盤としての地域づくり及び政策提案というマクロ領域においても重層的に実践していくことが求められる。また、専門性の越境をコーディネートしていくソーシャルワーク機能も、ミクロ・メゾ・マクロと連動させながら重層的に実施していくことが求められている。

①ミクロ領域のコーディネート

地域のなかで、支援の狭間にもれ落ちているような人に寄り添い、相談援助を実践していくためには、1つの分野に特化するのではなく、多分野横断的な視点で専門職による個別支援連携のコーディネートが求められる。ニーズをキャッチし、人とその環境を的確にアセスメントし、ケースを見立て、かかわる専門職のネットワークを形成していく。そのためには、まず、専門職が所属する組織内の連携を確保しておくことも忘れてはならない。なぜなら、組織としてのバックアップがあってこそ、多職種・多機関の連携を重層的につなげていくコーディネートが可能となるからである。多様な相談支援機関に所属する専門職が、それぞれの専門性の相互理解を図り、プラスを引き出し合い、マイナスを補い合うことによりネットワークの総合力を高めていくために、専門職の間に橋渡しを行う。

野中猛は、このような多職種の専門職の越境を促す具体的なツールとしてケア会議を設定し、そのケア会議を運営する技術こそが連携における実質的な技術に位置付けられるとする（野中猛 2014）[6]。そして、ケア会議を運営していくファシリテーション技術について、以下の4段階を提示する。

第1段階　場のデザイン（場をつくりつなげる）

チーム設計、会議のプロセス設計を行い、連携に参加するメンバー同士の関係形成のためアイスブレイクを行う。

第2段階　対人関係（受け止め、引き出す）

それぞれの意見が出しやすくなるように質問し、互いが傾聴する。この段階では、表情や態度などの非言語的メッセージも重視する。

第3段階　構造化（かみ合わせ、整理する）

出てきた意見をかみ合わせ、フレームに整理する。

第4段階　合意形成（まとめて分かち合う）

チームとしての意見決定、葛藤が明らかになれば、改めて話し合う。最終的には役割分担や期限設定を具体的に行う。

専門性の境界から踏み出すことによって生じる専門性の揺らぎを乗り越えていくメンバーを支えることも、専門領域のコーディネート実践として重要な役割となる。

また、チームメンバーの連携に対する動機づけを高めるためのポイントとして以下の5つを示している。

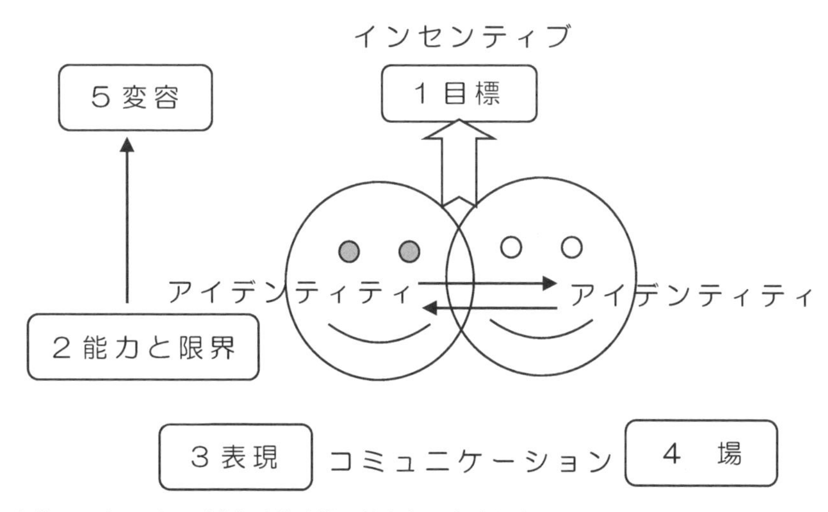

出典：野中猛（2014)『多職種連携の技術』中央法規出版、p 203

図 12－1　連携の理由と方法

1. 共通する目標をもつこと
2. 自他の能力と限界を知っていること
3. 相手とコミュニケーションが取れること
4. 意見交換をする場が設けられること
5. 自らも変容することを受け入れること

互いに違う専門性をもちながら、その違いを超えて共通する目標を設定する。自他の能力と限界を知っているからこそ、相手との相補性（互いのマイナスを補い合い、プラスを高め合う）を認識することができる。常に、コミュニケーションを取り合いながら意見を交換する場があり、連携を取りながら実践を行うことにより、目標に近づいていくことができる。そのプロセスは、課題解決のためのプロセスであるが、そのプロセスをつうじて自らの実践が成長し変容していくことにもつながっていく。連携を取るということは、目の前にいる当事者の課題を解決するということをめざすとともに、それぞれの実践の境界を越えより創発的な実践へと変容していくプロセスとしてとらえることができるのである。

②メゾ領域のコーディネート

1人の人の地域生活を支えるということは、地域の関係性のなかでその人を支えるということであり、地域との協働を抜きにして実現はできない。地域ケア会議など地域住民とケースについて話し合う場をとおして、アセスメント情報や専門職としての見立て、専門職が担う支援の内容などを地域住民と共有する。また、当事者と地域住民が出会う機会をつくり出し、当事者が自分の思いを地域住民に伝えることが難しい場合、その人の思いを代弁していくこともコーディネートの重要な役割となる。

メゾ領域でのコーディネートにおける重要な視点は、地域のことについて最もよく知っているのは地域住民だという、地域の専門性への尊重である。専門性は専門職だけのものではない。地域の専門性を有するのは地域住民であり、専門職は地域に学び、地域の主体性を支えなければならない。

地域のなかで支援につながることのできない人を、地域から排除するのではなく、地域の関係性のなかで支援をしていくことをめざし、住民の主体性を尊重しながら専門職と地域住民がともに話し合い、揺らぎ、当事者に学びながら支援を面として展開していくコーディネートが求められている。

専門職が主導するケア会議等へ住民の参画を求めるという方向性だけではなく、住民が活動をとおして気づいたことをふりかえる場に専門職が参加することによって、住民が誰に相談したらよいかが明確になり、助言や学習の機会が得られ、いざというときのバックアップがあることで安心して住民によるニーズ発見ができるようになるという指摘もなされている。住民主体の会議の場に専門職が召集されるという、専門職主導とは「逆転の発想」を受け入れ、地域住民とともに地域の基盤づくりを行うことができる地域福祉の人材養成も求められる（井岡仁志 2015）[7]。

③マクロ領域のコーディネート

地域共生社会の理念として、誰もが排除されることなく、安心して暮らし続けることができる地域づくりがめざされている。そのことを実現していくための仕組みは、福祉領域だけにはとどまらず、医療、保健、産業、住宅、防犯、防災など多領域との連携が求められることになる。

また、地域福祉計画が分野ごとの福祉関連計画の上位計画として位置づけられ、縦割りだった福祉サービスの制度を横つなぎしていくことがめざされている。

誰もが安心して暮らせる社会という地域共生社会の理念が、いつまでたっても手の届かない理想で終わらないためにも、ソーシャルワークとして誰のために多領域がつながるのか、何のために各分野の計画を包括化するのかを、常につながる相手に伝え続けなければならない。その礎となるのが、ソーシャルワークのミクロ実践の基盤である「この人のいる場所からはじめる」という価値である。ソーシャルワークのコーディネート機能はつながる相手への越境を促し、ミクロからマクロそしてミクロへと連動していくのである。

(5) コーディネート人材養成としてのIPW、IPE

1）IPW、IPEの定義

このように、多様な専門性の越境をコーディネートできる人材を養成することができるかが大きな課題となる。

新井利民によると、保健医療福祉の専門職や専門機関同士の連携に関する教育を、英国では一般的にInterprofessional Education（IPE）と呼んでおり、連携による援助の実際はInterprofessional Work（IPW）をはじめ多様な呼び方がなされているとする。そのうえで、新井は専門職連携実践を「保健医療福祉の2つ以上の領域（機関の異同は問わない）の専門職が、それぞれの技術と知識を提供し合い、相互に作用しつつ、共通の目標の達成を患者・利用者とともにめざす援助活動」と定義し、専門職連携教育は「専門職実践を可能にする資質の向上と修得をめざし、異なる領域同士の相互作用を重視する教育活動」と定義し、これをIPEの邦訳とし位置づけている。

松岡克尚・松岡千代は、IPWは医療ケアの領域で先行されており、社会福祉・ソーシャルワークにとってもその重要性は認識されているものの、特に、専門職養成レベルでの展開において遅れをとっているとする。IPEでは、それぞれの専門職領域のなかでIPEが位置づくのではなく、各領域の専門職が「同じ場所」で「ともに学ぶ」ことが強調されるとしている。また、IPEの展開は卒業前教育に限定されているだけではなく、地域包括ケアの展開のなかで、多様な主体の連携・ネットワークを推進して行くためには、地域社会の実践現場においても、実践者のIPEが欠かせない。

2）IPEの実際

ここで筆者が実際に市町村におけるIPE研修として実践した研修の内容を紹介する。

この研修では具体的な事例を題材にしてワークショップを実施するが、ワークショップの目的は「ケースの出口探し」ではなく、専門職間の互いの思いや役割を「見える化」するというものである。また、ワークショップに参加する職員の経験年数に幅があるため、経験年数が浅い職員でも意見を出しやすいように、ワールドカフェのようなトーク形式ではなくカードワークの手法をとる。

まず、1つの事例に対して自分の職種はどのような役割を担えるか（役割認識）、他の職種に対してどのような役割を期待するか（役割期待）をカード化していく。そうすると、職種間での「認識と期待のずれ」がどの部分に起こってくるかが見える化され、互いの役割で重なる部分も見えてくる。「連携を取る」ということは、最初から互いの思いがぴったり一致するということではなく、こうした「ずれ」を互いの枠から一歩踏み出しながら修正し、重なる部分で互いの強みを生かし合いながら協働してケースに向き合っていくプロセスだということを、このワークショップをつうじて参加者全員で体感することをめざしている。

具体的なワークの進め方を述べよう。

①　自分の役割認識を確認

職種ごとのグループをつくり、小さめの模造紙の中央にまず職種名を記入する。次に「このケースで自分たちの職種が担えると思う役割」をカード化し貼っていく。

②　他者への役割期待確認

自分たちの職種の役割カードを書き終えたら、次に自分たち以外の職種に期待するカードをそれぞれの職種ごとに書いておく。（役割認識とは違う色のカードを使う）。書き終わったら、グループごとに他職種のテーブルを順に回り、その職種に期待するカードを模造紙に貼っていく。

その職種の人がすでに貼っている「役割認識カード」と、もって行ったその職種への「期待カード」の内容がまったく同じであれば、先に貼っているカードの下に重ねて貼り、違う内容のときは違う場所に貼

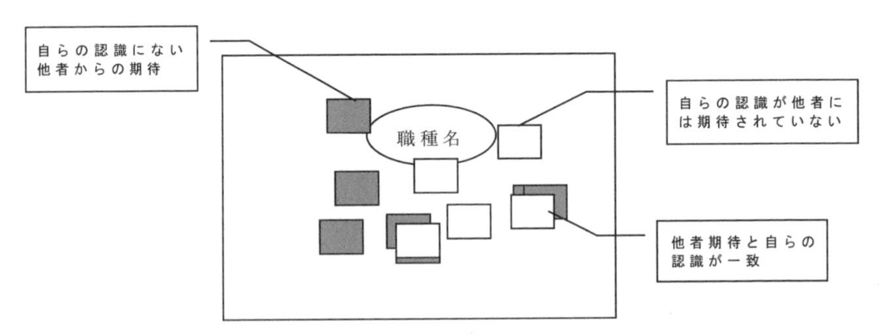

図 12―2 役割認識と役割期待のずれ

る。こうしていくと、その職種の役割認識と他職種からの役割期待の認識にずれのない部分は役割カードの下に期待カードが重ねられることになり、その職種の認識にはない他者からの期待がある場合は、違う色のカードが追加されることになる。

最後に元のテーブルに戻り、自分たちの役割認識と他者からの期待にずれがないかを確認する。自分たちの役割認識が他者から期待されていない場合は、自分たちの役割を他者に理解してもらうことが必要かもしれない。また、自分たちの認識にない役割を他者から期待されている場合、そのずれがどうして起こるのかを考える必要がある。

③　部分エコマップの統合化

最後にそれぞれのグループがつくった職種ごとの役割認識・役割期待を貼ったシートを組み立てていく。あらかじめつくっておいた当事者とその家族の家族図（ジェノグラム）を壁面に貼り、その周りにそれぞれのグループのシートを貼っていき、壁面を使って全体のエコマップとして組み立てる。それを、参加者全員で確認しながら多職種が連携を取ることによる支援の拡大を実感するとともに、支援の重なりがないかを確認しコーディネーションの必要性を理解していく。

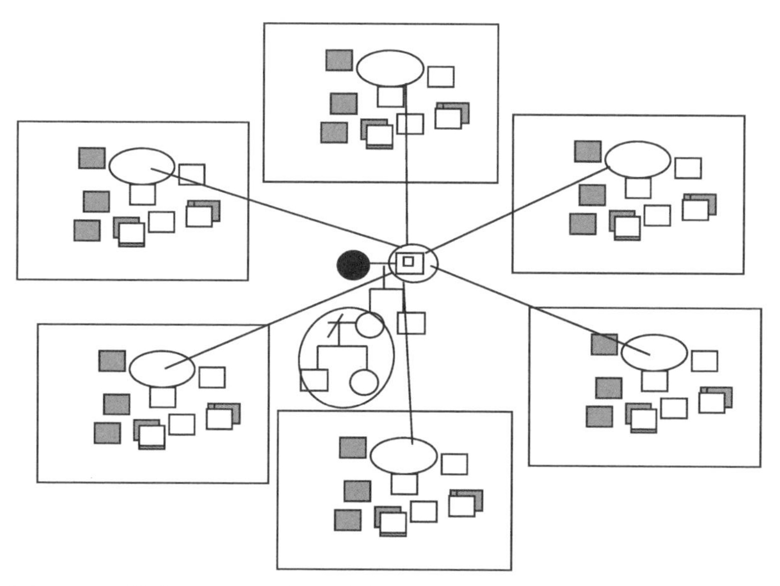

図12―3　部分エコマップの統合化

3）大学におけるIPEと職場でのIPEの連動の必要性

専門職養成の高等教育においても、IPEの必要性が高まっており、社会福祉を学ぶ学生、看護を学ぶ学生、医学を学ぶ学生が１つの事例に基づきディスカッションを行う授業などが学部、あるいは大学を越境して先駆的に実践が行われている。専門教育の段階から連携の必要性について学び、実際に多専門職をめざす学生同士が１つの事例を基にディスカッションを行いながら互いの役割の違いと共通する目的を学び合い、互いに成長していくことにより現場に出てからの実践における多職種連携の土台が築かれる。柔軟に揺らぎを受け入れ、自分自身の専門分野の枠を超えて越境できる人材が今後ますます求められることになるだろう。

引用文献

[1] 副田　あけみ（2018）『多機関協働の時代　高齢者の医療・介護ニーズ、分野横断的ニーズへの支援』関東学院大学出版.
[2] 川島　ゆり子（2017）「地域を基盤としたソーシャルワークの総合性とは何か」牧里　毎治・川島　ゆり子・加山　弾編著『地域再生と地域福祉』75－87.
[3] 松岡　千代（2000）「ヘルスケア領域における専門職間連携」『社会福祉学』40(2)、17－38.
[4] 山中　京子（2003）「医療・保健・福祉領域における『連携』概念の検討と再構成」『社会問題研究』53(1)、1－22.
[5] 尾崎　新（1999）『揺らぐことのできる力』誠信書房.
[6] 野中　猛（2014）『多職種連携の技術』中央法規出版.
[7] 井岡　仁志（2015）「滋賀県高島市の見守りによる住民主体のまちづくり実践」『地域福祉実践研究』6、2－12.

参考文献

野中　武（2014）『多職種連携の技術』中央法規出版.
尾崎　新（1999）『揺らぐことのできる力』誠信書房.
広井　良典（2000）『ケア学―越境するケアへ』医学書院.

学習課題

① 連携に類似する用語にはどのようなものがあるか調べてみよう。
② 事例を一つ取り上げ、事例にかかわる職種を一つ想定し、その職種から見たら事例のどこに焦点を当てるか予測しながら、事例にマークをしてみよう。
③ 取り上げた事例について、あなたがコーディネート役を担うと想定したとき、一緒にケア会議に参加してほしいメンバーと、その人に期待する役割を整理してみよう。

コラム　「連携」と「役割分担」

多職種が連携を取るということと役割分担をするということは、必ずしも同じことを意味するとは限りません。

もう10年以上前のことですが、部署間の連携を推進していこうということを目的とした事例検討会に参加する機会があり、そこでいろいろな課題が絡まり合う世帯について今後どのような支援を展開するかを話し合うことになりました。その会議には個別支援を担当している複数の分野の職員と、地域支援を主に担当している職員がメンバーとして参加しており、相互に意見と交換しながら連携を取ることが目的として開催されたものでした。

まず、それぞれの立場からケースをアセスメントする意見が出されましたが、職種や経験年数の違いによってケースのとらえ方が微妙にずれていることが見えてきました。また、他の職種に対して「もっとこうしてくれたらいいのに」「自分はこんなにやっているのに助けてくれない」という意見や事例提供者に対する批判など、他職種に対する否定的な意見も次々と出されることになりました。

気まずい空気の中、それぞれの役割分担が決められ支援の継続が確認され会議は終了しましたが、その後それぞれが互いにどのような支援を行っているかという進捗状況も十分に共有されないまま専門分野ごとの支援が進められていくことになってしまいました。私にとってはその場の流れを修正することができなかった苦い経験となり、多職種連携のあり方についての研究に取り組むきっかけともなった出来事となりました。

13 利用者理解とスピリチュアリティ ～人間の存在に寄り添う～

橋本直子

《学習のポイント》 ソーシャルワーク実践において、人の尊厳や全人的存在としての人間理解は不可欠な視点である。本章では、人間理解において、欠かすことのできないスピリチュアリティに焦点を当てる。スピリチュアリティとは、いかなるものなのか。まずは、スピリチュアリティの定義や理解を学び、利用者理解を深める上で、人間の根源的な痛みや苦しみであるスピリチュアルペインをどのように受け止め、ソーシャルワーク実践でのアプローチに還元していくのか、その重要性と方法について検討する。最後に、ソーシャルワーカーがスピリチュアルな領域に配慮した支援について考える。
《キーワード》 全人的理解、スピリチュアリティ、スピリチュアルペイン、生きる意味や目的、超越性、関係性（つながり）

---

(1) 全人的な人とスピリチュアリティ

1）ＷＨＯの健康定義から

2020年6月に改定された日本ソーシャルワーカー連盟の倫理綱領では、6つの原理の1つに「Ⅵ（全人的存在）ソーシャルワーカーは、すべての人々を生物的、心理的、社会的、文化的、スピリチュアルな側面からなる全人的な存在として認識する。」(日本ソーシャルワーカー連盟 2020)[1]があげられ、これまで扱われることのなかったスピリチュアリティが、全人としての人間存在の理解において必要な領域であることが明記された。

ソーシャルワーク実践では、困難を抱える人を身体－心理－社会的な存在ととらえ援助をしてきた。しかし、近年、それらに加えてもう1つ－スピリチュアルな領域への理解が不可欠であると考えられるようになっている。それは、ソーシャルワーカーが現場で出会う様々な苦悩や課題を抱えている人々が、その根底に人としての尊厳や自己存在を揺るがされるような苦しみ－スピリチュアルペインを抱え生きているということが認識されるようになったからである。こうした、スピリチュアリティの領域についての関心はどこからきたのだろうか。

近年のスピリチュアリティの関心の高まりの1つには、1998年の世界保健機関（WHO）理事会での健康定義改定をめぐる議論があった。改訂案は健康定義の「身体的（physical）、精神的（mental）、社会的（social）に良好な状態（well－being）」に、「霊的（spiritual）」を加えるというものであった。この提案は、中東諸国やアフリカ諸国の代表者たちの宗教やスピリチュアルな感覚は人々の健康に多大に影響を及ぼすものという認識を背景に出されたものであった（田崎2001）[2)]。改正案は、総会で審議が行われることなく事務局長預かりになったままであるが、WHOは、スピリチュアルな領域は、身体的、心理的、社会的領域と並んで、人間を全人としてとらえる際の1領域であり、スピリチュアリティを人間の尊厳の確保やQOL（Quality of Life）を考えるために必要な本質的なものと考えたのである（藤井2013）[3)]。その後、WHOでは、WHO QOLのSRPB（spirituality、religiousness、and personal belief）調査票開発を行い[1]、2002年にはスピリチュアルな概念構造は“絶対的な存在とのつながりと力”“人生の意味”“自然への畏敬の念”“統合性・一体感”“スピリチュアルな強さ”“心の平安・安寧（あんねい）”“希望・楽観主義”“信仰”であると発表された[2]（田崎2006）[4)]。こうした流れのなか、

[1] WHOでは改正案が審議に通った場合に備え、現行の健康定義を反映して作成されたWHO quality of life（QOL）評価尺度にスピリチュアリティの項目を加えるべく、その概念構成と定量化のための調査を実施した。

[2] 調査項目は4領域「個人的な人間関係」「生きていく上での規範」「超越性」「宗教に対する信仰」と18下位領域によって構成されている。

スピリチュアリティへの関心が高まり、宗教学をはじめ心理学、社会学、教育学、医学、看護学、社会福祉学など様々な領域で研究されるようになった。

2）全人的苦痛とスピリチュアルペイン

一方、スピリチュアルペインへの接近から全人的な存在である人とそのケアへの理解を促したのは、ターミナルケアの臨床であった。心や魂をもった人として末期がん患者の痛みを全人的な痛み（total pain）ととらえ、身体的でもなく心理的でもなく社会的でもない苦痛－「スピリチュアルペイン」があることをとりあげたのは、現代的ホスピスの創設者であるシシリー・ソンダースであった。その後、世界的に増加するがん患者の苦痛に対応するため立ち上げられた世界保健機関（WHO）の専門委員会（1990）では、「緩和（かんわ）ケアは、全人的な人間としての福利に関するものであるため、人間として生きることのスピリチュアルな側面

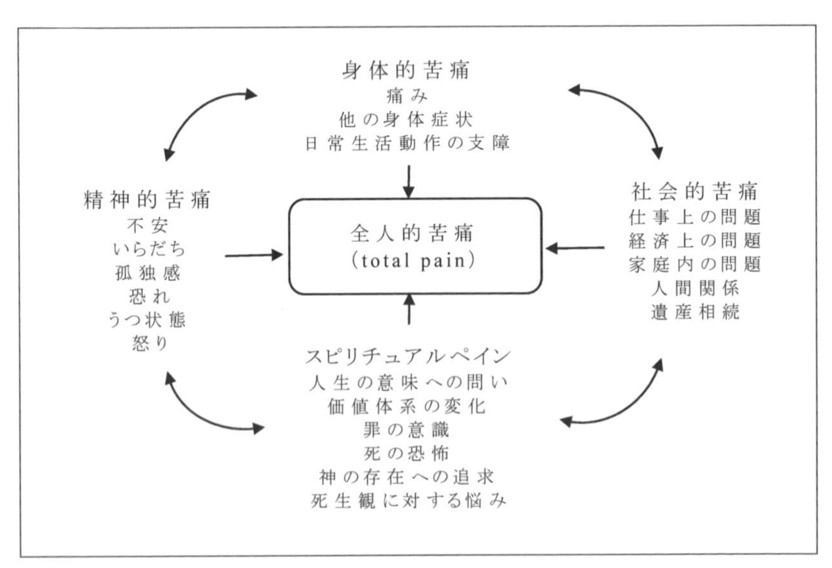

出典：淀川キリスト教病院ホスピス編（2007）『緩和ケアマニュアル第5版』最新医学社 p 39

図 13－1　全人的苦痛の理解

を認識し、尊重すべきである」(WHO＝1993：48)[5]とスピリチュアルペインの存在を認め、その緩和の重要性を示した。

これまでそのニーズが顕著に表出される緩和ケアでの議論が中心となり、スピリチュアルペインは死の危機に直面するとき特有のものであるといった認識がされがちであった。しかし、現在、スピリチュアルペインは、生命の危機的状況だけではなく、健康や人間関係、経済的保障や社会的承認といったその人の人生を支えてきた「生きる枠組み」が崩れ、存在全体が揺さぶられるときに起こる根源的な痛みであると考えられている（窪寺2005）[6]。第2章でみたような複合的な困難を抱え、様々なつながりを失い孤立していく人々の現状を顧みたとき、包括的な生活支援の提供はもちろんのことであるが、忘れてはいけないのはその人の根源的な痛みへのまなざしなのである。スピリチュアルな領域、スピリチュアルペインへの理解は、その人の生活＝生き方に深く関わるソーシャルワーク実践には必要不可欠な視点なのである。

(2) スピリチュアリティの定義と理解

1）カンダによる定義と理解

では、スピリチュアリティはどのように定義されるのだろうか。

スピリチュアリティの概念は、様々な領域で研究されてきているが、多義性をもつ概念であるゆえ、コンセンサスがとれているとは言い難い。宗教学分野では「神（超越者）」とのかかわり、心理学分野であれば「自己超越や自己実現」とのかかわり、医療や福祉分野であれば「人生の意味や目的」とのかかわりに重きをおき意味づけられるといったように、研究者や領域によってとらえ方は様々である。しかし、藤井美和(2010）は、スピリチュアリティ研究において共通して認められることは、スピリチュアリティが人間の存在を支える根源的な領域であるということ、そして、スピリチュアリティを理解する上での重要なキーワードは「意味」と「関係性」であると述べ[7)]、スピリチュアリティを「人間存在に意味を与える根源的領域であり、同時に、人が意味を見いだしていくために希求する、自己、他者、人間を超えるものとの関係性、またその機能と経験」（藤井 2015：58）と定義している[8)]。

ここでは、ソーシャルワーク領域におけるスピリチュアリティ研究の第一人者であるエドワード・カンダの定義とホリステックな人のとらえ方を紹介したい。

私はスピリチュアリティを、生物的・精神的・社会的・霊的な側面を全てふくむ、人間の生活と発達の全過程のゲシュタルト（全体像）として概念化する。スピリチュアリティは、これらのうちどれか一つの要因に還元できるものではない。（中略） 狭義の意味では、スピリチュアリティという語は、個人や集団のスピリチュアルな要因に結びついている。「スピリチュアル」なものは、人が意味を求め、自己自身、他者、すべてを包括する宇宙、実存の存在論的基盤とのあいだに道徳的に満たされた関係を求めることと結びついている。その場合、そうした基盤は有神論的に、無神論的に、非有神論的に、あるいはそれらの組み合わせによって理解される（Canda&Furman＝2014：98）[9)]。

つまり、スピリチュアリティは、人間の発達と生活全般の全体性にかかわるものであると同時に、生物・精神・社会・霊的な側面としての1機能をもち、そして、それは根源的な存在の意味の探求という人間の根源にかかわるものであるととらえている。また、宗教（神）との関係は無神論も含むような包括的なものとしてとらえている。

このようなスピリチュアリティの定義の上、カンダはスピリチュアリティのホリスティック・モデルを示している（図13－2)。このモデルでは、スピリチュアリティを人間の全体性（wholeness)、人間の中心(center)、人間の霊的側面（spiritual aspect）の3つからとらえている[10)]。カンダは、「人間の霊的側面」のスピリチュアリティは、前述の健康定義や倫理綱領と同様に、生物的、心理的、社会的側面と同様に1つの側面としてのスピリチュアリティがあり、それが加わることで4つの側面として人として完結するとするが、スピリチュアルな側面はそれだけではなく、人間の本性にとって根本的なもので、他の生物－心理－社会的な側面に浸透していくものであると説明する。そして、スピリチュアリティは、すべての側面に浸透し、それらを束ばねて、統合性(integrity、integratedness)、つながり(connectedness)、全体性(wholeness）の感覚を生み出すように働き、それがどんな部分にも還元されない人間の特質としての「人間の全体性」のスピリチュアリティであると考える。また、この全体性は神聖性や超越的なものであると述べる。「人間の中心」としてのスピリチュアリティは、自己の内面に向かうものであり、自分の存在の居場所を見つけ、自己と他者、世界とのつながりや関係の気づきを与えるという。

カンダは形而上学的[3]な主張は控えたいとするが、全体性や中心としてのスピリチュアリティといったとらえ方も、すべての人を無条件の肯定的な関心をもって積極的に尊重していくというソーシャルワークの見地と矛盾するものではないので、この3つのメタファー（側面、全体性、中心）をとりあげることで、スピリチュアリティのより豊かな理解がえられると主張している。

2）スピリチュアリティへの理解

カンダのスピリチュアリティへの理解をみてきたが、次に、医療や福

---

[3] 形而上学は目に見えない本質・存在の根本原理を思惟や直観によって探求しようとする学問。

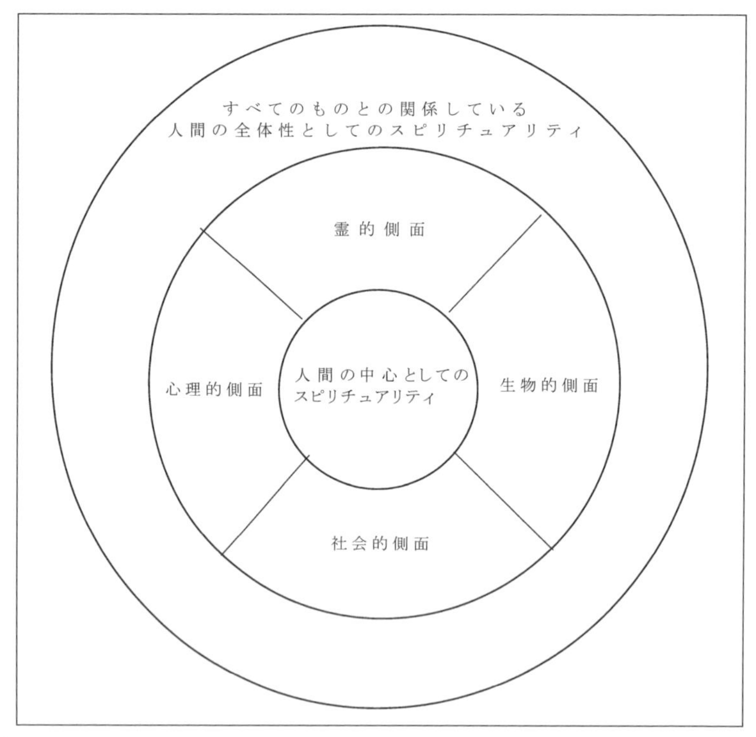

出典：エドワード・R・カンダ、レオラ・デイラッド・ファーマン（2014）『ソーシャルワークにおけるスピリチュアリティとは何か』ミネルヴァ書房、P 131

図 13ー２　スピリチュアリティのホリスティク・モデル

祉領域でとりあげられるスピリチュアリティに関して共通すると思われるとらえ方をあげておく。

① 人生の意味や目的と関連する

人は自分の存在の根拠を探している存在である。誰でも一度は「生きることに何の意味があるのか」とか「何のために自分は生きているのか」と考えたことはあるだろうが、普段の生活ではそこまでそのことを意識し、自分に深く問うことは少ない。しかし、「死」へ近づくとき、対人関係の問題や経済的な生活問題に直面し社会での居場所を失うとき、あるいは思いもしなかった大病や障害を抱え人生が断絶したように感じられるとき、私たちは生きる意味や目的を求め、自己の存在の拠りどころをつかもうとする。スピリチュアリティは、生と死にかかわる根源的な問い、個人の実存的な問いにかかわる領域であるといえる。

②　超越性の次元に関連する

超越性は自分を超える他者である。自分を超える他者とは、神や仏であったり、大いなる自然や宇宙、神秘的な存在であったりする。個人の実存的な問いには、水平の関係にある他者では、応えられない答えがある。自分のいのちがどこから来てどこに帰るのか、いのちはなぜ私に与えられているのか、なぜ苦しむのか、なぜ今生きているのか、死の先には何があるのかというような問いかけは、人間であるがゆえに超えられない限界があり、その限界を超える関係性が必要で（藤井 2010）[11]、そこに人間の限界を超えた超越性との関係が要請される。

もう１つは、究極的自己へのかかわりである。それまでには探求することもなかった奥深いところにある内的な自己への接近である。生きる意味を求め、過去を振り返り、人生の価値観を再検討していくなかで出会う「自分」である。窪寺俊之（2010）は自分の中の「究極的な自分」が「掛け替えのない個」「絶対的存在」として認識され、小さい生命、有限な生命に「究極的いのち」を見て取るという。「究極的いのち」とはわたしの中の「本当のわたし」で、無垢な自分、あるがままの自分があり、それが神秘的存在として認識される[12]という。また、本当の「自分」に出会った体験は、あたかも大きな生命に出会った体験とも共通していて、永遠の安らぎをもつものだという。

③ 人の危機的状況にスピリチュルペインとして顕(あらわ)れる

スピリチュアリティは、その人の存在が揺るがされるような状況において、スピリチュアルペインとして顕在化してくる。前述したように、多くの人は「人生の意味や目的」について普段から疑問を抱え探求してはいないが、存在の危機的状態には、「なぜ」「どうして」と自分自身への「問い」としてスピリチュアルペインが表出されることが多い。問いとして表れるスピリチュアルペインには、例えば、「どうして私がこの病気になったのか？」「なぜ、私がこんな目にあうのか？」といったものがある。病気になった理由は、医学的に説明することはできても、どうしてそれが「私」なのかは、誰にもわからない。事故や事件に巻き込まれ障害を抱えた人に、あるいは逆境体験を生きのびる人々に、他の誰でもなくなぜ「私」にその出来事が起こった（っている）のか、誰にも答えることはできない。このような答えのない問いを前にしたとき、人は、自分のこれまでの生き方を振り返り、後悔し、自分を責めたり、罪の意識に囚(とら)われる。スピリチュアルペインは、不安や恐れ、孤独感や虚無感といった心理的苦痛として表面的には表れることも多いが、言語化されないこともある。

④ スピリチュアリティと宗教

「『霊的』とは、人間の生の側面であり、超越的な感覚の現象として経験されるものである。多くの人々にとって、『生きていること』が持つ霊的な側面には宗教的な因子が含まれるが、『霊的』は『宗教的』と同じではない。・・省略」[13]と、WHOは示している。スピリチュアリティときくと、私たちは宗教との関係について考えるが、多くの論者がスピリチュアリティを宗教よりも広い概念としてとらえている。これは、宗教は教義と儀式のもとに制度化されているなかでの信念や実践であり、スピリチュアリティは個人の信念、内的体験や個人的な実践としてあらわれるものとする見方である。つまり、スピリチュアリティは、人によっては特定の宗教の信仰や実践によってあらわされることもあれば、宗教の形にはとらわれず、より自由に、個人の価値信念やその人のとらえる自分を超えた超越性との関係をとおして、その人のものの見方や行動にあらわれる場合もあるということである。

(3) 社会福祉実践でのスピリチュアリティ

前述したように、スピリチュアリティにかかわる実践や研究の多くは緩和ケア領域が大半であるが、木原活信（2016）はこれまで、社会福祉のスピリチュアリティの実践事例として、「無縁社会への希望の支援」「児童虐待の親子への家族再統合、和解」「里親や養子縁組の児童への真実告知」「中途障害者への障害受容、障害の意味づけ」「介護施設などでの高齢者の看取りをめぐるケア」「認知高齢者へのケア、当事者への尊厳への意識」「統合失調症者への世界への理解」「アルコール臨床、依存症治療（AA などの SHG）」、「自殺予防と遺族ケア、グリーフケア、ターミナルケア」「援助者であるソーシャルワーカーなどの自己覚知（スーパービジョン）」を取り上げている[14]。これらの事例では、自分を超えた超越的な視点やそうした人生の状況を受け止めるための根源的な意味づけの視点が求められている。中途障害者への障害受容が事例に挙がっているが、病気と障害の受容は、精神障害者への支援においても関連する（第 7 章の精神障害者のリカバリーにも関連）。ここでは筆者のかかわった統合失調症者 A 氏の病気の受容をスピリチュアルな視点から 1 事例として上げる。

事例 A 氏のスピリチュアルペインと病気の受容

「病気になった人は治っても治らなくても、人生は暗く、光や喜びはないもの・・・」

「もう誰も信用できないっていうか。誰も私のこと、わかってくれないみたいに思って、どんどん自分の存在を狭めていって無価値な存在やと思って、なんか、ビルの屋上から飛び降りそうに・・・」

統合失調症と診断された A 氏の思いであった。

以前と比べれば理解が進みつつあるとはいえ、地域社会にある精神疾患や精神障害者への偏見や差別は依然として根強く、その価値観を内在させていた A 氏にとっては自分自身が精神病であると告知されることは、社会の誰からも相手にされなくなること、そして、自分自身にとっては事実として起こっていたことが幻聴であり妄想であると医師から告げられたことは、自分の生きている（きた）世界への信頼を失うこと、であった。

いかに、医師が告知とともに病気と治療についての説明を行い、病気が回復しうることを伝えても、A 氏にとっては、これまで生きてきた過去の自分を否定し、そして、この先に存在すると思われていた未来がそこで断絶されてしまうことにつながる、すなわち、病気を認めることは、A 氏にとって「自らの存在が揺るがされる」危機であった。

A 氏は医療機関につながるまでの数年間、統合失調症の症状である幻聴や妄想の影響を受け様々な人間関係のトラブルや崩壊を経験し、家族との軋轢も抱え、殊（こと）に父との確執は大きなものとなっていた。他者を信頼できず、つながりを喪失していくなかで宗教に救いを求めることもあったが、A 氏は神ともつながりを築くことができず、次第に「死」を意識するようになっていった。その状況において、医療機関を受診した A 氏のスピリチュアルペインの表れが前述の言葉であった。

その後、A氏は統合失調症のある人達のセルフヘルプグループに出会う。同じ病気の仲間の話を聞き自分を語る場を得て、少しずつ開示されていく自らの正直な思いや弱さに向き合うなか、徐々にみえてきたのはA氏の奥底にあった痛み－「人を信じたい」という強い思いをもちながらも、病の経験の過程で生じた「人を信じられない」という「他者(神を含む）への信頼」を喪失した深い孤独であった。

A氏は日々の生活で紆余曲折(うよきょくせつ)がありながらも、仲間のなかで語り聞くことを続け、自分とつながり（自分を信じ)、他者とつながった（他者を信じた)。さらには、A氏にとって絶対的な存在であった父の死を看取るなかで、超越する存在を感じとった。そして、超越者との関係に自分を委ねるようになり、自分が病気であるかないかも超えたところで彼自身の生きる意味を見出していった。

市瀬晶子ら（2013）は、スピリチュアルペインは物語として表れてくるものであり、不変の苦しみではなく、その主観的痛みというものを新しく語り直していくことに常に開かれたものであり、語り直しによって、その苦痛の物語が、希望へも変容し得る[15)]、と述べている。A氏は、セルフヘルプグループで他者と出会い、そのなかで自らの物語を語り直し続けることで自己に出会った。これまでの苦しみの体験は繰り返し語られるなかで、唯一無二の価値ある体験として立ち表れ、その過程をとおして、A氏は彼自身の物語をかけがえのない意味あるものとしてとらえ直し、受け入れるに至ったのである。

(4) スピリチュアリティに配慮したソーシャルワーク

1）スピリチュアルペインへの認識と態度

最後に、ソーシャルワーク実践におけるスピリチュアリティへのアプローチについて述べる。

藤井（2013）は、根源的な痛みであるスピリチュアルペインをどう感受し、どのように向き合い、寄り添っていくのかという出発点が根源的な人間理解に根ざしたソーシャルワーク実践である[16)]と述べる。ソーシャルワーカーは、課題を抱えたクライエントの苦痛や苦悩のなかにあるスピリチュアルペインに、まずは目を向ける必要がある。そのためにはクライエントとのかかわりにおいて、「全人的な存在」として目の前にいる人をとらえること、抱える困難の奥にはスピリチュアルペインがあるということを認識することが必要である。林貴啓（2006）は、スピリチュアリティを「問い」と「答え」の位相に区分し[4]、「問い」の位相「人生の究極の意味や目的を、自覚的に問題にしてゆく関心・姿勢」を定位と置いた場合、一定の「答え」を前提としないからこそそれは様々なしかたでのスピリチュアルな「答え」を求めてゆく窓口、あるいは機縁（きえん）となるのではないか[17)]、また、ケアや教育で第一に求められることは一定の答えや方向性を示すことではなく、問いの場、機会を開くことではないか[18)]と示唆している。ソーシャルワーク実践の場においても、スピリチュアルペインとして表れる「問い」に、まずはソーシャルワーカーが開かれていなければならない。あるいは「問い」を表現できる場が必要であろう。そして、林（2007）が指摘するように超越への扉が閉ざされている、あるいは扉の存在すら忘れられているのが実情だといってよい日本社会の文脈のなかで、「超越への扉」を開いておくこと、それが重要な要素[19)]といえるだろう。

2）スピリチュアルペインにかかわるには

スピリチュアルペインは痛みそれ自体が主観的なものである。スピリ

---

[4]「答え」の位相は「そうした問いに何らかの答え、方向を与えようとするもの」である。林はまず「問い」の次元でスピリチュアリティを理解する視点、つまり誰もが根源的な関心からスピリチュアリティに開かれるよう、多くの人々にとって「参照軸」となるようなスピリチュリティの理解の仕方の1つとして「問い」と「答え」の位相を提示している。

チュアルペインは、その人が内在化してきた世間の価値観（世のなかのもつモノサシ）が使えなくなることで顕在化するからこそ、新たなモノサシを見出していくという価値の再構成を必要とする（藤井 2013）[20]。それは、苦しむ人が自らの意味を見いだしていかなければならないということであり、スピリチュアルペインからの解放には、その人自身の主観的意味づけが必要となってくる。つまり、決してソーシャルワーカーが答えを出すことができない、誰かが代わって解決することができない痛みであることを、理解してかかわることが大前提なのである。そのためには、ソーシャルワーカー自身が自らの専門性の限界を理解しているだけではなく、人間としての無力さ、弱さを受け入れている必要がある。かかわる側も不完全な人間であり、限界があることを謙虚に受け入れて、なおその人のそばに立ち、その人の存在を受けとめ、寄り添うことが必要になるのである。その関係性において、その人はその人のやり方で苦しみの意味を見出し、価値観を再構築するのである。問われるのはクライエントではなく、常にソーシャルワーカー側の価値観であり態度なのである。人間を越えるものとの関係性や信仰、死生観など自身の根源的な価値や自分の生き方に向き合うことが求められる。

(5) まとめ

全人的存在としての人間理解が求められるソーシャルワーク実践において、スピリチュアリティの視点をもつことは重要である。スピリチュアリティは、人間の存在を支える根源的な領域であり、生きる意味や目的、自己や他者、超越的なものとの関係性と関連している。また、スピリチュアリティは、自己の存在が揺るがされるような危機的状況において、スピリチュアルペインとして顕れる。スピリチュアルペインは存在の根源的痛みであり、実存的な痛みである。ソーシャルワーカーはクライエントのスピリチュアルペインに目を向け、苦しむ人自身が自らの存在の意味を見いだすことに寄り添うことが求められる。そのためには、ソーシャルワーカー自身が自身の根源的価値に向き合う必要がある。

引用文献

[1] 日本ソーシャルワーカー連盟（2020）「日本ソーシャルワーカー倫理綱領」http://www.japsw.or.jp/syokai/rinri/sw.html　2020/12/15

[2] 田崎　美弥子・松田　正己・中根　充文（2001）「スピリチュアリティに関する質的調査の試み－健康及びQOL概念のからみの中で－」『日本医事新報』4036、24－32.

[3] 藤井　美和（2013）「人の苦しみとスピリチュアルペイン―ソーシャルワークの可能性―」『ソーシャルワーク研究』38（4）、224－238.

[4] 田崎　美弥子（2006）「健康の定義におけるスピリチュアリティ」『医学のあゆみ』216（2）、149－151.

[5] WHO（1990）Cancer pain relief and palliative care：Report of a WHO expert committee, World Health Organization Technical Report Series 804, WHO.（＝世界保健機関編（1993）武田　文和訳『WHO専門委員会報告書　第804号　がんの痛みからの解放とパリアティブ・ケア－がん患者の生命へのよき支援のために』金原出版、p 48）.

[6] 窪寺　俊之（2005）「スピリチュアルペインの本質とケアの方法」『緩和ケア』15（5）、391－395.

[7] 藤井　美和（2010）「生命倫理とスピリチュアリティ―死生学の視点から―」藤井　美和・濱野　研三・大村　英昭・他編『生命倫理における宗教とスピリチュアリティ』晃洋書房、1－27.

[8] 藤井　美和（2015）『死生学とＱＯＬ』関西学院大学出版.

[9] Canda, E. R. and Furman, L. D.（2010）Spiritual diversity in social work practice：The Heart of helping, Second edition, Oxford University Press（＝木原　活信・中川　吉晴・藤井　美和監訳（2014）『ソーシャルワークにおけるスピリチュアリティとは何か－人間の根源性にもとづく援助の核心－』ミネルヴァ書房）.

[10] 上掲書 p 131

[11] 藤井　美和（2010）前掲書 p 9－10.

[12] 窪寺　俊之（2010）「スピリチュアリティとキリスト教」藤井　美和・濱野　研三・大村　英昭・他編『生命倫理における宗教とスピリチュアリティ』晃洋書房、145－171.

13) WHO（1990＝1993）前掲書 p 48.
14) 木原　活信（2016)「社会福祉におけるスピリチュアリティ：宗教と社会福祉の対話」『基督教研究』78、1－41.
15) 市瀬　晶子・木原　活信（2013)「自殺におけるスピリチュアルペインとソーシャルワーク」『ソーシャルワーク研究』38(4)、248－254.
16) 藤井　美和（2013）前掲書
17) 林　貴啓（2006)『「問いのスピリチュアリティ」から幸福を問う』『先端社会研究』4、49－70.
18) 林　貴啓（2011)『問いとしてのスピリチュアリティ－「宗教なき時代」に生死を語る』京都大学学術出版会、p 170.
19) 林　貴啓（2007)「スピリチュアリティにおける「問い」と「答え」「問いの位相」からみえてくるもの」安藤　治・湯浅　泰雄編『スピリチュアリティの心理学』せせらぎ出版、109－122.
20) 藤井　美和（2013）前掲書

参考文献

藤井　理恵・藤井　美和（2009)『増補改訂版たましいのケア・病む人のかたわらに』いのちのことば社.
窪寺　俊之（2008)『スピリチュアルケア学概説』三輪書店.
藤井　美和（2015)『死生学と QOL』関西学院大学出版.
V・E フランクル（2002)『意味への意志』春秋社.

学習課題

①「全人としての人間」についてスピリチュアリティの視点から説明してみよう。
② スピリチュアルペインについて説明してみよう。
③ これまで「生きる意味や目的」を考えた場面はあっただろうか。自分自身や家族、友人の危機的状況を考えてみよう。何を感じ、考えただろうか。
④ 自分の死生観について考えてみよう。

コラム 「人は変われる」

筆者は精神科クリニックでアルコール依存症の人とかかわるようになり、アルコール依存症という病気がこんなにもその人の生活や家族の人生を狂わせるものなのかと衝撃を受けました。しかし、同時に、それ以上に驚いたことがありました。それは「人は変われる」ということを目の当たりにしたことでした。人間なんてそうそう変われるものではない、変わらないと思っていました。しかし、仕事や家族、健康や命までも失う（失いかける）ほど、飲酒に心を囚われ、自分のことしか考えられなくなっている人が、AA や断酒会に参加し回復していくと、飲まなくなるだけではなく、謙虚で、仲間や家族を思いやり、生かされていることに感謝して生きる人になっていました。なかには「別人？これは奇跡！」としかいいようのないほどの変わりぶりの人もいました。「性格は変えられないけど、生き方は変わるよ」と彼らはよくいっていました。

AA（Alcoholics Anonymous）はアルコールをやめたいと願う人々の集まる SHG ですが、12 のステップという回復プログラムがあり、そこでは「スピリチュアルな成長（spiritual growth）」が目指されています。飲まない生き方の継続は、スピリチュアルなものに対する考え方や見方の変化を通じてのみ達成できるという考えに基づいてこのプログラムはつくられています。ステップの最初は「私たちはアルコールに対して無力であり、生きていくことがどうにもならなくなったことを認めた」と、人間の無力さを徹底的に自覚するところから始まります。そして、自分を超えた大きな力（ハイヤーパワー）に委ね生きることが 12 のステップをとおして求められます。

ハウツーで考え方や行動を変える、ポジティブ思考になるといったことではなく、深いところでその人が変わっていく姿、それが、私が最初に実践で教えられた「人は変われる」ということでした。その人自身が同じ病気の仲間、ハイヤーパワーとのつながりのなかで、自分で自分を理解していく先は無限に感じられます。

14 反抑圧ソーシャルワーク ～他者と共に生きていくための理論と実践～

宮﨑　理

《学習のポイント》 反抑圧ソーシャルワーク（Anti−Oppressive Social Work）は、イギリスやカナダ、オーストラリアなどの英連邦の国々を中心に展開されてきた革新的なアプローチの１つである。日本では、それほど馴染み深いものではないが、反抑圧ソーシャルワークの知見を学ぶことによって、伝統的なアプローチが見落としがちな問題を顕在化させ、それに取り組むための示唆を得ることができる。本章では、まず、「抑圧」とは何かを把握する。そして、反抑圧ソーシャルワークの歴史と特徴的な視点を概観する。そのうえで、日本における抑圧の一例を検討し、どのような反抑圧の社会福祉実践が求められるのか考察を深める。

《キーワード》 ソーシャルワーク、抑圧、交差性、権力、再帰性

---

(1)「抑圧」(oppressive) とは

１）グローバル定義のなかの「抑圧」

21世紀のソーシャルワークにとって、「抑圧」(oppressive) は重要な焦点の１つである。第１章でも取り上げた「ソーシャルワーク専門職のグローバル定義」の本文には「注釈」が付与されており、そのなかの「中核となる任務」には、以下の記述がある。

> ソーシャルワークは、相互に結び付いた歴史的・社会経済的・文化的・空間的・政治的・個人的要素が人々のウェルビーイングと発展に

とってチャンスにも障壁にもなることを認識している、実践に基づいた専門職であり学問である。構造的障壁は、不平等・差別・搾取・抑圧の永続につながる。人種・階級・言語・宗教・ジェンダー・障害・文化・性的指向などに基づく抑圧や、特権の構造的原因の探求を通して批判的意識を養うこと、そして構造的・個人的障壁の問題に取り組む行動戦略を立てることは、人々のエンパワメントと解放をめざす実践の中核をなす。不利な立場にある人々と連帯しつつ、この専門職は、貧困を軽減し、脆弱で抑圧された人々を解放し、社会的包摂と社会的結束を促進すべく努力する[1]。

グローバル定義の注釈では、「抑圧」とは、不平等・差別・搾取と並んで構造的に生み出される障壁であると述べられている。この記述は、ソーシャルワークは個別支援だけに留まるものではなく、構造的な次元も視野に入れた幅広い実践が必要であることを示唆している。そして、そうした実践に取り組むためには、批判的意識を身につけること、さらには、誰かを一方的な対象として支援するのではなく、人々とともに実践することが必要であると言及している。

2）「抑圧」の定義

「抑圧」には様々な定義があるが、ここでは「反抑圧ソーシャルワーク」（Anti－Oppressive Social Work）の著名な理論家の一人であるドナ・ベインズ（2017：3）による以下の定義を参照してみよう。

抑圧は、特定の集団に属していることを理由として、その個人（または集団）に対して人々が行動したり、政策が不当に制定されたりした場合に生じる。これには、公正な生活を送る方法、社会生活のあら

[1] 注釈文書は以下のURLから閲覧可能　http://www.jasw.jp/news/pdf/2017/20171113_global-defi.pdf（2021年1月21日閲覧）

ゆる側面に参加する方法、基本的な自由と人権、そして自分自身と自分の集団を経験する方法を人々から奪うことが含まれる。また、穏やかなあるいは暴力的な手段を通じて、他の集団に信念体系、価値観、法律、および生き方を強いることも含まれる[1]。

私たちの社会には、人々の様々な差異による区別がある。グローバル定義の注釈に挙げられていた人種・階級・言語・宗教・ジェンダー・障害・文化・性的指向は、差異の代表的なものである。人々の差異は豊かな多様性であるが、しばしば社会的な線引きによって特定の集団（社会的カテゴリー）がつくられ、抑圧が構造的に生じることがある。

例えば、「障害」に着目するならば、私たちの社会では障害がないことが「あたりまえ」とされ、障害者とみなされた人々は、「例外的な存在」とされてしまう。それは、健常者／障害者という線引きをし、社会集団間の分断をつくることである。障害者は健常者と同じような社会生活を送ることを阻まれたり、制度的に不利な立場に置かれたりしがちである。あるいは、「劣っている」とみなされて差別を受けたり、「かわいそう」と同情されたりしてしまうこともある。

このように、人々の差異は、単なる一人ひとりの「個性」ではなく、優劣や正否などの価値づけをともないながら社会的に構築されているものなのである。教育学者のダイアン・J・グッドマン（＝2017：17－31）は、抑圧のシステムは、支配と服従の関係で成り立っていると指摘している。構造的に抑圧を維持する側の社会集団は、正常性や優位性があるとみなされ、文化的・制度的な権力と支配、特権を有する立場に置かれる[2]。

もちろん、人々は単純で二項対立的な分類にそのまま当てはまるわけではない。しかし、様々な差異に基づく区別は社会的に構築されながら、人々の生活と人生に影響を及ぼしている。そうであるがゆえに、抑圧を構造的にとらえることは、社会福祉実践において重要な視点である。

3）いかにして「抑圧」の意味を理解するのか

一方、抑圧が具体的にどのようなものであるのかということを、現実感をもって理解することは難しい。例えば、障害者は労働市場から排除されがちである。それは統計上の数字で表すことが可能であるし、就労を阻まれることが経済的な困難に直結することは容易に想像できることである。そして、それらの根拠を客観的に示して障害者への抑圧を問題化し、制度・政策や環境を改善するために社会に対して働きかけることは大きな意義をもつ実践である。

しかし、具体的な一人の障害者が経験している、日々の抑圧についてはどうであろうか。例えば、求人に応募し面接の機会もなく不採用通知が何度も届くことの屈辱感や、同年代の友人たちと生活水準が違うことを思い知らされたときの劣等感などは、なかなか他人には想像し難いのではないだろうか。これらは、数字のうえには現れてこない個人の経験である。

ジェーン・ダーリンプルとビバリィ・バーク（2006：39）は、「私たちが抑圧の意味を理解できるのは、疎外された人々、権利を否定されたり侵害されたりした人々の経験からである」と述べている。そして、他者の声に耳を傾けることによって、私たちはできることの幅を広げることができるという[3)]。

社会福祉実践において、抑圧された人々の声に耳を傾けることには、2つの大きな意義がある。1つは、リアリティをもって抑圧の現実を把握するという意義である。上述のように、抑圧を構造的に把握することと、それが具体的な個人にとってどのような意味をもつものとして経験されているのかは、時として異なるものである。個人にとっての抑圧の意味を把握することは、具体的な人を支援するために必要不可欠である。

もう１つの意義は、抑圧された人々自身の言葉を社会のなかに存在させること自体の意義である。抑圧された人々は、自らの経験を自分の言葉で他者に対して発する機会を奪われがちである。そのこと自体が抑圧の一部分であり、誰かが彼／彼女らの声に耳を傾けることは、その現状を変革するものとしての意味をもつ。このことを想起するならば、グローバル定義の注釈にある「不利な立場にある人々と連帯する」という言葉に込められた非常に奥深い意味に気づくであろう。

(2) 反抑圧ソーシャルワーク（Anti-Oppressive Social Work）とは

1）反抑圧ソーシャルワークの背景

反抑圧ソーシャルワークは、イギリスやカナダ、オーストラリアなどの英連邦の国々を中心に広く知られている革新的なアプローチの１つである。それは、ダーリンプルとバーク（2006：7）によると、「人道主義と社会的正義の価値観によってもたらされ、抑圧された人々の経験と考えを考慮に入れたラディカルなソーシャルワーク・アプローチ」であり、「権力、抑圧、不平等の概念が個人的および構造的な関係をどのように決定するかについての知識」に基づくものである。

1960 年代から 1970 年代にかけてのイギリスでは、マルクス主義に強い影響を受けたラディカル・ソーシャルワークが出現した。ラディカル・ソーシャルワークは、もっぱら階級に焦点を当てて他の社会的な差異を考慮しない傾向だったために、反レイシズム・ソーシャルワーク[2]やフェミニスト・ソーシャルワーク[3]などから批判を受けた。それらのエッセンスを摂取し、相互に影響を与え合いながら、1980年代から1990年代にかけて確立されたのが反抑圧ソーシャルワークである。

このような経緯から、反抑圧ソーシャルワークは、「単一の理論ではなく、抑圧的な社会的条件と関係を理解し、それに対応するという目標を共有する一連の理論」であるとみなすことができるとダニエル・W・L・ライ（2017：83）は指摘している[6)]。また、反抑圧ソーシャルワークは、批判理論[4]や反レイシズム、フェミニズムなどの理論を基盤としながら、様々な抑圧を包括的にとらえる実践理論であり、「クリティカル・ソーシャルワーク実践[5]の中心的な理論の一つ」として位置づけられるとカレン・ヒーリー（2005：178）は述べている[7)]。

2）反抑圧ソーシャルワークの鍵(かぎ)概念

反抑圧ソーシャルワークには、展開されてきた国や地域の文脈によって様々なバリエーションがあるが、以下に代表されるいくつかの鍵概念を共有している。

① 交差性（intersectionality）

反抑圧ソーシャルワークにおいて、最も重要なのが交差性（intersectionality）の概念である。この概念は、ブラック・フェミニズムからもたら

[2] 反レイシズム・ソーシャルワークとは、1980年代のイギリスで生まれた実践理論であり、レイシズム（人種主義）を社会に深く埋め込まれた「制度」(institution)としてとらえ、その克服をめざすものである。詳しくは、宮﨑（2016、2019）などを参照のこと[4)5)]。

[3] フェミニスト・ソーシャルワークについて、詳しくは第15章を参照のこと。

[4] 批判理論とは、ドイツのテオドール・アドルノ、マックス・ホルクハイマーなどのフランクフルト学派によって展開された社会科学理論である。理論が実際の社会的・経済的な文脈に依拠していることを自覚しつつ、批判的に理性を実現しようとする。

[5] クリティカル・ソーシャルワークとは、上述の批判理論の影響を受けた様々なソーシャルワークの総称である。ソーシャルワークがもつ権力性に自覚的になり、自己の実践を検討しようとする姿勢を特徴とする。

されたものである。黒人女性のフェミニストであるキンバリー・クレンショー（1989：149）は、「黒人女性の経験」が、「黒人の経験」とも「女性の経験」とも異なることを指摘し、以下のように述べている[8)]。

> 重要なのは、黒人女性は様々な方法で差別を経験する可能性があり、排除への異議申し立ては1方向でなければならないという私たちの仮定には矛盾が生じるということである。4つの方向すべてを行き来する交差点（intersection）との類似性を考えてみよう。交差点の往来のように、差別は一つの方向に流れる場合と、別の方向に流れる場合がある。交差点で事故が発生した場合、車が様々な方向から、場合によってはすべての方向から走行していることが原因の可能性がある。同様に、黒人女性が交差点にいるために危害を加えられる場合、彼女の負傷は性差別あるいは人種差別から生じる可能性がある。

クレンショーが提示した交差性の概念は、白人中産階級の女性が中心だった当時のフェミニズムへの意義申し立てとしての意味を有していた。つまり、女性というカテゴリーの内部の差異を指摘したのである。

「交差性」は、誤解されがちな概念である。この概念は、複数の抑圧の足し算を説明したり、一人ひとりが経験する抑圧はそれぞれに異なっており構造的に捉えることはできないと説明したりするものでない。交差性を考慮するということは、「焦点を絞り込む作業というよりは、これまで注意深く視野から外されてきた部分までを視野に収めるように焦点を絞り直して視野を広げていく作業」（清水2021：156－157）[9)]である。

今日、反抑圧ソーシャルワークでは、人種やジェンダーだけに留まらない様々な社会的差異によってもたらされる抑圧をとらえるものとして、交差性の概念が用いられている。

② 権力（power）

権力は、抑圧の問題を検討する際に考慮すべき重要な概念である[6]。一般的に、日本語で権力という言葉から想起するのは、「国家権力」や「警察権力」などのような公権力（国家が国民に対して持っている強制力）ではないだろうか。しかし、ソーシャルワークで用いられてきた権力概念は、「個人が所有している資源であり、独立して何かをしたり、他の人に影響を与えたりコントロールしたりできるようにするもの」と定義される[10)]。これは、社会的、文化的、経済的、心理的などの様々な要因の影響を受ける。

権力とは、L・M・グティエーレス（＝2009：9）によるならば、肯定的な意味では①個人の人生に影響を及ぼしていく力、②自己の真価を表現していく力、③公的な生活の諸側面を統制するために他者と協同していく力、④公的な意思決定メカニズムにアクセスしていく力のことである[11)]。また、サービス及び資源にアクセスする方法に関しても大きな影響力を与えるものでもある。社会福祉実践においては、利用者がもっている権力と奪われている権力が何であるのかを把握する必要がある。

構造的な不平等を考えると、権力の不均衡は、社会福祉の利用者とソーシャルワーカーの間にも存在することが見えてくる。それは、支援する者とされる者という立場の違いによって生じるものだけでなく、異なる社会集団に属しているがゆえに生じるものでもある。例えば、日本人のソーシャルワーカーが外国人を支援するというときに、権力の不均衡が生じる。つまり、ソーシャルワーカーは、専門職であるがゆえの権力と、個人がいかなる社会集団に属しているのかということに基礎づけられた権力という、異なる次元の権力を有しているのである。ソーシャルワーカーは、具体的な実践の場において、自身の権力が利用者にどのような影響をもたらすのかを認識する必要がある。

[6] 日本語のソーシャルワークの文献では、“power” は「パワー」や「力」と訳されることが多い。本章では、個人的な能力や資質ではなく、構造的なものであることを強調するために「権力」と訳する。

③　再帰性（reflexivity）

反抑圧ソーシャルワークの原則としての再帰性の概念は、ソーシャルワーカー自身が、実践にどのように影響を及ぼすのかを省察（せいさつ）（reflection）するように促す。デビッド・ハウ（2011：216）は、「我々が他者に注意を払い、かかわるにつれ、我々はその人たちに影響を与える。そして、その人たちは我々によって心を動かされる。このやりとりが対人関係における交互作用の原動力として発展していくのである」と述べている[12)]。

社会福祉実践において、「支援する側」と「支援される側」は、不変的な独立した存在ではない。一方がもう一方に働きかけるならば、働きかけられた側は変化し、変化した者としてもう一方に働きかけるという交互作用が繰り返される。ゆえに、ソーシャルワーカーは、自分が利用者の前に何者として立ち現れ、何をなすのかを、常に省察することが求められる。

社会福祉実践において、ソーシャルワーカーも利用者も「互いの権力、社会的差異、世界観、個人の生きた経験、価値観、体系的な信念のある部分」を支援の場にもたらし、それが交互作用的な関係をつくり出す。つまり、ソーシャルワーカーと利用者の関係は個別的なものであるが、そこに社会的なものが持ち込まれるのである。それらを省察することは、フィロメナ・ハリソンとビバリー・バーグ（2014：81－82）が言うように、「ソーシャルワーカーとサービス利用者の相互関係に新しい意味と視点」をもたらし、「新しい共有された現実」を生み出すものである[13)]。

3）カナダのソーシャルワークにおける位置づけ

現在、反抑圧ソーシャルワークが重要な位置を占めている代表的な国の１つとして、カナダが挙げられる。カナダは、先住民とイギリスやフランスなどからの移民的背景をもつ人々によって構成されており、人々の多様性が相対的に高い社会である。ゆえに、多文化の尊重、差異によって生じる抑圧の解決、さらには、歴史的経緯から植民地主義の克服が社会的に重要な課題となってきた。1971年には「カナダ多文化主義政策」(Multiculturalism Policy of Canada）が採択され、世界で初めて多文化主義政策が導入されている。

カナダのこうした社会的現実と政策的動向は、ソーシャルワークにも色濃く反映されてきた。例えば、カナダ・ソーシャルワーク教育連盟（The Canadian Association for Social Work Education；CASWE）が定めた「認定基準」(CASWE－ACFTS Standards for Accreditation）[7]では、学生の主な学習目標の１つとして、「不平等の構造的原因に対処することにより、多様性をサポートおよび強化する」という目標が挙げられており、①「多様性[8]と差異を社会生活の重要で価値のある部分として認識する」、②「差別、抑圧、貧困、排除、搾取、疎外が特定の個人やグループにどのように悪影響を与えるかについての知識をもっており、これらや他の形態の社会的不公正を終わらせるために努力する」という内容が設定されている。また、「専門的な実践を通じて、個人、家族、グループ、およびコミュニティとかかわる」という目標も挙げられており、その内容として、「反抑圧的な実践を促進する知識と技術を修得すること」が含まれている。

このように、カナダにおいて、反抑圧ソーシャルワークは特別なもの

---

[7] 学生の主要な学習目標を含め、カナダのソーシャルワーク課程の学士号及び修士号の認定を導く原則と基準の概要を示したもの。以下のURLより閲覧可能。https//caswe-acfts.ca/wp-content/uploads/2013/03/CASWE-ACFTS.Standards-11-2014-1.pdf（2021年２月21日閲覧）

[8] この「認定基準」における「多様性」(diversity）とは、「年齢、肌の色、文化、障害／非障害の状態、民族的または言語的起源、ジェンダー、健康状態、遺産、在留資格、地理的起源、人種、宗教的及び精神的信念、政治的志向、性自認、セクシュアル・アイデンティティ、及び社会経済的地位を含む（しかし、それに限定されない）様々な特性を指す」と言及されている。

ではなく、標準的なソーシャルワークの理論と実践として位置づけられている。カナダのソーシャルワーカー養成校で使用されているテキスト“Social work in Canada”では、以下のようないくつかの共通の考えをもつものとして反抑圧ソーシャルワークの理論が概説されている。

反抑圧的な視点の構成要素

① 人々の日々の経験は、しばしば複数の抑圧によって形作られる。
② 社会正義を目指すソーシャルワーク実践は、不平等と抑圧の原因に対処しながら個人を支援する。
③ ソーシャルワークは、アライ（味方）をつくり、慈善団体や社会運動と連携する必要がある。
④ 参加型のアプローチは、反抑圧ソーシャルワークにとって必要不可欠である。
⑤ 自己再帰的な実践と分析は、社会正義を目指すソーシャルワークに必要不可欠である[6)]。

これらは、カナダ固有の文脈のなかで形成されてきたものである。しかし、そのエッセンスは、普遍的なものとして日本の社会福祉実践でも応用を試みることができる。

(3) 日本の社会福祉実践への示唆

1) 日本における抑圧の一例

反抑圧ソーシャルワークの理論から、日本の社会福祉実践はどのような示唆を得ることができるのであろうか。日本における抑圧の一例を検討することで、学びを深めてみよう。ここで検討するのは、「在日朝鮮人女性」への抑圧である。人種・民族[9]とジェンダーの交差する抑圧は、反抑圧ソーシャルワークが最も強い関心を払ってきたテーマである。

社会福祉学において、在日朝鮮人の人々が直面している課題としては、無年金問題に強い関心が払われてきた。また、2000年代後半以降は、ヘイトスピーチが社会問題として広く論じられるようになった。これらは、在日朝鮮人に対する抑圧の一端である。

しかし、反抑圧ソーシャルワークで用いられている交差性の概念を手掛かりとして、人種・民族とジェンダーに焦点を当てると、別の現実がみえてくる。以下は、2010年に行われた国勢調査の結果をもとに算出された完全失業率と非正規雇用比率をそれぞれ示したグラフである(「在日本朝鮮人人権協会」による分析)。

まず、女性のなかの差異に焦点を当ててみよう（図14－1)。女性の完全失業率を国籍別にみてみると、調査対象者全体に比して全外国籍者の完全失業率は高い。さらに、それと比しても朝鮮・韓国籍者の完全失業率は高い。その率は、全調査対象者の2倍近くに上る。これは、労働に関して、朝鮮・韓国籍の女性は他の国籍の女性とは異なる現実に置かれていることを示している。

次に、朝鮮・韓国籍者のなかの差異に焦点を当ててみよう（図14－2)。非正規雇用比率を国籍別にみてみると、調査対象者全体に比して朝鮮・韓国籍者の非正規雇用率は高い。すなわち、雇用形態に関して朝鮮・韓国籍者とそれ以外の人々の間には差異があることがわかる。しかし、朝鮮・韓国籍者の女性と男性を比較してみると、女性の方が圧倒的に非正規雇用比率は高い。これは、朝鮮・韓国籍の女性は、朝鮮・韓国籍の男性とは異なる現実に置かれていることを示している。

これらは、労働に焦点を当てた際にみえてくる構造的な抑圧の1つの例である。「女性への抑圧」や「在日朝鮮人への抑圧」というように、1

---

[9] 在日朝鮮人の人々への抑圧は、日本では「民族差別」という言葉で説明されてきた。国際的な基準でみると、「人種」(race) のなかには、「民族」も含まれるが、日本の歴史的経緯と文脈を鑑みて、ここでは「人種・民族」と併記する。

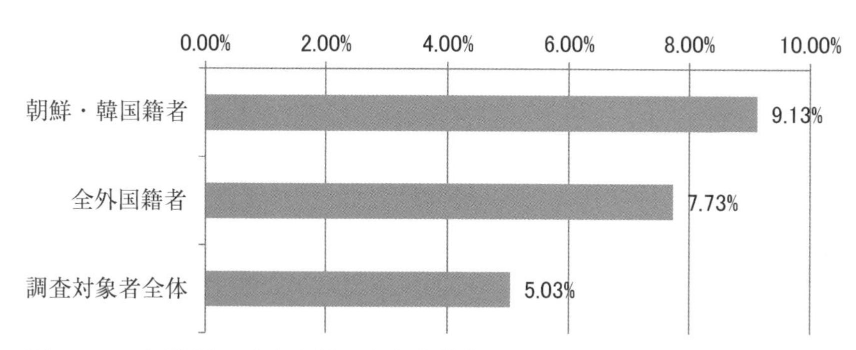

図 14－1　国籍別にみた女性の完全失業率

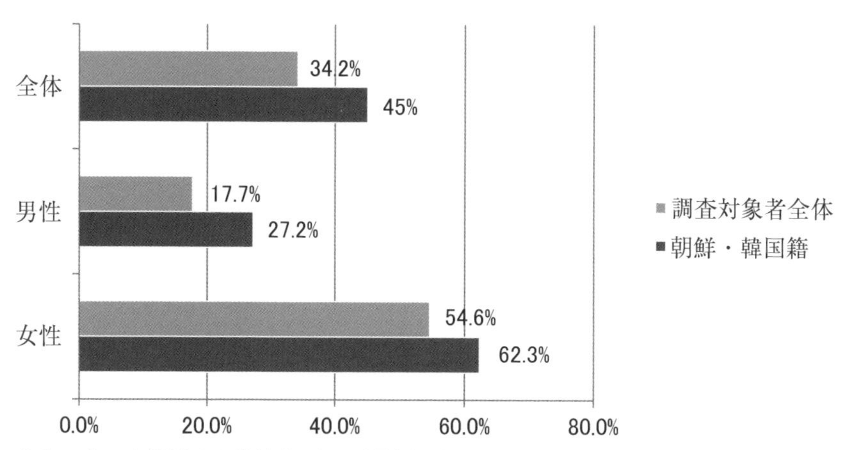

出典：在日本朝鮮人人権協会（2016）「女性差別撤廃委員会日本審査　マイノリティ女性の現状と課題　部落・アイヌ・在日コリアン女性の声」に掲載のものを著者一部修正
http//imadr.net/wordpress/wp-content/uploads/2016/12/afb4085a070c5945387dab348d2e7f55.pdf（2021 年 2 月 21 日閲覧）

図 14－2　国籍・男女別にみた非正規雇用比率

つの社会的カテゴリーだけで抑圧を語るならば、そこから見落とされてしまう現実があることを如実に表している。

なお、ここでは人種・民族とジェンダーに焦点を当てたが、例えば、障害の有無や年齢、性的指向などの差異によってつくり出される様々な社会的カテゴリーにも焦点を当てる必要がある。同じ在日朝鮮人女性でも、例えば、異性愛の在日朝鮮人女性と同性愛の在日朝鮮人女性では、異なる状況に置かれている可能性がある。また、先述したように、抑圧の構造的要因が、そのまま個人にダイレクトに影響を及ぼすわけではない。ゆえに、社会福祉実践の場においては、目の前の具体的な利用者の個別の経験に焦点を当てることが不可欠となる。

2）日本における反抑圧実践の展望

先に挙げたカナダのソーシャルワーク教育で提示されている「反抑圧的な視点の構成要素」を手掛かりとしながら、「在日朝鮮人女性」への抑圧の例を検討し、そこから、日本における反抑圧の社会福祉実践の展望を考察してみよう。

まず、①「人々の日々の経験は、複数の抑圧にあってしばしば形作られる」という視点から考察するならば、在日朝鮮人女性の経験は、人種・民族とジェンダーという異なる社会的カテゴリーが交差することによってつくられているという現実がみえてくる。このことは、社会福祉実践において抑圧の問題を扱う際には、複数の社会的カテゴリーに焦点を当ててアセスメントする必要があることを示唆している。

次に、②「社会正義を目指すソーシャルワーク実践は、不平等と抑圧の原因に対処しながら個人を支援する」という文言を手掛かりに考察してみよう。この例では、女性の雇用問題と在日朝鮮人の雇用問題、さらにはそれらが交差するときに生み出される抑圧を克服するための、マクロレベルの実践が必要なだけでなく、支援の場に立ち現れた具体的な個人の声に耳を傾け実践することが求められる。構造的な抑圧を把握しておくことは重要であるが、その枠組みをそのまま個人に当てはめることは慎むべきである。また、ミクロレベルの実践においては、個人的な要因に関わることもあるかもしれないし、より多くの構造的な要因が関係しているかもしれない。在日朝鮮人女性の雇用問題に取り組むということと、相談機関を訪れた一人の在日朝鮮人女性の失業者を支援するということは、もちろんつながるものではあるが、まったく同一のものではない。

そして、③「ソーシャルワークはアライ（味方）をつくり、慈善団体や社会運動と連携する必要がある」ということを検討してみるならば、まずは、現在すでにある在日朝鮮人女性のグループや人権団体、労働問題や女性問題にかかわる組織と連携することが重要である。様々なグループや社会運動と連携することによって、構造的な問題に取り組みやすくなるし、多様な当事者の声に耳を傾けることも可能になる。より多くのアライをつくるためには、世論へ働きかけることも必要である。

さらに、④「参加型のアプローチは、反抑圧ソーシャルワークにとって必要不可欠である」という原則を考慮するならば、具体的な社会福祉実践のプロセスに利用者が参加することが求められる。そのためには、ソーシャルワーカーと利用者が、協働的な関係を構築できるよう意識的になる必要がある。このことは、反抑圧ソーシャルワークにおいて強調されるものであるが、ソーシャルワークが普遍的に重視している原則でもある。

では、⑤「自己再帰的な実践と分析は、社会正義を目指すソーシャルワークに必要不可欠である」という点についてはどうだろうか。先述したように、社会福祉実践の場にはソーシャルワーカーと利用者の社会的なものがもち込まれる。具体的な支援の場において、ソーシャルワーカーは、自分と在日朝鮮人女性である利用者の権力関係はどうなっているのか、自分がどのような力をもっていて、自分のものの見方や言動が利用者にどのような影響を与えているのかを省察しなければならない。そのなかには、もしかすると意図的ではないにせよ、相手を傷つけたり尊厳を損なうものがあるかもしれない。さらに、利用者の言動を自分はどのように受け止めたのか、そのような受け止めの背景には何があるのかということにも焦点を当てることが必要であろう。それらを省察することは、より良い支援関係の形成に寄与するだけでなく、抑圧の構造を実践の場において問い直すことにもつながる。

(4) まとめ

本章では、反抑圧ソーシャルワークについて、その特徴的なものの見方を中心に学んできた。そして、人種・民族とジェンダーという異なる社会的カテゴリーが交差することによって引き起こされる抑圧の一例を検討し、日本においてどのような反抑圧の社会福祉実践が求められるのか考察を深めてきた。

ソーシャルワーク専門職のグローバル定義の注釈で述べられていたように、抑圧の「構造的原因の探求を通して批判的意識を養うこと」は、社会福祉実践において重要であり、反抑圧ソーシャルワークは、そのための視座と方法を私たちに提供してくれるものである。

反抑圧ソーシャルワークは抑圧を構造的にとらえるが、決してマクロレベルの実践に傾注しすぎるようなものではない。ミクロレベルからマクロレベルへのベクトルを考えるならば、支援を求めて立ち現れた具体的な一人の人が直面する課題に、どのような構造的な要因があるのかを個人の差異に考慮しつつ探ろうとすることである。一方、マクロレベルからミクロレベルへのベクトルを考えるならば、様々な社会的カテゴリーの人々が集団的に被っている抑圧状況が、一人の人の日常や人生にどのような影響を及ぼしているのかについて意識的になることである。

反抑圧ソーシャルワークは、ミクロレベルとマクロレベルの両方を視野に入れ、ソーシャルワーカーが自己省察を行いながら当事者とともに実践するソーシャルワークである。それは、個別支援が中心的な日本の社会福祉実践にも、有用な示唆を与える理論である。

引用文献

1) Baines, D.（2017）*Doing Anti-Oppressive Practice : Social Justice Social* Work：3rd edition, Fernwood Publishing

2) ダイアン・J・グッドマン著、出口　真紀子監訳、田辺　希久子訳（2017）『真のダイバーシティをめざして：特権に無自覚なマジョリティのための社会的公正教育』上智大学出版.

3) Dalrymple, Jane and Burk, Beverley（2006）*Anti-Oppressive Practice : Social Care and the Law*：2nd edition, Open University Press

4) 宮﨑　理（2016）「イギリスにおける反レイシズム・ソーシャルワークに関する一考察：実践の社会的背景とレイシズム概念の諸特徴」『旭川大学保健福祉学部紀要』8、53－59

5) 宮﨑　理（2019）「現代社会における多次元的レイシズムを捉える視座：反レイシズム・ソーシャルワークの知見を手掛かりに」『関係性の教育学』18(1)、3－9

6) Lai, Daniel W. L.（2017）Social Work theories and Practice Models：Conventional and Progressive Approaches, Hick, Steven and Stokes, Jackie eds. *Social Work in Canada : An introduction*：4th edition, Thompson：74－103

7) Healy, Karen（2005）*Social Work Theories in Context : Creating Frameworks for Practice*, Palgrave Macmillan

8) Crenshaw, Kimberle（1989）Demarginalizing the Intersection of Race and Sex：A Black Feminist Critique of Antidiscrimination Doctrine, Feminist Theory and Antiracist Politics, *University of Chicago Legal Forum*：Vol. 1989：Iss.1, Article 8：139－167

9) 清水晶子（2021）「『同じ女性』ではないことの希望：フェミニズムとインターセ

クショナリティ」岩渕功一編著『多様性との対話：ダイバーシティ推進が見えなくするもの』青弓社：145－164

10) Barker, Robert L. ed.（2014）*The Social Work Dictionary:* 6th edition, NASW Press

11) L・M・グティエーレス編著、小松　源助監訳（2000）『ソーシャルワークにおけるエンパワーメント：その理論と実際の論講習』

12) デビッド・ハウ著、杉本　敏夫監訳（2011）『ソーシャルワーク理論入門』みらい

13) Harrison, Philomena and Burke, Beverley（2014）"Same, Same, but Different" Lavalette, Michael and Penketh, Laura eds. *Race, Racism and Social Work: Contemporary Issues and Debates*, Policy Press：71－84

参考文献

坂本　いづみ、茨木　尚子、竹端　寛、二木　泉、市川　ヴィヴェカ（2021）『脱「いい子」のソーシャルワーク：反抑圧的な実践と理論』現代書館.

サラ・バンクス（2016）『ソーシャルワークの価値と倫理』法律文化社.

イアン・ファーガスン（2012）『ソーシャルワークの復権：新自由主義への挑戦と社会正義の確立』クリエイツかもがわ.

北島　英治（2016）『グローバルスタンダードにもとづくソーシャルワーク・プラクティス：価値と倫理』ミネルヴァ書房.

学習課題

① 抑圧の問題を１つ取り上げ、その問題の構造的な要因を調べてみよう。さらに、可能な限り当事者の話を実際に聞き、個人の生活や人生にどのような影響が及ぼされているのかを把握してみよう。

② 日本の社会福祉実践において、反抑圧ソーシャルワークの知見をどのように活かすことができるか、本章で言及した例以外にも具体的に考えてみよう。

③ 自分自身の社会的な立ち位置を省察し、抑圧された人々と共に実践するためには何が必要かを考えてみよう。

コラム 「知らずに済んでしまっていたこと」

レイシズム（人種主義・人種差別）を克服するために、ソーシャルワークに何ができるのかを探究することは、私にとって大きな研究テーマの1つです。

数年前、私は多文化ソーシャルワークの課題を明らかにするために、ある在日朝鮮人のソーシャルワーカーにインタビュー調査を行いました。調査の前に私が想定していた課題とは、頻発するヘイトスピーチによる被害や賃貸住宅の入居や雇用をめぐる問題などでした。

しかし、インタビューの場で語られたのは私の想定外の現実でした。在日朝鮮人であることを理由に、様々な施設・機関で日本人から差別的な対応を受けた人がいたのです。そのソーシャルワーカー自身も、差別的な言動を受けた経験がありました。さらに、次の言葉を言われました。「日本で多文化共生なんて可能なのでしょうか？　私は無理だと思いますよ…」と。

この言葉は、私の胸の奥に鉛のように重たく沈み込みました。インタビューに応じてくれたソーシャルワーカーは、多文化共生など無理だと言わざるを得ないような経験をしてきたのです。それらの事柄は、私が「知らずに済んでしまっていたこと」です。ヘイトスピーチがひどいこと、日本国籍以外の人々が住宅を借りるときに断られるケースがあること、就職差別があることなどは、知識としては知っています。しかし、日本人である私は、在日朝鮮人の人々が日々の生活のなかで実感する抑圧の現実については知らなかったのです。より正確に言うならば、「知らなくても済むような社会的な立ち位置」にいたのです。

私たちの社会的な立ち位置は、自ら望んでいないにもかかわらず、構造的につくられてしまうものです。いくら私が「自分は差別なんかしない」と口に出してみたところで、それだけではその現実は変わりません。構造的に異なる立場に置かれているということは、ちょうど川の両岸に立っているようなものです。私たちの社会には、人と人を分け隔てる深く大きな川が何本も流れています。男性と女性を分ける川、障害者と健常者を分ける川、経済的に豊かな者と貧しい者を分ける川…。川は複雑に入り組んでいます。社会的に優位な立場にいると、川の存在に気づくことすらありません。

「知らずに済んでしまっていたこと」を知ってしまうことは、ときに苦しいことでもあります。しかし、それは抑圧を克服するための実践に取り組む契機であり、他者と共に生きていくことへと開かれる瞬間でもあるはずです。

そのようなことを考えるとき、私は“Deep River”(深い河) というタイトルの黒人霊歌を思い出します。それには、次のような歌詞があります。

Deep river, Lord,
I want to cross over into campground.
(深い河、神よ、
　わたしは河を渡って、集いの地に行きたい。)

15 ソーシャルワークと ジェンダー・センシティビティ 〜アセスメントで留意すること〜

横山登志子

《学習のポイント》 本章では、ソーシャルワークにおけるジェンダー・センシティビティの必要性を理解し、支援展開の初期段階であるアセスメントにおいてどのような検討が必要かをみていく。まず、ジェンダーとは何かを理解し、「近代家族」と密接に関係していることを理解する。そのうえで、個人や家族、集団や地域を支援するソーシャルワークにおいてジェンダー視点が希薄な実態をふまえ、ジェンダー・センシティブな支援がどのような視点からなされるのかを検討する。
《キーワード》 ジェンダー、フェミニズム、ソーシャルワーク、ジェンダー・センシティビティ

(1) ジェンダーとは何か

1) ジェンダーによる〈分類〉実践の問題

あらゆる社会システムにはジェンダーによる〈分類〉が深く根づいている。「男・女」の区別は、人々の意識や社会制度の根幹にもみえない構造として存在する。そして、なにげない日常会話や教育、漫画・アニメやテレビ・動画、雑誌などの媒体をとおして実践されつづけている。しかし、当たり前にみえる「男・女」を前提とした性別カテゴリーには問題も指摘されている。

主要な問題としては、二項対立的に単純化された分類が社会的排除を

生むことや、その分類に抑圧関係があること（貧困や暴力被害の問題など）、そしてそれらの結果として人権と尊厳にかかわる問題が生じていることである。

例えば、母子家庭の貧困率の高さや非正規雇用の多さを例にあげると、この問題は基本的には「男は仕事、女は家庭」という性別役割分業や、「男はソト、女はウチ」という公私分離の考えに基づいて制度設計された社会制度のもとで、女性が家庭での家事・育児・介護に専属的に従事するはずの性として規定されているため、労働市場（特に正規労働）から周辺化されている現象と理解することができる。そしてその土台には、妊娠・出産する性への母性本質主義（性別特性論）が存在する。

また、LGBTQ[1]の人たちの婚姻や、住宅確保、子育て、財産共有、看取りや葬送に関する問題は、いずれも異性愛の「男・女」を前提とした社会構造的な排除ということができる。

このような、性別役割分業、公私分離、異性愛という特徴を有する「男・女」の二項対立的な性別カテゴリーは、私たちが暗に有している家族イメージ「近代家族」の価値規範であり、ジェンダー規範は「近代家族」と分かちがたく結びついている。

2）「近代家族」とジェンダー

「近代家族」[2]とは「わたしたちが当たり前の家族と思っている家族のこと」で「お父さんは頼もしい一家の大黒柱、お母さんは家庭にあって愛情をこめて家族の世話をする、二人か三人の可愛らしい子どもがいて元気に学校に通っている、といったイメージ」（落合恵美子 2000：ⅰ）

---

1 LGBTQとは、レズビアン、ゲイ、バイセクシャル、トランスジェンダーの頭文字と、そこには分類されないセクシュアル・マイノリティを表現したものである。

2 「近代家族」の特徴は8点である。①家内領域と公共領域の分離、②家族成員相互の強い情緒的関係、③子ども中心主義、④男は公共領域・女は家内領域という性別分業、⑤家族の集団性の強化、⑥社交の衰退、⑦非親族の排除、⑧核家族である（落合恵美子 1989：18）。

である[1)]。そして、そのイメージは「あるべき家族」として規範化されており、これを家族規範という。性別役割分業にともなう「男らしさ」「女らしさ」や、父親や母親に求められる親の規範的イメージ、親子関係や夫婦関係の規範は、「近代家族」の家族規範ということができる。

しかし、日本において「近代家族」は決して歴史的に普遍ではなく、1955年から75年ぐらいまでのあいだの安定した経済成長のなかで生まれた画一的な家族形態（落合恵美子 2004：79）とされる[2)]。高度経済成長下においては多くの男性が終身雇用のもとで家族手当を得て、専業主婦と何人かの子どもが核家族世帯で暮らすことができた時代である。

このような「近代家族」のありようは、近代国家が市場と家族を分離し、その機能が遂行されるように制度管理していることから、「市場・家族・国家」は相互に関連した三者関係にある。

ところで、「近代家族」の家族規範、ジェンダー規範は、近代化にともなって成立した社会制度に例外なく内包されている。制度化された社会福祉も、その根幹に「近代家族」の価値規範が刷り込まれており、支援者やクライエントの意識にも疑うことのない前提意識となっている。

3）「近代家族」以降

ところが、いうまでもなく現代家族のありようは急速に変容している。1980年代からのグローバル化や新自由主義経済、高度情報社会という経済構造の転換と並行して進行した、少子高齢化、晩婚化、未婚化、離婚率上昇などは、世帯の縮小、単身世帯の増加、高齢者世帯の増加という変化を生んでいる。また、格差社会による貧困問題や社会的孤立、長時間労働や不安定な雇用による心身不調や自殺増加、子どもや高齢者の虐待問題、家庭内の暴力問題、老老介護や8050問題など、時代が直面する課題も列挙すればきりがない。

このように、社会経済的な変動や進行する人口構造の変化は、人々の労働環境や教育環境、地域の関係性のあり方と連動し、世帯や家族の生活に直接的に影響を与えて生活基盤を脆弱化させている。この現象は、これまで「家族や親族」「会社」「地域社会」に支えられてきた福祉機能が切り詰められてきた結果ともいえる。しかし、その福祉機能も実は女性を公的領域から周辺化することによって成立していたということを忘れてはならない。

さて、1980年代後半から顕在化した家族問題を背景に、「近代家族」論による家族の抑圧性が指摘されるようになり、次の3つの方向性が示唆された（山田昌弘 2013：653）[3]。①「多様な家族形態を認めよ」、②「家族形成や解消の自由を認めよ」、③「生活の責任、つまり、扶養やケアの責任を持ち合う」ことと「『愛情の場』を家族にゆだねることへの批判」である。

このように、現代家族は「近代家族」のカタチからみると多様化し、その機能も縮小し個人化している。「近代家族」の実像はすでに「曲がり角」を越えて久しいといえる。

さらに、落合恵美子（2000：iv）は、「『近代家族』の歴史的誕生と終焉を視野に収めるには、皮肉なことに、家族論を離れ、家族の存在を分析の前提としないことが必要」だと述べている[4]。また、牟田和恵（2018：16）は、「私たちが自明とし自然化してきた『家族』は解体されねばならない。しかし、育児を中心とするにせよそうでないにせよ、親密なつながりは私たちの生きるよすがであることに変わりはないであろうし、それが現在のものとは異なるオルタナティブな『家族』として立ち上がってくることに、私たちは希望をもつことができるはずだ」と述べている[5]。

性別役割分業、公私区分、異性愛という3点セットの家族イメージ

（家族規範）から距離をおいて相対化し、多様なかたちで、「家族」にかわる親密なつながりを社会的に承認していくことが求められている。

4）ジェンダーとは何か

ここまで、ジェンダーと「近代家族」についてみてきたが、そもそもジェンダーとは何かをもう少し丁寧にみていこう[3]。ジェンダーという概念は、1970年代以降の第2波フェミニズム[4]の主要概念である。日本では1970年代後半に社会科学系を中心に女性学という学際分野が創設され、1980年代に欧米のフェミニズム理論、ジェンダー論を積極的に取り入れて、1990年代には男性や階級、政治をも視野に入れたジェンダー研究（gender studies）が定着してきている（山根真理1998）[6)]。

ジェンダーとは、当初、社会文化的性差のことであり、いわゆる生物学的性差のセックスと比較して説明されてきた経緯があるが、そのようなシンプルな対比による説明では十分ではないことがわかってきている。

ジュディス・バトラー（Judith P. Butler）（1990＝2018）は、ジェンダーもセックスも男／女という言語によって認識されており、あらゆる社会的な実践―制度から日々の人々のやりとりにいたるまで―がその影響を受けているといえるから、ジェンダーが社会文化的に構築されるだけではなく、セックスもまた社会文化的に構築されていると述べ、それを「セックスはジェンダーである」と説明した[7)]。

つまり、「私たちが当たり前と思っている『男』や『女』という性別が、実体的な身体の差異に基づいてわけられているというよりもむし

---

[3] この内容については、横山登志子（2020）「語られていない構造とは何か―ソーシャルワークと「ジェンダー・センシティブ」―」横山登志子・須藤八千代・大嶋栄子編著『ジェンダーからソーシャルワークを問う』ヘウレーカ（21－52）から大幅引用している。

[4] 第1波フェミニズムは、19世紀の女性参政権運動のことを指し、第2波フェミニズムは、1960年代の産む・産まないを決める女性の権利を含む、日常や生活、意識や文化の問い直しの運動のこと。

ろ、『男』や『女』という言葉によるカテゴリーがあることによって、逆に実体的な身体の違いが認識されている」(千田有紀 2013：21) と主張する[8]。ではいったいどのようにジェンダー概念を理解すればいいのだろうか。

加藤秀一 (2017：ⅱ) によれば、「私たちは、さまざまな実践を通して、人間を女か男か (または、そのどちらでもないか) に〈分類〉している。ジェンダーとは、そうした〈分類〉する実践を支える社会的なルール (規範) のことである」とし、性別すなわち男女という〈分類〉という行為に焦点を当てるのがジェンダー概念の有する重要な特徴だと述べている[9]。

このように、実際には生物学的 (染色体、外性器、内性器、性腺、ホルモンなど) に明確な二分があるとはいえず「男女のスペクトラム (連続体) として存在」(千田有紀 2013：14) しているにもかかわらず[10]、ジェンダーという概念は、男・女という二項対立図式で性別を単純に〈分類〉して統制しようとする政治的カテゴリーであることに批判をむけるのである。それはおのずと変革を志向する。

ジェンダー概念の意義は、男女の区分には抑圧関係があること、また単純な二項対立ではなく実際には連続性があることを明らかにしたことである。そして、性別役割分業、公私分離、異性愛を特徴とする「近代家族」そのものを相対化し、あらたな「家族」や親密なつながりへと視野を広げたことにある。

(2) ソーシャルワークとジェンダー

1) ソーシャルワークにおけるジェンダー視点

ソーシャルワークにおいてジェンダー視点はどのように取り入れられたのだろうか。須藤八千代 (2020) の分析をもとにみてみよう。

『青鞜』(1911年）の発行にはじまる日本の女性解放運動は社会福祉／ソーシャルワークにも影響を与え、主に売春防止法（1956年制定）関連の支援として「婦人福祉」が形作られ、その後「女性福祉」に受け継がれた。これらは、基本的に女性を「生み育てる性」として理解する生物学的本質主義を前提としていた。その後、1990年代以降に社会福祉とフェミニズム、ジェンダーをつなげた杉本貴代栄らの功績により、欧米のフェミニズム理論やジェンダー理論が紹介され、女性の視点から問題提起を行った。しかし、性的秩序の明確化に寄与するはずのジェンダー概念が、両者の関係性の分析よりも女性を対象にした言説のままとどまってしまい、社会福祉学やソーシャルワークにおいて周辺化(「ゲットー化」）されている現状にあると指摘する。そして、「『家族は第一級の福祉集団である』という家族頼みの福祉すなわち家族福祉を社会福祉学の門番にして、家族から切り離された女性という個人や、フェミニズムの家父長制を通じた近代家族批判とも無縁なままに現在にいたっている」(須藤八千代 2020：57）と総括した[11]。

フェミニズムやジェンダーがソーシャルワークに導入されなかった理由は、ソーシャルワークそのものが近代社会の産物であり近代国家が前提とする個人像や家族規範、ジェンダー規範と分かちがたい状況にあり脱構築が容易ではなかったことや、社会福祉やソーシャルワークの研究者に女性が少数であり、問題視する視点そのものが周辺化されてきたことなどがある。

現在においても女性に対する構造的な差別・抑圧が根強く存在することから、女性に焦点を当てた支援や研究そのものが否定されることはないが、ジェンダー概念の広がりはそれにとどまらないことに留意したい。

一方で、1990年代以降フェミニズムやジェンダーに関する知見が若い世代を中心にSNSを通して身近な解放運動として広がっており、人々が社会のなかで生きてゆくにあたって、「多様性」や「共生」との関係性でジェンダー多様性を承認していくムーブメント（第3波フェミニズム[5]）が起こりつつある。

人権と社会正義、多様性などを中心価値とするソーシャルワークにとって、ジェンダーをあらためて再考する好機である。

2）ソーシャルワークの価値と倫理からみたジェンダー

ソーシャルワークでジェンダー視点の重要性は、以下の2つの文書にみることができる。

国際ソーシャルワーカー連盟総会及び国際ソーシャルワーク学校連盟総会において2014年に採択された「ソーシャルワーク専門職のグローバル定義」では、中核となる任務の注釈として「構造的障壁は、不平等・差別・搾取・抑圧の永続につながる。人種・階級・言語・宗教・ジェンダー・障害・文化・性的指向などに基づく抑圧や、特権の構造的原因の探求を通して批判的意識を養うこと、そして構造的・個人的障壁の問題に取り組む行動戦略を立てることは、人々のエンパワメントと解放をめざす実践の中核をなす」[6]（下線は筆者）と述べている。

また、「ソーシャルワーカーの倫理綱領」(2020年6月2日改定)[7]では、原理「人間の尊厳」の項目において「ソーシャルワーカーは、すべての人々を、出自、人種、民族、国籍、性別、性自認、性的指向、年齢、身体的精神的状況、宗教的文化的背景、社会的地位、経済状況など

[5] 第3波フェミニズムは明確な定義があるわけではないが、1990年代後半に若い世代を含めて広がりをもった以下の特徴をもつフェミニズムである。①メディアとの親和性が高い、②複合的なアイデンティティのなかでジェンダーをとらえる「交差性（intersectionality）」を重視する。

[6] ソーシャルワーク専門職の中核となる任務は「社会変革・社会開発・社会的結束の促進、及び人々のエンパワメントと解放」とされている。注釈文書は以下のURLから閲覧可能。<2021年1月21日アクセス>http://www.jasw.jp/news/pdf/2017/20171113_global-defi.pdf

[7] 巻末資料

の違いにかかわらず、かけがえのない存在として尊重する」(下線は筆者）と明記し、ジェンダーによる不平等を排している。

これらの文書では、ソーシャルワークの基本的な認識としてジェンダーが位置づけられている。しかし、列記されている様々な障壁や抑圧は、それぞれが別個に独立して生じるのではなく、多くの場合、複雑に関連しあってより困難な状況となりやすいということもあわせて理解しておきたい。

3）ジェンダーに関連する生活問題

ジェンダー問題として代表的なのは、①介護、②家事育児、③ドメスティック・バイオレンス（以下、DV）とされる（船橋邦子2001：145)[12)]。また、日本社会福祉学会の「女性福祉・ジェンダー」部会では、婦人保護事業やDV、母子家庭、障害児等の養育、アディクション問題などに関する研究がなされている。

2020年は新型コロナウイルス感染症（COVID－19）の拡大により、全世界の社会経済活動に甚大な影響を与えたが、なかでも女性への影響が深刻なことが指摘されている。日本でも「コロナ下の女性への影響と課題に関する研究会」が、報告書（令和3年4月28日）[8]を出しており、新型コロナウイルス感染症の拡大が「雇用や生活面で特に女性、女の子に深刻な影響を及ぼし、緊急の対応が求められる」と指摘しているほか、DVや性暴力、予期せぬ妊娠の増加が懸念されることや、女性の自殺者が前年同月と比べて増加したことを示している。

これらの問題は、コロナ禍において深刻となり顕在化したとはいえ、実は通常の状態においても多くの働く女性が非正規雇用であることや、DV被害が圧倒的に女性であること、シングルマザーのワーキングプア問題などの実態をものがたっており、社会構造的な問題といえる。

---

[8] 内閣府男女共同参画局・コロナ下の女性への影響と課題に関する研究会「コロナ下の女性への影響と課題に関する研究会　報告書」<2021年5月11日アクセス>https://www.gender.go.jp/kaigi/kento/covid-19/siryo/pdf/post_honbun.pdf

4）フェミニスト・ソーシャルワーク

上記した生活問題に対して、ジェンダー視点を重要概念として取り入れているソーシャルワークのアプローチは、フェミニスト・アプローチあるいはフェミニスト・ソーシャルワークといわれる。虐待や暴力、性被害などの被害体験や、離婚等による貧困・低所得、アディクションや犯罪、病気や障害を抱えた女性の支援で活用されている。しかし、広く理解されているとはいいがたく、ごく一部の女性支援で適用されるにとどまっており、ソーシャルワーク実践にジェンダー視点が定着しているわけではない。むしろ、ジェンダーに留意しない「ジェンダー中立的な支援」が「不可視な差別・抑圧」を生む事態の方が問題となっている。

ソーシャルワークにおいてフェミニズムに立脚するアプローチが誕生したのは、第2波フェミニズムの影響を受けた1970～1980年代の欧米である。その後、バックラッシュを受けながらも、ポストモダン思想の影響やブラック・フェミニズム（Black Feminism）、エンパワメント・アプローチ（Empowerment Approach）や反抑圧アプローチ（Anti-Oppressive Approach）[9]の影響を受け、「多元主義と差異の承認」を肯定しつつ「女性抑圧を生み出す構造の変革と、女性の生活課題の解決」の両方を目的とするアプローチとして位置づいている（児島亜紀子 2018）[13)]。

フェミニスト・ソーシャルワークの理論を長らく牽引してきたドミネリ（Lena Dominelli）は、フェミニスト・ソーシャルワークを「この世界における女性の経験をその分析の基底におき、女性の社会における位置と女性個人の困難な状況との関連性に焦点を当てることによって、女性の個別のニーズに対応するだけではなく、“クライエント”とワーカーのあいだの対等な関係性を作りながら構造的な不平等に対処するものである」と、述べている（2002＝2015：22）[14)]。

---

[9] 第14章で詳しく取り上げている。

具体的には、女性の多様性と個々のストレングスを尊重し、人生を歩む行為主体者としての選択や行動を支援し、ニーズ中心の問題解決のためにミクロ・メゾ・マクロへの働きかけを行っていく。同時に、その女性の問題を社会的な問題として再定義し、改善や解決のために声を上げ、関与していくことを志向する支援である。

そして、「女性」カテゴリーが含意するのは、被抑圧の立場に置かれやすい「LGBTQ」や「障害者」、「高齢者」とカテゴライズされる人々も、その範疇（はんちゅう）に含めて理解することが可能である。

フェミニスト・ソーシャルワークというと、女性に限定されたアプローチだと単純に理解する見方が大勢であるが、実は、上記したように、二項対立的なカテゴリー—代表的なものとして性別カテゴリー—による〈分類〉実践の抑圧性を否定する支援方法のひとつだと位置づけることができる。その意味で、本章ではスペシフィックなアプローチとしてフェミニスト・ソーシャルワークの重要性を認めつつも、ジェネラリスト・ソーシャルワークの重要概念としてジェンダーを位置づける必要があると考えている。その際、ジェンダー・センシティビティという概念がキーワードになるだろう。

(3) ジェンダー・センシティビティ

1）ジェンダー・センシティビティとは

「ジェンダー・センシティブ Gender Sensitive」とは、精神医療のなかでトラウマ治療を行う宮地尚子（2006：13）によれば、「現状の社会における性別による異なる取り扱いや、個々人がもっているジェンダー規範に対して敏感でありつつ、ジェンダー・バイアスをもたずに接する態度のこと」と述べている[15]。

そもそもは、アメリカの教育哲学者でありフェミニスト哲学者のジェーン・R・マーティン（Jane R. Martin）が、1981年のアメリカ教育哲学会の会長講演で使用した概念とされ（2006：208）[16]、バーバラ・ヒューストン（Barbara Houston）（教育哲学者、フェミニスト理論、倫理学が専門）とともにその考えを広げたものである。それによると、「ジェンダー・センシティブ」とは、「ジェンダーを、それが重要に関係するときには考慮にいれ、そうでないときには無視する」（pp. 202）という方針（policy）のこととされる[17]。

この方針についてヒューストン（pp. 205）は、ジェンダーを個人の意識や性質としてみるのではなく、「様々な方法でつくり出される人々のあいだの関係性であるととらえるのが重要」だと述べ、思考や意識のことではなく社会的な構造（教育やその他の社会組織など）やそれに由来する関係性のプロセス全体をみていく視点なのだとしている[18]。

つまり、当の本人の生活や経験のなかにジェンダーによる抑圧がどう作用して、現在の問題に関係しているかを個々のレベルでとらえるということである。

2）実践への適用

ソーシャルワーカーがクライエントや家族が抱える生活問題とその背景を「人―環境の相互作用」の視点でアセスメントする際、「ジェンダーの問題が重要に関連すると思われる」事例をどう峻別すればいいのだろうか。「ジェンダーが『重要』に関連する」かどうか峻別するためのソーシャルワークにおけるジェンダー・センシティビティを以下のように考えてみよう。

クライエントの問題や置かれている環境、あるいは成育歴や生活歴において、当人を他者・社会から排除、抑圧する要因として、ジェンダー規範が無視できないと判断したときに、ジェンダー規範そのものを問い直し、解放と変革の方向性にむけた支援を志向すること。

つまり、家族という制度・場や、親密な関係を媒介しながら「構造づけられたジェンダー不平等」が生じていないかどうかのセンシティビティをもつことが出発点となる。

3）ジェンダー・センシティビティ・チェック

「ジェンダー・センシティブ」な実践を行うために、アセスメント段階に絞ってもう少し具体的な手がかりを紹介しよう。前述の宮地尚子(2006：27）による「ジェンダー・センシティビティ・チェック項目」は実践に取り入れやすいチェック項目を示している[19)]。ここでは、ソーシャルワーク実践の文脈にあうように一部文言を整えたうえでその項目を列記する。

①クライエントのもつジェンダーやセクシュアリティの規範はどのようなものか？
②家族等、周囲の人のジェンダーやセクシュアリティ規範はどうか？
③問題はジェンダーやセクシュアル・アイデンティティ（ジェンダーやセクシュアリティに関する自己認識）にどう影響をもたらしたか？
④問題解決やその生活に、ジェンダーはどう影響を及ぼしているか？
⑤支援者側のジェンダーやセクシュアリティ規範はどうか？
⑥適用する理論や技法にジェンダー・バイアスはないか？
⑦援助関係や支援チームが過度にジェンダー化、セクシュアル化、権力化していないか？
⑧ジェンダー・バイアスのある社会にどう再適応していってもらうか？
⑨事例検討において性別を逆にしても同じ解釈をするか？

上記の９項目のうち、最初の問いとして適切だと思われるのが⑨「性別を逆にしても同じ解釈をするか？」である。この問いは、ジェンダーの問題を比較的簡単にあぶり出すということから、ジェンダー・テストといわれる。

また、それ以外の８つの項目は次の４つの文脈として分類することができる。利用者の置かれている文脈（①②)、問題の生じている文脈(③④)、支援者の置かれている文脈（⑤⑥⑦)、支援におけるエンパワメントの方向性（⑧）である。

ジェンダー分析においては、通常のアセスメントの際に性別を逆にして検討してみることが「不可視な差別・抑圧」に気づきを与えるだろう。

４）実践に向けた留意点

ここまで述べてきたジェンダー・センシティブなアセスメントを行うにあたっては、以下の留意点がある。

①クライエントがジェンダー抑圧を語ることはほとんどない

本人自身が直面する問題（貧困や暴力被害や生活困難など）を、ジェンダーによる不平等や抑圧として語ることはほとんどなく、支援者の側が「ジェンダー・センシティブ」の耳をもってライフ・ストーリーを聴くことによって、はじめてジェンダーが重要に関係すると判断できるのである。なぜなら、「不可視の差別・抑圧」にその特徴があるからである。

②ジェンダー抑圧は、単独で生じているのではなく多層的な抑圧状況のなかで分かちがたく生じている

ソーシャルワークのクライエントが抱える問題には、ジェンダー抑圧という単一の問題がクリアカットに存在するのではなく、「多層的な権

力の配置」(藤高和輝 2018：148) のなかに生じている[20]。心理療法を行う無藤清子 (2005：8) は「ジェンダー・センシティブ・サイコセラピーを突き詰めていけば、その理念から言って、いわゆるジェンダー(それも女性のジェンダー) のみを問題とするということは考えにくい。そこにとどまらず、家族を含む歴史・文化、社会的階層、民族や人種、性的志向性などにまつわるドミナント・ストーリーに現れた社会文化的な文脈と権力関係などへのセンシティビティにつながっていく」と述べている[21]。このような複合的なアイデンティティのなかにジェンダーを位置づける考え方を「交差性 (intersectionality)」[10] という。

このことが示唆するのは、ジェンダーを含む多層的な抑圧状況を生み出す社会構造の問題として理解するマクロ・アセスメントが必要だということになる。

③カテゴリーの普遍化には注意

「女性」「男性」というカテゴリーを普遍化することにも慎重さが求められる。前述したように、現段階において男女〈分類〉による不平等はあいかわらず根強く存在しているため、「女性」カテゴリーを用いることの有意義性はあると思われるが、実はそのカテゴリーのなかにも多様な Life が日々生きられている。例えば、「女性」というカテゴリーだけに共通性を見いだして固定化することは、結局のところ「女性」のなかの多様性を排除することにもつながってしまう。個々の歴史・文脈における多様な経験があることを理解する必要がある。

④「性別を逆にする」にはその先がある

前述したジェンダー・センシティビティ・チェック項目のなかで性別を逆にして考えてみるというジェンダー・テストを紹介したが、それは「男性」「女性」という2つのカテゴリーそのものを問うことなく「女性」を「男性」のようにすることが目的ではないことに留意が必要である。

---

[10] 第14章において反抑圧ソーシャルワークの鍵概念のひとつとして説明している。

つまり、両者に構造化されている抑圧構造を反転させることが目的ではない。いったん、性別を逆にして考えてみるという発想（契機）からの気づきが必要なのである。

では、その先に何をイメージできるのだろうか。それは、「ジェンダーを超える」ということではないだろうか。牟田和恵（2018）は「ジェンダーの脱構築」が必要だと述べ、構造的に極めて脆弱な核家族（性愛を中心とする関係性）を絶対視してそこにジェンダー化されたケアが閉ざされる方向性ではなく、血族や性愛関係以外のもっと広い関係性のなかに、「育てる」「ケアする」「暮らす」が共有される関係性があってもいいのではないかと述べている。そして、むしろそこで「多様な人々のなかで力強く生きる術を学ぶ」(pp. 15）ことができると主張している[22]。

(4) まとめ

本章では、ソーシャルワークにおけるジェンダー・センシティビティの必要性と、支援の初期段階のアセスメントについて述べてきた。ジェンダー・センシティビティ・チェック項目を手がかりに、まずは支援者が自らの実践においてどのようなジェンダー規範を有していたのかを振り返り、真の意味で多様性と差異の承認が可能になるソーシャルワークにつなげていきたい。

引用文献

[1] 落合　恵美子（2000）『近代家族の曲がり角』角川書店.
[2] 落合　恵美子（2004）『21世紀家族へ―家族の戦後体制の見かた・越えかた　第3版』ゆうひかく選書.
[3] 山田　昌弘（2013）「日本家族のこれから―社会の構造転換が日本家族に与えたインパクト―」『社会学評論』64（4）、649－662.
[4] 落合　恵美子（2000）『近代家族の曲がり角』角川書店.
[5] 牟田　和恵（2018）「ジェンダー秩序の解体と新しい『家族』の創造」『大原社会問題研究所雑誌』722、3－6.
[6] 山根　真理（1998）「家族社会学におけるジェンダー研究の展開―1970年代以降のレビュー―」『家族社会学研究』10、5－29.
[7] ジュディス・バトラー（1990＝2018）『ジェンダー・トラブル　フェミニズムとアイデンティティの攪乱　新装版』竹村　和子訳、青土社.
[8] 千田　有紀（2013）「ジェンダーをとらえなおす」（千田　有紀・中西　祐子・青山　薫編『ジェンダー論をつかむ』有斐閣、14－20.
[9] 加藤　秀一（2017）『はじめてのジェンダー論』有斐閣ストゥディア.
[10] 千田　有紀（2013）「ジェンダーをとらえなおす」（千田　有紀・中西　祐子・青山　薫編『ジェンダー論をつかむ』有斐閣、14－20.
[11] 須藤　八千代（2020）「女性福祉からフェミニストソーシャルワークへ―バトラー以後にむけて―」横山　登志子・須藤　八千代・大嶋　栄子編著『ジェンダーからソーシャルワークを問う』ヘウレーカ、2020、53－98.
[12] 船橋　邦子（2001）「家族のなかのジェンダー問題」『家族看護学研究』6（2）、142－146.
[13] 児島　亜紀子（2018）「ソーシャルワークにおけるフェミニスト・アプローチの展開：ポストモダン的展開を経て」『女性学研究』25、27－51.
[14] レナ・ドミネリ（2002＝2015）『フェミニストソーシャルワーク　福祉国家・グローバリゼーション・脱専門職主義』須藤　八千代訳、明石書店.
[15] 宮地　尚子（2006）「総論：トラウマとジェンダーはいかに結びついているか」宮地　尚子編『トラウマとジェンダー　臨床からの声』金剛出版、8－45.
[16] ジェーン・マーティン&バーバラ・ヒューストン（2006）「ジェンダーを考える」

上野　千鶴子・宮台　真司・斎藤　環・小谷　真理ほか編『バックラッシュ！なぜジェンダーフリーは叩かれたのか？』双風舎、200－240.

[17] 同掲

[18] 同掲

[19] 宮地　尚子（2006）「総論：トラウマとジェンダーはいかに結びついているか」宮地　尚子編『トラウマとジェンダー　臨床からの声』金剛出版、8－45.

[20] 藤高　和輝（2018）『ジュディス・バトラー　生と哲学を賭けた闘い』以文社.

[21] 無藤　清子（2005）「女性からみたジェンダー・センシティブ・サイコセラピー」『精神療法』31（2）、6－14.

[22] 牟田　和恵（2018）「ジェンダー秩序の解体と新しい『家族』の創造」『大原社会問題研究所雑誌』722、3－6.

参考文献

加藤　秀一（2017）『はじめてのジェンダー論』有斐閣ストゥディア.

レナ・ドミネリ（2002＝2015）『フェミニストソーシャルワーク　福祉国家・グローバリゼーション・脱専門職主義』須藤　八千代訳、明石書店.

横山　登志子・須藤　八千代・大嶋　栄子編著（2020）『ジェンダーからソーシャルワークを問う』ヘウレーカ.

学習課題

① 自分がいつも見ているテレビ番組や雑誌、アニメなどの媒体をひとつ選び、そこに埋め込まれているジェンダーによる〈分類〉実践を検討してみよう。

② ジェンダーに関連する生活問題について、関心をもった内容をひとつ選んで調べたうえで、ジェンダーの視点からどのような問題があるのかを考えよう。そして、問題解決と社会変容の点から何が求められるのかを考えてみよう。

③ ジェンダー・センシティビティ・チェック項目を使って、本書に掲載されている事例や、実際の支援事例などにあてはめて検討し、どのような気づきや疑問が得られるかをまとめてみよう。

コラム 「不登校事例の背景」

ソーシャルワークとジェンダー・センシティビティについて、少し具体的な事例のなかで考えていきましょう。本書の第1章の冒頭で、2つの短い事例を紹介しましたが、そのうちのひとつを例にあげます。

支援事例は、「不登校」の小学校5年生男子の事例です。ある小学校の担任教員がクラスの男子が不登校傾向となっているため家庭訪問を繰り返していますが、家には鍵がかかり本人・家族に会えず、プリントと手紙を郵便受けに入れる日が続いています。電話も通じません。支援に入ったスクールソーシャルワーカーが学校関係者らと情報を確認したところ、生活保護を受けているシングルマザー世帯で母親には精神科疾患があり通院中ということがわかってきました。また、その後の支援のなかで不登校問題の背景には母親が病状悪化で寝込む日々が続いていたこと、それによりこの子がコンビニでの買い物などを担っていたこと、年齢の離れた異父きょうだいがいずれも不登校経験があるが、現在は近隣でアルバイトをしながら生計を立てていたことがわかってきました。

この事例は、関係者からすると「母親の養育能力の問題」が主要な関心事になります。教育機関からみると、どのような理由であれ保護者が生活全般にわたって児童の世話を行えないことや、連絡・相談に応じないという点に切実な問題を感じることになります。そのため、母親に少しでも保護者としての役割を実行してもらえるような助言や連絡が中心になっていくわけです。しかし、それが逆に母親との連絡を遠ざける結果となっていました。

この社会のなかで、大人1人で子どもを育てること、加えて非正規雇用の大人が1人で子どもを育てることは、経済的にも精神的にもかなりの負担を強いられます。2019年「国民生活基礎調査」によると単親世帯の貧困率は48.1%と高い割合ですが、この多くは母子家庭です。それに加えて、仮に両親間にDVがあり、シェルター利用の経過を経て現在の生活に辿り着いているとすれば、母と子の双方に様々な心理社会的ストレスが継続していると考えられます。そしてこの子が、母を心配して家から離れることができず、家での仕事や見守りをしている可能性もあります。

「不登校」事例の背景には、様々な家族の事情が関係していることがあります。そして、この事例のように母親がDV被害者であること、不安定雇用の単親世帯であること、加重な負担やストレスから精神的な不調を抱えていること、母親の役割を果たすことができず強い罪責感を感じていること、周りも当然のようにそれを求めていることなどが、まさにジェンダーの問題といえます。

実際には、ここまでの背景や事情がすぐにわかるわけではありません。しかし、子どもと親に寄り添い、何が起こっているのかを丁寧に把握するなかで、ジェンダー・センシティビティの視点をもつことで、解決につながる方向性がみえてくることがあります。

索引

●配列は五十音順，アルファベット順。＊は人名を表す。

●あ　行

●か　行

●さ　行

●た　行

●な　行

●は　行

●ま 行

●や 行

●ら 行

●わ 行

●アルファベット

主な事例紹介

〈資料〉ソーシャルワーカーの倫理綱領

2020年6月2日改定

前文

われわれソーシャルワーカーは、すべての人が人間としての尊厳を有し、価値ある存在であり、平等であることを深く認識する。われわれは平和を擁護し、社会正義、人権、集団的責任、多様性尊重および全人的存在の原理に則り、人々がつながりを実感できる社会への変革と社会的包摂の実現をめざす専門職であり、多様な人々や組織と協働することを言明する。

われわれは、社会システムおよび自然的・地理的環境と人々の生活が相互に関連していることに着目する。社会変動が環境破壊および人間疎外をもたらしている状況にあって、この専門職が社会にとって不可欠であることを自覚するとともに、ソーシャルワーカーの職責についての一般社会および市民の理解を深め、その啓発に努める。

われわれは、われわれの加盟する国際ソーシャルワーカー連盟と国際ソーシャルワーク教育学校連盟が採択した、次の「ソーシャルワーク専門職のグローバル定義」(2014年7月)を、ソーシャルワーク実践の基盤となるものとして認識し、その実践の拠り所とする。

ソーシャルワーク専門職のグローバル定義

ソーシャルワークは、社会変革と社会開発、社会的結束、および人々のエンパワメントと解放を促進する、実践に基づいた専門職であり学問である。社会正義、人権、集団的責任、および多様性尊重の諸原理は、ソーシャルワークの中核をなす。ソーシャルワークの理論、社会科学、人文学、および地域・民族固有の知を基盤として、ソーシャルワークは、生活課題に取り組みウェルビーイングを高めるよう、人々やさまざまな構造に働きかける。

この定義は、各国および世界の各地域で展開してもよい。

(IFSW；2014. 7.)　※注 1

われわれは、ソーシャルワークの知識、技術の専門性と倫理性の維持、向上が専門職の責務であることを認識し、本綱領を制定してこれを遵守することを誓約する。

原理

Ⅰ **（人間の尊厳）**　ソーシャルワーカーは、すべての人々を、出自、人種、民族、国籍、性別、性自認、性的指向、年齢、身体的精神的状況、宗教的文化的背景、社会的地位、経済状況などの違いにかかわらず、かけがえのない存在として尊重する。

Ⅱ **（人権）**　ソーシャルワーカーは、すべての人々を生まれながらにして侵すことのできない権利を有する存在であることを認識し、いかなる理由によってもその権利の抑圧・侵害・略奪を容認しない。

Ⅲ **（社会正義）**　ソーシャルワーカーは、差別、貧困、抑圧、排除、無関心、暴力、環境破壊などの無い、自由、平等、共生に基づく社会正義の実現をめざす。

Ⅳ **（集団的責任）**　ソーシャルワーカーは、集団の有する力と責任を認識し、人と環境の双方に働きかけて、互恵的な社会の実現に貢献する。

Ⅴ **（多様性の尊重）**　ソーシャルワーカーは、個人、家族、集団、地域社会に存在する多様性を認識し、それらを尊重する社会の実現をめざす。

Ⅵ（全人的存在）　ソーシャルワーカーは、すべての人々を生物的、心理的、社会的、文化的、スピリチュアルな側面からなる全人的な存在として認識する。

倫理基準

Ⅰ　クライエントに対する倫理責任

1．（クライエントとの関係）　ソーシャルワーカーは、クライエントとの専門的援助関係を最も大切にし、それを自己の利益のために利用しない。

2．（クライエントの利益の最優先）　ソーシャルワーカーは、業務の遂行に際して、クライエントの利益を最優先に考える。

3．（受容）　ソーシャルワーカーは、自らの先入観や偏見を排し、クライエントをあるがままに受容する。

4．（説明責任）　ソーシャルワーカーは、クライエントに必要な情報を適切な方法・わかりやすい表現を用いて提供する。

5．（クライエントの自己決定の尊重）　ソーシャルワーカーは、クライエントの自己決定を尊重し、クライエントがその権利を十分に理解し、活用できるようにする。また、ソーシャルワーカーは、クライエントの自己決定が本人の生命や健康を大きく損ねる場合や、他者の権利を脅かすような場合は、人と環境の相互作用の視点からクライエントとそこに関係する人々相互のウェルビーイングの調和を図ることに努める。

6．（参加の促進）　ソーシャルワーカーは、クライエントが自らの人生に影響を及ぼす決定や行動のすべての局面において、完全な関与と参加を促進する。

7．（クライエントの意思決定への対応）　ソーシャルワーカーは、意思決定が困難なクライエントに対して、常に最善の方法を用いて利益と権利を擁護する。

8．（プライバシーの尊重と秘密の保持）　ソーシャルワーカーは、クライエントのプライバシーを尊重し秘密を保持する。

9．（記録の開示）　ソーシャルワーカーは、クライエントから記録の開示の要求があった場合、非開示とすべき正当な事由がない限り、クライエントに記録を開示する。

10．（差別や虐待の禁止）　ソーシャルワーカーは、クライエントに対していかなる差別・虐待もしない。

11．（権利擁護）　ソーシャルワーカーは、クライエントの権利を擁護し、その権利の行使を促進する。

12．（情報処理技術の適切な使用）　ソーシャルワーカーは、情報処理技術の利用がクライエントの権利を侵害する危険性があることを認識し、その適切な使用に努める。

Ⅱ　組織・職場に対する倫理責任

1．（最良の実践を行う責務）　ソーシャルワーカーは、自らが属する組織・職場の基本的な使命や理念を認識し、最良の業務を遂行する。

2．（同僚などへの敬意）　ソーシャルワーカーは、組織・職場内のどのような立場にあっても、同僚および他の専門職などに敬意を払う。

3．（倫理綱領の理解の促進）　ソーシャルワーカーは、組織・職場において本倫理綱領が認識されるよう働きかける。

4．（倫理的実践の推進）　ソーシャルワーカーは、組織・職場の方針、規則、業務命令がソーシャルワークの倫理的実践を妨げる場合は、適切・妥当な方法・手段によって提言し、改善を図る。

5．（組織内アドボカシーの促進）　ソーシャルワーカーは、組織・職場におけるあらゆる虐待または差別的・抑圧的な行為の予防および防止の促進を図る。

6．（組織改革）　ソーシャルワーカーは、人々のニーズや社会状況の変化に応じて組織・職場の機能を評価し必要な改革を図る。

Ⅲ　社会に対する倫理責任

1．（ソーシャル・インクルージョン）　ソーシャルワーカーは、あらゆる差別、貧困、抑圧、排除、無関心、暴力、環境破壊などに立ち向かい、包摂的な社会をめざす。

2．（社会への働きかけ）　ソーシャルワーカーは、人権と社会正義の増進において変革と開発が必要であるとみなすとき、人々の主体性を活かしながら、社会に働きかける。

3．（グローバル社会への働きかけ）　ソーシャルワーカーは、人権と社会正義に関する課題を解決するため、全世界のソーシャルワーカーと連帯し、グローバル社会に働きかける。

Ⅳ　専門職としての倫理責任

1．（専門性の向上）　ソーシャルワーカーは、最良の実践を行うために、必要な資格を所持し、専門性の向上に努める。

2．（専門職の啓発）　ソーシャルワーカーは、クライエント・他の専門職・市民に専門職としての実践を適切な手段をもって伝え、社会的信用を高めるよう努める。

3．（信用失墜行為の禁止）　ソーシャルワーカーは、自分の権限の乱用や品位を傷つける行いなど、専門職全体の信用失墜となるような行為をしてはならない。

4．（社会的信用の保持）　ソーシャルワーカーは、他のソーシャルワーカーが専門職業の社会的信用を損なうような場合、本人にその事実を知らせ、必要な対応を促す。

5．（専門職の擁護） ソーシャルワーカーは、不当な批判を受けることがあれば、専門職として連帯し、その立場を擁護する。

6．（教育・訓練・管理における責務） ソーシャルワーカーは、教育・訓練・管理を行う場合、それらを受ける人の人権を尊重し、専門性の向上に寄与する。

7．（調査・研究） ソーシャルワーカーは、すべての調査・研究過程で、クライエントを含む研究対象の権利を尊重し、研究対象との関係に十分に注意を払い、倫理性を確保する。

8．（自己管理） ソーシャルワーカーは、何らかの個人的・社会的な困難に直面し、それが専門的判断や業務遂行に影響する場合、クライエントや他の人々を守るために必要な対応を行い、自己管理に努める。

注1．本綱領には「ソーシャルワーク専門職のグローバル定義」の本文のみを掲載してある。なお、アジア太平洋（2016年）および日本（2017年）における展開が制定されている。

注2．本綱領にいう「ソーシャルワーカー」とは、本倫理綱領を遵守することを誓約し、ソーシャルワークに携わる者をさす。

注3．本綱領にいう「クライエント」とは、「ソーシャルワーク専門職のグローバル定義」に照らし、ソーシャルワーカーに支援を求める人々、ソーシャルワークが必要な人々および変革や開発、結束の必要な社会に含まれるすべての人々をさす。

出典：日本ソーシャルワーカー連盟「倫理綱領」〈2021年5月11日アクセス〉

jfsw.org/code-of-ethicsl

ソーシャルワーク専門職のグローバル定義のアジア太平洋地域における展開

アジア太平洋地域は多くの異なるコミュニティと人々を代表している。本地域は、地域内移住に加え、地域固有及び植民地化の歴史によって形成されてきた。世界で最も豊かな国々の一部に加え、経済的に最も困窮している国々の一部もこの地域に含まれている。異なる宗教的・哲学的・政治的な視点をもつ西洋と東洋、また南半球と北半球が交わる地域である。気候変動、限りある資源の濫用、自然災害及び人災による深刻な影響を受けてきた地域でありながらも、地域内の人々のストレングスとレジリエンスが繰り返し示されている。

アジア太平洋地域におけるソーシャルワーク専門職は以下を重視する：

・ニーズが満たされ、人権と尊厳が守られることにより、全ての人々に適切な社会的な保護が提供されることを保障するにあたり、我々専門職によるケアと共感を実現する

・人々の生活における信仰、スピリチュアリティまたは宗教の重要性を容認し、また様々な信念体系を尊重する

・多様性を賞賛し、対立が生じた際に平和的な交渉を行う

・ソーシャルワーク実践において、クリティカルで、研究に基づく実践／実践に基づく研究の諸アプローチと共に、地域内の民族固有の知及びローカルな知と営みを肯定する

・環境保全において革新的で、持続可能なソーシャルワークと社会開発実践を推進する

出典：日本ソーシャルワーカー連盟（JFSW）「ソーシャルワーク専門職のグローバル定義のアジア太平洋地域における展開」＜2020年3月9日アクセス＞
jfsw.org/definition/asia-pacific-region/

ソーシャルワーク専門職のグローバル定義の日本における展開

日本におけるソーシャルワークは、独自の文化や制度に欧米から学んだソーシャルワークを融合させて発展している。現在の日本の社会は、高度な科学技術を有し、めざましい経済発展を遂げた一方で、世界に先駆けて少子高齢社会を経験し、個人・家族から政治・経済にいたる多様な課題に向き合っている。また日本に暮らす人々は、伝統的に自然環境との調和を志向してきたが、多発する自然災害や環境破壊へのさらなる対応が求められている。

これらに鑑み、日本におけるソーシャルワークは以下の取り組みを重要視する。

・ソーシャルワークは、人々と環境とその相互作用する接点に働きかけ、日本に住むすべての人々の健康で文化的な最低限度の生活を営む権利を実現し、ウェルビーイングを増進する。
・ソーシャルワークは、差別や抑圧の歴史を認識し、多様な文化を尊重した実践を展開しながら、平和を希求する。
・ソーシャルワークは、人権を尊重し、年齢、性、障がいの有無、宗教、国籍等にかかわらず、生活課題を有する人々がつながりを実感できる社会への変革と社会的包摂の実現に向けて関連する人々や組織と協働する。
・ソーシャルワークは、すべての人々が自己決定に基づく生活を送れるよう権利を擁護し、予防的な対応を含め、必要な支援が切れ目なく利用できるシステムを構築する。

「日本における展開」は「グローバル定義」及び「アジア太平洋地域における展開」を継承し、とくに日本において強調すべき点をまとめたものである。

出典：日本ソーシャルワーカー連盟（JFSW)「ソーシャルワーク専門職のグローバル定義の日本における展開」＜2020年3月9日アクセス＞
jfsw.org/definition/japan/

分担執筆者紹介

（執筆の章順）

橋本　直子（はしもと・なおこ）

・執筆章→２・７・13章

1973年　兵庫県生まれ
2008年　関西学院大学大学院社会学研究科博士課程後期課程単位取得満期退学
2016年　博士（人間福祉）取得
現在　関西学院大学人間福祉学部准教授
専攻　精神保健福祉　ソーシャルワーク
主な著書　「つながりをとおしての回復－アルコール依存症の女性ミーティングをもとに－」『A子と依存症』第5章，（共著，晃洋書房 2007）
「リカバリーにおけるSAの役割－スピリチュアリティの視点から－」『精神保健福祉』41(1),51－57,2010
「精神科医療における精神保健福祉士の役割と課題」『臨床精神医学』45(6),787－792,2016
「アルコール依存と地域連携」『ソーシャルワーク研究』46(2)25－32,2020

宮﨑　理（みやざき・おさむ）

・執筆章→３・10・14章

2015年　北星学園大学大学院社会福祉学研究科社会福祉学専攻博士後期課程単位取得退学
2017年　博士（社会福祉学）
現在　明治学院大学社会学部社会福祉学科准教授
専攻　社会福祉学，ソーシャルワーク論
主な著書　「"LGBT"とソーシャルワークをめぐるポリティクス」横山登志子・須藤八千代・大嶋栄子編著『ジェンダーからソーシャルワークを問う』(ヘウレーカ 2020)
'Intersectionality in Japan: Considering the Oppression of Zainichi Korean Women through the Lens of Black Feminism' "*Social Dialogue*" 23 (IASSW 2020)
「社会的に排除されるものとソーシャルワークの価値」『ソーシャルワーク研究』44(3)(相川書房 2018)

奥村　賢一（おくむら・けんいち）

・執筆章→4・6・11章

1977年　福岡県に生まれる
2008年　福岡県立大学大学院人間社会学研究科福祉社会専攻修士課程修了
2019年　同志社大学大学院社会学研究科社会福祉学専攻博士後期課程修了
現在　福岡県立大学人間社会学部社会福祉学科准教授　博士（社会福祉学）
専攻　学校ソーシャルワーク論，子ども家庭福祉論，障害者福祉論
主な著書　『新版 スクールソーシャルワーカー実務テキスト』（編著　学事出版 2019）
「教育と福祉の協働を具体化するスクールソーシャルワーカー」『児童相談所改革と協働の道のり―子どもの権利を中心とした福岡市モデル』藤林武史編，第5章（明石書店 2017）
『スクールソーシャルワーカー実践事例集―子ども・家庭・学校支援の実際』（監修　中央法規出版 2016）
「スクール（学校）ソーシャルワーカーとスーパービジョン」『スクール（学校）ソーシャルワーク論』門田光司・富島喜揮・山下英三郎・山野則子編，第7章（中央法規出版 2012）
『スクールソーシャルワーカーのしごと―学校ソーシャルワーク実践ガイド』（共著　中央法規出版 2009）

川島ゆり子（かわしま・ゆりこ）

・執筆章→5・9・12章

2007年　関西学院大学社会学研究科博士課程後期課程単位取得満期退学
2008年　博士（社会福祉学）
現在　日本福祉大学社会福祉学部教授
専攻　地域福祉論　ソーシャルワーク論
主な著書　『地域を基盤としたソーシャルワークの展開』(単著 ミネルヴァ書房 2011)
『地域再生と地域福祉』相川書房（共著 相川書房 2016）
『持続可能な地域福祉のデザイン』(共著 ミネルヴァ書房 2017)
『地域福祉論』(共著 ミネルヴァ書房　2017）　ほか

編著者紹介

横山　登志子（よこやま・としこ）

・執筆章→1・8・15章

	京都府に生まれる
2005年	同志社大学大学院文学研究科社会福祉学専攻博士課程後期課程単位取得退学
2007年	博士（社会福祉学）取得
現在	札幌学院大学人文学部教授
専攻	ソーシャルワーク理論，家族支援論，母子支援論，精神科ソーシャルワーク
主な著書	『ソーシャルワーク感覚』(弘文堂 2008)
	『社会福祉実践の理論と実際』(共著　放送大学教育振興会 2018)
	「ストレングス視点アプローチ」『ソーシャルワークの理論と実践－その循環的発展を目指して－』(共著　中央法規出版　2016)
	「現代社会における位置づけ（実践的方法）」「方法論的研究－ソーシャルワークの実践研究－」「ソーシャルワークの向上にむけて」『生活支援の社会福祉』(共著　放送大学大学院教材　2014)
	「終結の判断－ネグレクト事例の分析－」『子ども虐待と家族－「重なり合う不利」と社会的支援－』(共著　明石書店 2013)
	「生活困難を抱える母子家庭の母親理解に関する生成的実践－母親規範に回収されない理解－」『社会福祉学』第56巻1号　2015
	「虐待問題を抱える母子の生活支援における『多次元葛藤』－支援者の経験的側面からみた子ども虐待の状況特性—」『社会福祉学』第54巻3号 2013

放送大学教材　1519379-1-2211（ラジオ）

社会福祉実践とは何か

発　行　　2022年3月20日　第1刷
編著者　　横山登志子
発行所　　一般財団法人　放送大学教育振興会
〒105-0001　東京都港区虎ノ門1-14-1　郵政福祉琴平ビル
電話　03（3502）2750

市販用は放送大学教材と同じ内容です。定価はカバーに表示してあります。
落丁本・乱丁本はお取り替えいたします。

Printed in Japan　ISBN 978-4-595-32334-8　C 1336